Geboren wurde er 1813, als seine Heimatprovinz Parma noch zum napoleonischen Frankreich gehörte. Mit *Nabucco* gab der 28-jährige Komponist – im österreichischen Mailand – der italienischen Oper ihre Vitalität wieder. Sein *Rigoletto* eroberte 1851 von Venedig aus als erster unmittelbarer Welterfolg der Operngeschichte die Bühnen aller Kontinente. *Don Carlos* kam als französische *Grand Opéra* im Paris Napoleons III. heraus, das zeitweise Giuseppe Verdis Wahlheimat war. – Als der Schöpfer von *La traviata* und *Otello* am 27. Januar 1901 starb, war er der berühmteste Italiener seiner Zeit – weithin bekannter als der junge Nachfolger des ermordeten Königs oder der greise Ministerpräsident.

Christoph Schwandt schildert den Weg des Künstlers und eigensinnigen Bürgers vor dem Hintergrund der Entstehung des italienischen Nationalstaats und bezieht auch alle diejenigen Werke Giuseppe Verdis mit ein, die nicht wie *Il trovatore* oder *Aida* seit ihren Uraufführungen ständig auf den Spielplänen der Opernhäuser stehen.

Christoph Schwandt, geboren 1956, bis 1994 Dramaturg der Salzburger Festspiele, arbeitet u. a. als Autor für den öffentlich-rechtlichen Rundfunk und schrieb eine Biografie Georges Bizets.

insel taschenbuch 2696
Christoph Schwandt
Giuseppe Verdi

Christoph Schwandt

GIUSEPPE VERDI

Eine Biographie
Mit zahlreichen Abbildungen

Insel Verlag

Umschlagabbildung: Giovanni Boldini. Bildnis Giuseppe Verdi,
Foto: Scala, Florenz

insel taschenbuch 2696
Erste Auflage 2000
Originalausgabe
© Insel Verlag Frankfurt am Main und Leipzig 2000
Alle Rechte vorbehalten,
insbesondere das der Übersetzung, des öffentlichen Vortrags
sowie der Übertragung durch Rundfunk und Fernsehen,
auch einzelner Teile.
Kein Teil des Werkes darf in irgendeiner Form
(durch Fotografie, Mikrofilm oder andere Verfahren)
ohne schriftliche Genehmigung des Verlages
reproduziert oder unter Verwendung elektronischer Systeme
verarbeitet, vervielfältigt oder verbreitet werden.
Hinweise zu dieser Ausgabe am Schluß des Bandes
Vertrieb durch den Suhrkamp Taschenbuch Verlag
Umschlag nach Entwürfen von Willy Fleckhaus
Druck: Nomos Verlagsgesellschaft Baden-Baden
Printed in Germany

2 3 4 5 6 7 – 06 05 04 03 02 01

INHALT

ALS PARMA IN FRANKREICH LAG
   Napoleons Italien – Kindheit und Jugend
   auf dem flachen Land 13
»STUDENTE DI MUSICA«
   Auf dem Weg zur Professionalität: Busseto –
   Mailand – Busseto. 19
MAILAND UNTER FERDINAND
   Aufs Neue in der Lombardei – Zwei erste Opern 23
DIE GOLDENE HARFE
DER WEISEN PROPHETEN
   Erfolge an der Scala – *Nabucco* und *I Lombardi* 31
»VINCITOR DEI SECOLI«
   Francesco Maria Piave –
   Opern für Venedig und Rom 43
VON INKAS UND HUNNEN
   Alzira und *Attila* – Beifall auch in Neapel 56
EINE PHANTASTISCHE SHAKESPEARE-OPER
   Der *Macbeth* für Florenz. 67
TEUTSCHLAND UND TOULOUSE
   Die zweite Schiller-Oper in London –
   Debüt an der Opéra. 75
DER PATRIOT IN PARIS
   Verdi reist wieder nach Frankreich –
   Il corsaro in Triest 85
ARRIGO KÜSST DIE FAHNE
   Revolution in Rom –
   La battaglia di Legnano 91
EVANGELIUM UND HÄUSLICHES LEBEN
   Luisa Miller und *Stiffelio* – In Tirol und an der
   Salzach 96

»LA DONNA È MOBILE …«
Paris, Vendôme, Mantua – trotz Zensur:
Rigoletto geht um die Welt 104

»VIVA VERDI«
Minnesänger und Kameliendame – *Il trovatore*
und *La traviata* 112

ZWEI JAHRE IN PARIS
Les vêpres siciliennes, Grand Opéra en cinq actes 123

AUS LINA WIRD MINA
Aroldo und der erste *Simon Boccanegra*. 133

V.E.R.D.I.
Sieg gegen die Zensur –
Der Plan von Plombières...................... 141

UN BALLO IN MASSACHUSETTS
Eine »Kömodie mit schwarzem Rand« –
Rom vor dem Krieg. 148

»JOSEPH ET JOSEPHINE VERDI«
Der Krieg geht weiter – Hochzeit in Savoyen –
Königswahl in Turin 154

EINE OPER FÜR DEN ZAREN
Nach drei Jahren Pause *La forza del destino* –
»Tod den Deutschen« 162

»DER ESCORIAL GEFÄLLT MIR NICHT«
Berlin, Warschau, Moskau und Madrid –
Verdi auf Reisen. 168

ALTES UND NEUES
Der Maestro wird fünfzig – Der zweite *Macbeth*
und Großes für die Opéra 176

KRIEG IN ITALIEN, WELTAUSSTELLUNG
IN PARIS
Don Carlos, Verdis französische Oper 186

RÜCKKEHR AN DIE SCALA
Die zweite *Forza* mit Antonio Ghislanzoni. 197

»ROMA CAPITALE«
   Rom ist Hauptstadt – Verdi komponiert
   für Ägypten: *Aida* 201
ERFOLG UND WOHLSTAND IN SCHLECHTEN
ZEITEN
   Ein Streichquartett, das Requiem –
   Wiederbegegnung mit Boito 210
DER ZWEITE SIMON BOCCANEGRA
   Auf neuen Wegen mit Boito –
   Zurück zu Shakespeare!....................... 229
SANT' AGATA UND OTELLOPOLIS
   Der padrone komponiert eine neue Oper 239
»MACHEN WIR ALSO DEN FALSTAFF«
   »Leidenschaft im Abendrot« –
   Geistliche Musik und Geschäfte................. 248
»IN TE SPERAVI«
   Zum letzten Mal nach Paris –
   Der Tod Giuseppinas........................ 261
IM GRAND HÔTEL ET DE MILAN
   Die letzten Jahre 269
VERDIS OPERN AUF SCHALLPLATTEN
   Diskografische Nachbemerkungen 274

ANHANG
   Zeittafel.................................... 284
   Werkverzeichnis 289
   Literatur 293
   Anmerkungen 294
   Register.................................... 297
   Bildnachweis 303

*»Verdi wollte ›er selbst‹ sein,
und es gelang ihm auch, es zu sein.«*
(Luigi Dallapiccola)[1]

Es war ihm nicht an der Wiege gesungen worden, dass er am Ende des Jahrhunderts als Ehrenbürger einer Hauptstadt Rom an der Seite eines Königs von Italien sitzen sollte, um eine Aufführung seines jüngsten Werks zu erleben. Der fast Achtzigjährige hatte eine heitere Oper geschrieben. Keiner hatte das erwartet.

Die letzte *opera buffa* von Bedeutung, Gaetano Donizettis *Don Pasquale*, war 1843 uraufgeführt worden, als Giuseppe Verdi noch keine 30 Jahre alt gewesen war. Mit seinem *Nabucco* hatte er da gerade an die lange zurückliegenden Erfolge der ernsten italienischen Opern Vincenzo Bellinis und Gioacchino Rossinis anknüpfen können.

Durch *Rigoletto*, *Il trovatore* und *La traviata* ein Jahrzehnt später weltbekannt geworden, hatte Verdi mit *Don Carlos* dann der französischen *Grand Opéra* zu einem letzten Meisterwerk verholfen. Und vor *Falstaff*, eben der »commedia lirica«, die er am 15. April 1893 in der Loge König Umbertos I. miterlebte, hatte er mit *Otello* schon 1887 die Jahrhundertwende eines Musiktheaters mitbegonnen, das mehrere Generationen von der Oper Rossinis und Bellinis fortentwickelt war.

Verdis Patriotismus wurde schon zu Lebzeiten Legende, und sein künstlerisches Lebenswerk hatte ihn zum reichen Mann gemacht.

ALS PARMA IN FRANKREICH LAG

*Napoleons Italien – Kindheit und Jugend
auf dem flachen Land*

Die Geburt seines Sohns am 10. Oktober 1813 hatte Carlo Verdi nicht einmal in seiner Muttersprache aktenkundig machen lassen dürfen: für die Obrigkeit hieß der neue Erdenbürger, der vielleicht auch schon am 9. Oktober zur Welt gekommen war, Joseph Fortunin François mit Vornamen. Das frühere Datum, den Tag von San Donnino[2], dem Schutzheiligen der nahen Bischofsstadt, sah Giuseppe Verdi selbst später als seinen Geburtstag an. So kann man es auch im Kirchenbuch der Pfarrei zum Erzengel Michael von Le Roncole lesen, wo man am 11. Oktober »infantem natum heri vespere hora octava« getauft hatte, die Geburt also um acht Uhr abends am Vortage gewesen sei, was nach ländlichem Kirchenbrauch den vorgestrigen Tag bedeutete, weil man den Tag vom Sonnenuntergang an rechnete.

Das Dorf Le Roncole, in dem Verdis Vater das Wirtshaus nebst Posthalterei und kleinem Laden betrieb, heißt heute Róncole Verdi und liegt nahe der Kleinstadt Busseto, an der schon zu Verdis Zeiten gebauten Bahnstrecke von Cremona nach Fidenza, dem damaligen Borgo S. Donnino, also nördlich der heutigen Autobahn auf halbem Wege zwischen Mailand und Modena. – Roncola ist das italienische Wort für die »Hippe«, ein gebogenes Messer, das die Bauern in der weiten fruchtbaren Ebene des Po, der Heimat des Parma-Schinkens und des Parmigiano-Käses, benutzten. – Mit diesem noch heute von Landwirtschaft geprägten Teil der *Bassa Padana* blieb Giuseppe Fortunino Francesco Verdi bis zu seinem Tode, als das 20. Jahrhundert schon begonnen hatte, verbunden. Bernardo Bertoluccis filmisches Zeitpanorama *1900* vermittelt ein anschauliches Bild von diesem Land und seinen Leuten; gedreht wurde in einem Nachbardorf von Róncole Verdi.

Busseto war einst Sommersitz der Herzöge Pallavicino gewesen. An sie erinnert eine prächtige Villa und die auf Fun-

Verdis Heimatdorf, ganz links sein Geburtshaus

damenten aus dem frühen Mittelalter stehende Rocca Pallavicina, die Burg, um die sich der Ort bildete. Heute gehört Busseto zur Provinz Parma und der Region Emilia-Romagna. 1813 aber war dieses Gebiet nach der Eroberung durch Napoleon schon acht Jahre lang das französische Département Taro, benannt nach dem Fluss, der nordwestlich von Parma in den Po mündet. Auch Piemont gehörte zum französischen Mutterland. Ein »Königreich Italien«, dessen Krone freilich kein anderer als der französische Kaiser trug, bestand unter anderem aus der Lombardei im Norden und Territorien östlich Parmas. – Dort wehte nach französischem Vorbild eine Trikolore in Grün-Weiß-Rot, die diesen vorübergehenden Staat überleben sollte. – Die Toskana gehörte wiederum unmittelbar zu Frankreich, wie auch Rom, das im Tiber-Département lag. Im Königreich Neapel regierte ein Schwager Napoleons. Allein Sardinien war – unter britischem Schutz – von Frankreich unabhängig, ebenso Sizilien, wo ein Bourbone regierte, der mit einer Tochter Maria Theresias verheiratet war.

Am Tag von Verdis Geburt hatten sich bei Leipzig die Truppen der Allianz gegen Napoleon gesammelt, und am 19. Oktober 1813 endete die mit mehr als einer halben Million kämpfender Soldaten bis dahin größte Schlacht der Weltgeschichte, die »Völkerschlacht bei Leipzig«, und Bonapartes Rückzug begann. Kein halbes Jahr danach kamen österreichische und verbündete Truppen durch Le Roncole. Verdi meinte später, dass seine Mutter sich mit dem Säugling vor den »Russen« im Kirchturm verborgen habe, was aber nur die Wiedererzählung einer Legende sein mag, denn die Historiker berichten nichts von Soldaten des Zaren bei den Kämpfen zur Rückeroberung Parmas.

1815 hätte ein Giuseppe Francesco in der Sprache der neuen Herrscher dann wohl Franz Joseph geheißen, denn nach dem Wiener Kongress kam Parma – wie auch die Lombardei und Venetien – wieder zurück zu Österreich. Marie-Louise, die Frau Napoleons, folgte diesem nicht nach Elba. Sie war eine Tochter des österreichischen Kaisers und wurde nun Herzogin von Parma, Piacenza und Guastalla. Aber immerhin war unter »Maria Luigia Archiduchessa d'Austria, Duchessa di Parma ecc.« die Amtssprache in Busseto wieder Italienisch. Im Westen grenzte dieses kleine Heimatland Verdis an das von Vittorio Emanuele I. von Savoyen geführte Königreich Sardinien-Piemont. In Rom regierte Papst Pius VII. den Kirchenstaat, der im Norden bis Ferrara reichte und die Adriaküste bis weit südlich von Ancona einschloss.

Italien war nach dieser Restauration zwar noch immer

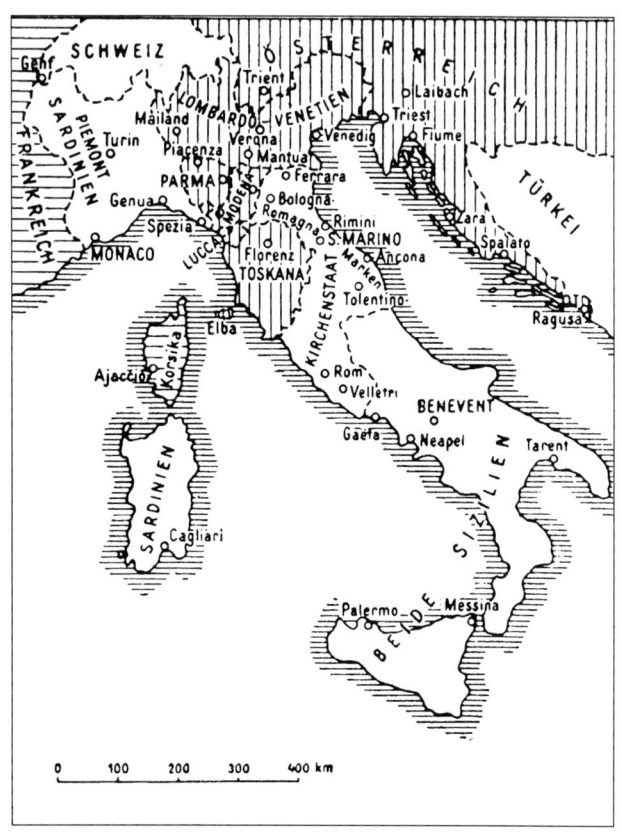

Italien 1815

keine politische Realität: bei allen Gegensätzen, die die Halbinsel vom Aostatal bis Apulien und auf Sardinien und Sizilien aufwies, stand aber eine gemeinsame Kultur für italienische Identität. Die Musik war zu allen Zeiten dafür besonders integrierend gewesen. Bilder, Bauten und Skulpturen blieben ja immer dort wo sie waren; nur Bücher und Noten brachten

Kunstwerke durchs ganze Land. Musik verstand auch die Mehrheit all derer, die nicht lesen konnten.

Ob an Verdis Wiege überhaupt jemand gesungen hatte, weiß man nicht. Die Nachrichten über seine frühe Jugend sind dürftig, von erwähnenswerter Musikalität der Eltern ist nichts bekannt. Die Mutter Luigia Verdi stammte selbst aus einer Gastwirtsfamilie; in den Personenstandsakten wurde angegeben, dass sie von Beruf »fileuse« (Spinnerin) sei, was wohl nur der bürokratischen Genauigkeit der französischen Standesbeamten zu verdanken ist. Die Frau des Wirts von Le Roncole, die 1816 noch eine Tochter zur Welt brachte, half sicherlich beim Geschäft ihres Mannes, dessen Vater schon die Taverne gegenüber der Kirche betrieben hatte. Das jüngere Kind Giuseppa Francesca war zudem behindert und bedurfte bis zu seinem Tod mit sechzehn Jahren besonderer Fürsorge.

Der Knabe Giuseppe, so erzählte die Mutter, habe fasziniert dem Drehorgelspieler zugehört, und Verdi selbst erinnerte sich noch als alter Mann an einen fahrenden Musikanten namens Bagasset und dessen Geige. Ganz gewiss sangen auch dann und wann die Männer in der Wirtsstube zur Gitarre. Ein Klavier stand aber nicht in Verdis Vaterhaus. Der Dorforganist und Lehrer von Le Roncole soll auf das musikalische Talent des Knaben aufmerksam gemacht und Carlo Verdi den Kauf eines alten Spinetts vermittelt haben. Als dieser Pietro Baistrocchi starb, wurde Giuseppe Verdi, gerade einmal zehn Jahre alt, sein Nachfolger an der Orgel der Kirche vom Erzengel Michael. Da er schon das Gymnasium in Busseto besuchte, wo er bei einer Familie gegen Bezahlung Kost und Logis erhielt, musste er zu jedem Gottesdienst die knapp fünf Kilometer zu Fuß nach Le Roncole zurücklegen.

In Busseto bekam er auch Stunden bei Ferdinando Provesi, dem städtischen *maestro di musica*, der auch Organist und Leiter der örtlichen Philharmonischen Gesellschaft war, eines kleinen Liebhaberorchesters, das der Kaufmann Antonio Barezzi gegründet hatte, der selbst als Flötist mitwirkte. Bald wurde Verdi Provesis Assistent und schrieb auch kleine Instrumental- und Vokalwerke für die Aufführungen der Società Filarmonica.

Antonio Barezzi hatte einen Großhandel mit Kolonialwaren, belieferte auch Carlo Verdi und kannte dessen Sohn schon seit frühen Kindertagen. Den 17-jährigen außergewöhnlich begabten jungen Musiker nahm er schließlich in seine Familie auf. Er hatte mit seinen 33 Jahren bereits sechs Kinder. Der ältesten Tochter Margherita gab Giuseppe Verdi Klavierstunden, verliebte sich in sie.

In Parma hatte man im Februar 1831 – sogar unter Führung des *podestà*, des Bürgermeisters, – gegen die Herrschaft Maria-Luigias aufbegehrt und eine Nationalgarde mit grün-weiß-roten Kokarden gebildet. Es blieb aber bei dieser revolutionären Episode. Das Leben in Busseto blieb von dergleichen unberührt; man kümmerte sich um Landwirtschaft und Handel, hatte sein Auskommen. Das Gymnasium war nach dem Abzug der Franzosen wieder von Jesuiten übernommen worden. Dort erhielt Verdi eine umfassende Allgemeinbildung einschließlich erster Französischkenntnisse. Auch die Bibliothek der Jesuitenschule benutzte er eifrig. Dass er als unwissender »contadino delle Roncole«, als der »Hippenbauer« hinaus in die Welt gezogen sei, ist eine Legende, die er später in sympathisch kokettem Understatement in die Welt setzte.

»STUDENTE DI MUSICA«

*Auf dem Weg zur Professionalität:
Busseto – Mailand – Busseto*

Als Giuseppe Verdi achtzehn Jahre alt war, wollte er Margherita Barezzi heiraten. Eine Stellung, die ihm die Gründung einer Familie erlaubt hätte, gab es aber weit und breit nicht. Von Barezzi wollte er nicht abhängig bleiben. Im Frühjahr 1832 ging er mit einem Stipendium nach Mailand, laut Pass »studente di musica« mit der Personenbeschreibung: hochgewachsen, graue Augen, braune Haare, schwarze Augenbrauen, ovales Kinn, blasse Gesichtsfarbe und Pockennarben als besonderes Kennzeichen. Er stellte sich der Aufnahmeprüfung am Konservatorium – und wurde abgewiesen, nicht nur weil er schon zu alt war; er war auch ein Fremder, kein Lombarde. Im Prüfungsbericht wurde aber immerhin festgehalten, dass er »ein annehmbarer Komponist werden könnte«, wenn er »die eigene Phantasie, die er zu besitzen scheint, ... zu zügeln« vermöge.[3] Nach Busseto wollte er nicht zurück; er blieb in Mailand und nahm Privatunterricht bei Vincenzo Lavigna, was dann doch Barezzis Freigebigkeit weiter forderte. Wenigstens hatte dieser aber am Ort einen Bekannten, bei dem Verdi erst einmal wohnen konnte.

Ehedem in Neapel von Paisiello gefördert, hatte Lavigna zu Beginn des Jahrhunderts Erfolge als Opernkomponist gehabt und war nun Mitte Fünfzig und Professor für Komposition und Solfège, das heißt Vom-Blatt-Singen und Gehörbildung, am Konservatorium. Er war kein herausragender Musiker, aber ein rechtschaffener ernsthafter Lehrer. Verdi nannte ihn später vorbildlich, vor allem weil Lavigna nie versucht hatte, seinen Schüler über das Handwerkliche hinaus stilistisch zu beeinflussen. Auf dem Feld der dramatischen

Komposition und der Instrumentation war Giuseppe Verdi im wesentlichen Autodidakt.

Bei einer von Adligen und Mailänder Bürgern getragenen Konzertgesellschaft, wiederum einem Liebhaberensemble, sprang Verdi eines Tages als Korrepetitor bei einer Probe zu

Die Rocca Pallavicina in Busseto

Haydns *Schöpfung* ein und überzeugte alle Mitwirkenden und Pietro Massini, den Präsidenten der Filodrammatici, so nachhaltig von seinem Talent, dass er die Einstudierung weiter leiten durfte und schließlich im Mai 1834 bei den Aufführungen als chorleitender *maestro al cembalo* fungierte. Die eindrucksvollsten Momente in Haydns Oratorium, die Chöre, die in Faktur und Wirkung alles übertrafen, was Verdi in seiner Arbeit in Busseto je mitgesungen oder einstudiert hatte, sollten ihre Spuren hinterlassen. So wie Haydns *»Es werde Licht«* in der *Schöpfung* wird er später in *Attila* einen Sonnenaufgang komponieren, in grellem C-Dur zu den Worten *»Lode al Creator«* (Lob dem Schöpfer).

Im Jahr darauf übertrugen die Filodrammatici Giuseppe

Verdi die Leitung einer Aufführung von Rossinis *La Cenerentola*. Aber er sah seine Zukunft nicht als Dirigent fremder Werke und auch nicht als Anfänger in der Großstadt; nach dieser Lehrzeit wollte er wieder nach Hause. Auch Barezzi und die Honoratioren von Busseto rechneten fest mit seiner Rückkehr, was ganz verständlich war, denn sie hatten ja das Studium des jungen Musikers ermöglicht. Nach dem Tod Provesis standen die Zeichen auch sehr gut dafür, dass Giuseppe Verdi der neue *maestro* von Busseto würde. Ein Problem war nur, dass Provesis Gehalt zum Teil von der Kirche bezahlt worden war; und der Klerus wollte einen gutbürgerlichen Familienvater auf der Orgelbank und vor dem Kirchenchor, nicht den impulsiven jungen Mann, der womöglich in der großen Stadt auf Gedanken und Gewohnheiten gekommen sein mochte, die Unruhe in den provinziellen Alltag brachten.

Der junge Giuseppe Verdi (Federzeichnung von Stefano Barezzi)

Die Auseinandersetzungen um Provesis Nachfolge zogen sich hin, und Verdi ging erst einmal wieder zurück nach Mailand. Es wurde Januar 1835, und in Busseto stritten die Anhänger Verdis weiter mit denen von Giovanni Ferrari, der schon halb gewonnen und die Kirchenmusikerstelle bekommen hatte, und der von manchen nun auch gern als städtischer Musikdirektor gesehen wurde. Über so etwas konnte man sich in der kleinen Stadt mehr ereifern als über wirklich Politisches, was der Obrigkeit in Parma natürlich nur recht war. Dass Verdi sich zwischenzeitlich um die Domorganistenstelle in Monza bemühte, nutzten die einen, um Druck für ihn auszuüben, die anderen, um Verdis ernsthaftes Interesse an Busseto infrage zu stellen.

Schließlich wurde der weltliche Teil der Stelle öffentlich ausgeschrieben, aber erst im Februar 1836 mit Giuseppe Verdi besetzt, nachdem er sich in Parma einer Prüfung unterzogen hatte. Hofkapellmeister Giuseppe Alinovi soll den jungen Musiker sehr gelobt haben, der mit seinem pianistischen und kompositorischen Können nach Paris oder London gehöre: Ein bemerkenswertes Urteil, da Alinovi (1790-1860) selbst sein Leben lang in Parma geblieben war.

Als *maestro* von Busseto komponierte und dirigierte Giuseppe Verdi alles das, was das – weltliche – Musikleben der kleinen Stadt verlangte. In der Kirche durften nur noch Gesang und Orgel zu hören sein, keine Instrumental- und Orchesterwerke, wie es früher durchaus üblich gewesen war, denn es wurde eine Fortsetzung des Verdi-Ferrari-Streits befürchtet.

Am 4. Mai 1836 heiratete Verdi Margherita Barezzi. Ein erstes Kind, Virginia, wurde im März des nächsten Jahres geboren.

Dass er seinen Dreijahresvertrag in Busseto nicht verlängern würde, war ihm schon bald klar geworden. Die Arbeitsmöglichkeiten waren begrenzt, Herausforderungen gab es außer kleinstädtischen Intrigen keine. Künstlerische Entwicklung war nur in einer größeren Stadt möglich, so dass er neuerlich eine Bewerbung in Monza erwog, obwohl er weder zur Kirchenmusik und schon gar nicht zur Kirche als Arbeitgeber irgendeine Neigung verspürte. Die sinnvollste Perspektive blieb also die Rückkehr nach Mailand, wohin er den Kontakt nie hatte abbrechen lassen. Massini hatte ihm ein Libretto zur Komposition für eine Aufführung der Filodrammatici angeboten, die dann aber nicht zustande kam. Im September 1837 bemühte sich Verdi deshalb, diese Oper dem Theater in Parma anzubieten; aber man hatte dort kein Interesse am Werk eines unbekannten Musikers aus dem eigenen

Lande. Die Oper hieß »Il Duca di Rochester« oder »Rocester«, womit wohl John Wilmot, der abenteuerlustige zweite Earl of Rochester am Hof Charles II., gemeint war. Das Libretto soll der Mailänder Journalist Antonio Piazza geschrieben haben, sicherlich mit Blick auf die Beliebtheit der meist auf Walter Scott zurückgehenden Opern, die im geheimnisvollen England vergangener Jahrhunderte spielten.

Im Juli 1838 brachte Margherita Verdi ihren Sohn Icilio zur Welt. Der heute in Italien selten gewordene Vorname hatte Symbolkraft: Icilius war der Name eines plebeischen Geschlechts in den ersten Jahrzehnten der römischen Republik. Wenige Wochen später starb die kleine Virginia.

Im Februar des folgenden Jahres zog die junge Familie nach Mailand. Verdi wollte nun auf eigenen Füßen stehen; wie das aber gelingen sollte, war vollkommen ungewiss.

MAILAND UNTER FERDINAND

*Aufs Neue in der Lombardei –
Zwei erste Opern*

Inzwischen waren beim Mailänder Verleger Canti erstmals Kompositionen Verdis im Druck erschienen: Sechs Lieder für eine Singstimme mit Klavierbegleitung, also etwas, was sich gut an Musikliebhaber verkaufen ließ und einen Komponistennamen bekannt machte. In der Vertonung des Gedichts *In solitaria stanza* von Jacopo Vittorelli ist schon genau die Musik zu erkennen, die Leonora in der Kavatine des ersten Akts von *Il trovatore* später zu den Worten »*dolci s'udiro e flebili gli accordi d'un liuto*« in melancholischer Chromatik singen wird, ohne dass Verdi noch irgendetwas an Tonfolge,

Rhythmus oder Harmonie hätte ändern wollen. Auch in den beiden Szenen des Gretchen aus Goethes *Faust* (»*Meine Ruh' ist hin*« und »*Ach neige, du Schmerzensreiche*«) in der italienischen Übertragung Luigi Balestras, eines Bussetaner Arztes und Freundes Verdis, hört man die charakteristische Emphase späterer Opernfiguren.

Mit seinen 150.000 Einwohnern war Mailand damals kaum halb so groß wie Wien und eine österreichische Provinz-Hauptstadt. Die restriktive Politik des Fürsten Metternich wurde dort für die Lombardei konsequent durchgesetzt. Die Gedanken waren nicht frei, schon gar nicht italienisch-nationale, wie sie etwa dreißig Kilometer westlich in der kleinen Stadt Novara bereits vorsichtig geäußert werden durften, nämlich jenseits des Flusses Ticino (Tessin): Dort verlief die Grenze zum Königreich Sardinien-Piemont, wo seit 1831 Vittorio Emanueles Sohn Carlo Alberto regierte. Von hier nahm die entscheidende politische Entwicklung ihren Lauf, die zum Risorgimento, zum Wiedererstehen eines selbstbestimmten Italiens führte. Im September 1838 war Ferdinand I., seit drei Jahren Kaiser in Wien, auch zum lombardo-venetianischen König gekrönt worden.

Die Österreicher versuchten, die lombardischen Bürger und den Adel bei Laune zu halten, nicht zuletzt mit der Oper am Teatro alla Scala. Impresario dieser Bühne, also künstlerischer Leiter wie auch kaufmännischer Unternehmer, war Bartolomeo Merelli, der gleichzeitig in Wien einer der beiden Pächter der wichtigsten Opernbühne, des Kärntnertortheaters, war. Merelli stammte wie Donizetti aus Bergamo und hatte für diesen Libretti geschrieben, ebenso für deren beider Lehrer Simon Mayr. Giuseppe Verdi, der ernste junge Mann aus Parma, den Massini empfohlen hatte, bekam nun von Merelli den Auftrag, eine Oper zu komponieren, die noch vor dem Sommer aufgeführt werden sollte. Merelli hatte den Bariton Giorgio Ronconi, der gerade an der Scala als Enrico Ashton in Donizettis *Lucia di Lammermoor* debütiert hatte, für die Hauptpartie von Verdis Oper vorgesehen und die

Das Teatro alla Scala

23-jährige Giuseppina Strepponi, die eine gefeierte Interpretin von Bellinis *La sonnambula* war, für eine der zwei Frauenpartien. Beide Künstler waren von Verdi und seinem Werk sehr angetan. Die Premiere wurde aber auf den Herbst verschoben und damit auch die Auszahlung des Honorars.

Im Oktober hatten gerade die Proben begonnen, als auch Icilio Verdi starb; er hatte nur eineinviertel Jahr gelebt.

Für die neue Besetzung, mit der die Oper nun am 17. November 1839 herauskam, hatte Verdi Ronconis Partie für eine Bass-Stimme umarbeiten müssen. Auch die Strepponi stand nicht mehr zur Verfügung. – Wir wissen nicht, ob das, was an diesem Abend unter dem Titel *Oberto, Conte di San Bonifacio* über die Bühne ging, eine ganz neue Oper war oder eine Bearbeitung von »Rocester«. Das Libretto hatte der 23-jährige Temistocle Solera verfasst, der sich auch selbst als Komponist versuchte und an der Scala als Textdichter angestellt war; vielleicht hatte er nur ein neues Libretto unter die vorhandene Musik gelegt. Dass statt dem romantisierten England der Schauplatz nun das mittelalterliche Norditalien war, hatte mit dem sich wandelnden Geschmack zu tun; denn Walter-Scott-Opern, deren einzige heute noch geläufige Donizettis *Lucia di Lammermoor* ist, gab es schon mehr als genug. Auch in der Literatur tendierte man zu italienischen Themen.

Die Rittergeschichte des *Oberto* hatte einen historischen Hintergrund. Die selbst gar nicht auftretende Hauptfigur der Oper ist der Ghibelline Ezzelino (d.h. »Etzelchen« oder »kleiner Attila«) da Romano, ein Schwiegersohn Kaiser Friedrichs II., der Anfang des 13. Jahrhunderts in Verona herrschte. Er war ein Besatzer, der von nördlich der Alpen gekommen war. Seine Grausamkeit war legendär, er wurde deshalb in Dantes *Inferno*[4] verewigt. Das musste aber nicht unbedingt als Anspielung auf die Gegenwart wahrgenommen werden; schließlich waren die Österreicher ja keine brutalen Hunnen, sondern ausgewiesene Opernfreunde. Schon am Anfang des *Oberto* sind im unverwechselbar vitalen Tonfall späterer Verdischer Chöre jedoch die Worte zu hören: »*scorran di guerra i turbini per l'itale città*« (die Stürme des Kriegs sollen durch die italische Stadt wehen)[5]. Ort der Handlung ist Ezzelinos Burg bei Bassano del Grappa. Oberto, der Graf von San Bonifácio bei Verona, war Ezzelino schon im Kampf unterlegen; nun will einer von dessen Gefolgsleuten, der Graf von Salinguerra (Tenor), auch noch Obertos Tochter Leonora erniedrigen und trotz der Verlobung mit ihr Ezzelinos Schwester Cuniza heiraten. Oberto und seine Tochter überzeugen Cuniza erfolgreich, dass Salinguerra ein Schurke ist. Im Zweikampf tötet dieser dann Oberto, und Leonora geht ins Kloster. – Der historische Salinguerra wurde allerdings tatsächlich Ezzelinos Schwager; beide wurden von den Mailändern einmal empfindlich geschlagen, was ein ebenfalls vorstellbarer lombardisch-patriotischer Subtext des Librettos ist.

Viele für spätere Opern Verdis signifikante Konstellationen wie die Vater-Tochter-Beziehung und die zwei Rivalinnen um den Tenor-Liebhaber sind bereits in *Oberto* zu finden. Vor allem in einem Quartett im zweiten Akt ist Verdi schon ganz er selbst; manches andere ist erst in seiner Anlage erkennbar, noch nicht in der Bühnenwirkung erprobt. Verdi kam schließlich auch nicht wie andere Komponisten aus dem Opernorchester oder vom Klavier des *istruttore di canto*, der mit Sängern Partien einstudierte. Sein relativ spätes Debüt mit einem großen Werk im Alter von 26 Jahren ist weder Geniestreich noch Elevenarbeit. Im Preludio fällt er noch ganz unbedarft nach ein paar einleitenden Akkorden mit der Melodie des Brautchors »*Fidanzata avventurosa*« ins Haus. Das hatte er von Donizetti, nur waren dessen Melodien leichter und eleganter. Unüberhörbar an Rossini orientiert er sich in Cunizas Arie im zweiten Akt »*Più che i vezzi e lo splendore*«. Die Cabaletta des Oberto »*Ma tu superbo giovane*« ist durch die Nachbearbeitung für einen Bass in ihrer Aggression reduziert. Bei diesem temperamentvoll vorwärtsdrängenden, rhythmisch akzentuierten – und vor allem applausheischenden – zweiten Teil einer Soloszene zeigt sich aber schon das, was später den ebenso einfachen wie nachhaltigen Effekt entsprechender Stücke bei Verdi ausmacht. Auf Giorgio Ronconi als gerade dafür vorzüglichen Interpreten musste er aber noch warten.

Ob der junge Komponist auch noch an die Strepponi dachte, ist nicht bekannt. Aber eine andere für Giuseppe Verdi existentiell entscheidende Begegnung kam durch diese erste Oper zustande: der Verleger Giovanni Ricordi kaufte die

Rechte an *Oberto* für zweitausend Lire. – Für eine (österreichische) Lira konnte man damals in einem anständigen Gasthaus eine mehrgängige Mahlzeit, Getränke inbegriffen, bekommen. – Merelli setzte sogar zusätzliche Aufführungen von *Oberto* an. Die andere Oper, die er gerade herausgebracht hatte, Giacomo Panizzas *I Ciarlatani in Spagna* (nach Eugène Scribe), war nämlich durchgefallen, Termine waren frei geworden. Der Korrespondent der Leipziger *Allgemeinen Musikalischen Zeitung* bemerkte in seinem Bericht über die Mailänder Saisoneröffnung auch schon, der Komponist Ricci[6] sei zwar »origineller als Verdi. Ob letzterer sich höher schwingt, steht zu erwarten: zu wünschen ist es sehr, dann könnte er alle seine Kollegen übertreffen.«[7]

Merelli schloss mit Verdi einen Vertrag über gleich drei neue Opern, die innerhalb von zwei Jahren vorzuliegen hatten: pro Werk also acht Monate Arbeitszeit inklusive der Aufführungsvorbereitungen, bei denen der Komponist mitwirken musste. Giuseppe Verdi war als große Hoffnung erkannt worden, und er war bodenständiger Italiener. Donizetti komponierte für Paris, Rossini lebte schon seit Jahren vorwiegend dort und schrieb keine Opern mehr. In Triest hatte man sogar einen Musiker aus Ostpreußen, Otto Nicolai, für seine Oper *Enrico II.* auf einen Text von Bellinis, Rossinis und Donizettis Librettisten Felice Romani gefeiert; ausgerechnet Nicolai hatte jetzt auch einen Kompositionsauftrag aus Turin bekommen.

Der neue Operntext für Verdi aus der Feder Gaetano Rossis, der seine Karriere noch im vergangenen Jahrhundert mit Arbeiten für Niccolò Zingarelli begonnen hatte, lag schon bereit: *Il proscritto* (Der Verbannte), eine Geschichte aus den »Rosenkriegen« des englischen 15. Jahrhunderts. Eigentlich benötigte Merelli aber viel dringender eine *opera buffa* für seinen Spielplan.

Aus Dankbarkeit und durch den Erfolg des *Oberto* ermutigt, wollte Verdi dem Impresario aus dieser Klemme helfen. Außer Bellini waren die großen italienischen Opernkomponisten, allen voran Rossini und Donizetti, Meister stets in beiden Gattungen, der komischen wie der ernsten gewesen. Aus Zeitgründen hatte die Wahl auf ein schon vorhandenes Textbuch zu fallen, und Verdi entschied sich für *Il finto Stanislao*, von Felice Romani nach einem französischen Lustspiel verfasst; schon vor mehr als zwanzig Jahren war es von dem böhmischen Komponisten Adalbert Gyrowetz für Mailand vertont worden.

Die Arbeit fiel Verdi schwer, zum einen, weil die Figuren dieser Komödie, die vor historischem Hintergrund spielt, eindimensionale Typen althergebrachter *opera buffa*-Tradition sind: Eine Doppelhochzeit ist geplant, die aber mit zwei neuen Bräutigamen zustande kommt, denn die eine Braut heiratet doch ihren eigentlichen Geliebten, den Edelmann Belfiore und nicht den Gouverneur von Brest, dem sie nur aus Verärgerung das Jawort gegeben hatte, weil Belfiore sich auf eine Incognito-Mission begab, ohne ihr etwas davon zu sagen. Er kommt nun zufällig auf das bretonische Schloss und gibt sich pflichtgemäß als polnischer König Stanislaus Leszczynski aus, als der er die andere Braut mit dem Neffen des ursprünglichen Bräutigams zusammenbringt, der mit einem hochdotierten Posten in Polen auch viel zufriedener ist. Von dort kommt schließlich die Nachricht, dass der echte Stanislaus glücklich in Warschau eingetroffen sei und Belfiore wieder Belfiore sein dürfe.

Zum anderen lastete auf Verdi, dass nach dem zweiten Kindstod, einem in jenen Jahren immer noch stets zu gewärtigenden Schicksalsschlag für junge Eltern, sich finanzielle Probleme auftaten und die Gesundheit seiner Frau im Frühjahr 1840 immer labiler wurde. Margherita zog sich eine von

*Margherita Verdi-Barezzi
(postumes Gemälde)*

den Ärzten nicht behandelbare Infektion zu. Vor solchen Erkrankungen war Schutz in der dichtbewohnten Stadt fast unmöglich, denn auf dem Kontinent gab es nur in Paris eine schon annähernd urbane sanitäre Situation.

Margherita Verdis Krankheit war vermutlich eine Hirnhautentzündung, an der sie dann am Fronleichnamstag 1840 im Alter von 26 Jahren starb. Antonio Barezzi war aus Busseto gekommen, um in deren letzten Stunden an der Seite seiner Tochter zu sein.

Giuseppe Verdis Familienglück hatte nur vier Jahre gedauert. Der Schwiegervater nahm ihn mit nach Busseto, und von dort aus versuchte Verdi, seinen Vertrag mit Merelli zu lösen.

Doch der Impresario widersetzte sich, und Barezzi bestärkte Verdi ebenfalls, nach Mailand zurückzukehren und weiterzuarbeiten. Er fühlte sich nun erst recht, wie Verdi ihn später nannte, als sein »zweiter Vater«.

Un giorno di regno ossia Il finto Stanislao (Ein Tag auf dem Königsthron oder Der falsche Stanislaus) hatte am 5. September 1840 Premiere und fiel durch. Mit »Donizetti aus zweiter Hand«, so das überwiegende Urteil, war das Publikum der Scala trotz eines schmissigen Finales, das wiederum an Rossinis *Tell*-Ouvertüre erinnerte, nicht zufrieden; vom Komponisten des *Oberto* erwartete man mehr. Einzelne Musiknummern mit cembalobegleiteten Seccorezitativen zu verbinden wie in *Un giorno di regno* bot außerdem keinen Raum für seinen musikalischen Atem.

Verdi hatte in den letzten Wochen und Monaten Schlimmeres erfahren als diesen Misserfolg. Er konnte sich außerdem sicher sein, dass die Partitur gut gearbeitet war, wenn es auch an melodischer Inspiration fehlte und charmanter Komödientonfall ihm nicht gelingen wollte. Erst als alter Mann sollte er einmal unbeschwerte Charaktere wie das junge Liebespaar seiner letzten Oper zum *lieto fine*, dem Happy-end der komischen Oper, führen.

DIE GOLDENE HARFE
DER WEISEN PROPHETEN

Erfolge an der Scala – Nabucco *und* I Lombardi

Verdi verfiel in den Herbstmonaten 1840 aber doch nicht in Frustration und Lethargie, wie er später in seiner »autobiografischen Skizze«[8] glauben machen wollte; er arbeitete. Merelli setzte statt weiterer Aufführungen von *Un giorno di regno* eine Wiederaufnahme des *Oberto* an, für die Verdi wegen einer Besetzungsänderung neue Musik schreiben musste; außerdem wollte Genua diese Oper im Frühjahr spielen und verlangte ebenfalls nach Änderungen und Ergänzungen. Eine Oper sah man damals noch nicht als ein hermetisch

Bartolomeo Merelli   *Otto Nicolai*

abgeschlossenes Kunstwerk an, sie wurde immer den Bedingungen des Aufführungsorts angepasst.

Zu Weihnachten war in Genua Otto Nicolais *Gildippe ed Odoardo* herausgekommen, die nun an der Scala nachgespielt wurde, nachdem Mailand auch schon *Il templario*, nach Scotts *Ivanhoe*, das Turiner Erfolgsstück Nicolais, hatte erleben können. Auch Merelli sicherte sich den Preußen sogleich für ein Auftragswerk. Allerdings lehnte der das ihm zugedachte Libretto Temistocle Soleras ab: »ich musste es refüsieren, überzeugt, dass ein ewiges Wüten, Blutvergießen, Schimpfen, Schlagen und Morden kein Sujet für mich sei«, notierte Nicolai in sein Tagebuch[9]. Nun hatte Giuseppe Verdi ja noch Rossis *Il proscritto* daliegen, und um Merellis Solidarität nach dem »Falschen Stanislaus« zu erwidern, verzichtete er zugunsten Nicolais.

Merelli soll Verdi daraufhin en passant das von Nicolai verworfene Textbuch gegeben haben. Verdi hätte es mehr aus Höflichkeit denn aus irgendwelchem Interesse an sich genommen, zusammengerollt und in seine Manteltasche gesteckt. Dann sei er durch den Schnee nach Hause gestapft, habe die zusammengehefteten Blätter unwillig auf einen Tisch geworfen, wobei sich ganz zufällig eine bestimmte Seite geöffnet habe, auf der ein Vers stand, der ihn so bewegte, dass er bis zum nächsten Morgen die ganze Oper mehrmals durchgelesen hatte. So berichtete Verdi fast vierzig Jahre später in der »autobiografischen Skizze«, einem subjektiven Selbstporträt, das sehr viel über seinen Autor aussagt, über dessen Stolz nicht nur auf die künstlerische Lebensleistung, sondern auch darauf, Widerstände, Schicksalsschläge und materielle Not stets ungebeugt überstanden zu haben. Die referierten Fakten sind aber oft nachweislich ungenau; so meinte Verdi, dass Margherita und die beiden Kinder »im Laufe von rund zwei Monaten« gestorben seien. Es waren tatsächlich aber mehr als zehn. Auch kannte den bewussten Vers aus dem Libretto Soleras schon jedes Kind in Italien, als er diese »Erinnerung« aufschrieb; und die Melodie, die ihm seinerzeit dazu eingefallen war, war eine der populärsten auf der ganzen Welt geworden. Von dem berühmten Komponisten wollte man endlich auch Anekdotisches, Privates hören; er selbst mochte sich zeitlebens aber nur in seinen Werken der Öffentlichkeit zeigen und hatte sich bis auf dieses eine Mal immer gegen Bitten um autobiografische Auskünfte gesperrt. Aber: »se non è vero, è ben trovato«, wie das geflügelte Wort des Giordano Bruno sagt: auch wenn es nicht wahr sein sollte, ist es zumindest gut erfunden, wie es zu Verdis dritter Oper kam. – Weil Verdi später selbst eine vielzitierte Bemerkung über das Erfinden von Wahrheit machte, wurde Giordano Brunos Satz sogar oft ihm selbst zugeschrieben.[10]

Temistocle Solera hatte sich von einem »historischen Ballett« inspirieren lassen, das 1838 an der Scala gegeben worden war und die Untaten und schliessliche Bekehrung Nebukadnezars (Nabucodonosor) zum Glauben an den Gott der Juden erzählte. Er besorgte sich wahrscheinlich auch dessen Vorlage, ein zwei Jahre zuvor am Pariser Théâtre de l'Ambigu uraufgeführtes Stück des jungen Auguste Anicet-Bourgeois, ein »mit breitem Pinsel gemaltes Spektakel, mit ›coups de théâtre‹ und Massenszenen überladen«.[11] Anicet-Bourgeois war ein kommerziell sehr erfolgreicher Bühnendichter und schrieb mit seinen Koautoren ein Stück nach dem anderen. Er hatte zuvor Alexandre Dumas d.Ä. als Mitarbeiter bei dessen pompösem *Caligula* gedient.

Solera hatte erkannt, dass es sich hier um einen Stoff handelte, der als Oper viel wirksamer sein musste denn als Prosastück oder Ballett. Er schrieb ein Textbuch, das sich in vier Teile gliederte: »Jerusalem« – »Der Frevler« – »Die Prophezeiung« – »Das zerbrochene Götzenbild«; über jedem stand ein alttestamentarisches Motto aus den Klageliedern Jeremias. Das war ganz in Verdis Sinn; Solera hatte in größeren Zusammenhängen gedacht, und Verdi konnte beim Komponieren einen längeren emotionalen Entwurf verfolgen. Die Figuren von *Nabucodonosor* waren vielleicht etwas überzeichnet, aber allemal lebendiger als die papiernen Ritter oder die oberflächlichen Komödienaristokraten, mit denen er es zuvor zu tun gehabt hatte. Bei aller archaischen Fremdheit waren diese Babylonier und Hebräer doch von den gleichen Emotionen bewegt wie die Menschen um Verdi und er selbst: Liebe, Hass, Eifersucht, Enttäuschung, Wahnsinn, Hybris, Zweifel und Glaube, Treue und Verrat. Außerdem gab es große Chorszenen, ein Volk war von einem anderen unterworfen und sang unisono um seine Freiheit: »*Va, pensiero sull' ali dorate;… Oh, mia patria sì bella e perduta!… Arpa d'òr dei fatidici vati, perchè muta dal salice pendi?… Traggi un suono di crudo lamento, o t'ispiri il Signore un concento, che ne infonda al patire virtù*«. (Ziehe hin, Gedanke auf goldenen Schwingen;… Oh, mein Vaterland, so schön und doch verloren!… Goldene Harfe der weisen Propheten, warum hängst du stumm von der Weide?… Lasse eine bittere Klage erklingen oder empfange Töne vom Herrn, die uns die Kraft zum Erdulden verleihen.)

Diese ein wenig poetisch variierten Worte des 137. Psalms waren die Zeilen Soleras, die Verdi angeblich fasziniert hatten. Der »Nabucco-Chor« der hebräischen Sklaven wurde bald insgeheim zur Erkennungsmelodie eines Staats, der noch nicht mehr als eine Idee verschiedener politischer Bewegungen war. Dies war aber nicht Giuseppe Verdis Intention gewesen, sondern Resultat populärer Rezeption seiner Musik vor allem in den Jahren, als er »Patriotisches«, oder was man dafür halten konnte, schon wieder hinter sich gelassen hatte.

Die Komposition war schon im Herbst 1841 abgeschlossen, verschiedene Probleme an der Scala verzögerten aber die erste Aufführung. Obwohl die Premiere am 9. März 1842 dann unter ziemlich ungünstigen Bedingungen stattfinden musste, war sie ein überwältigender Erfolg, schon von der spannend aufgebauten Ouvertüre an, wo Verdi die eingängigste Melodie, die des Gefangenenchores, nicht gleich verrät. Er stellte eine choralartige Einleitung und dann noch die instrumentale Vorausnahme der rhythmisch pointierten Chorstelle »*il maledetto non ha fratelli*« voran.

Nicht erst am Ende der Oper, wo der zu einem Hauptakteur avancierte Chor in einem A-cappella-Gebet das Finale dramaturgisch geschickt verzögernd vorbereitet, hatte das

Publikum gemerkt, dass die italienische Oper einen innovativen Impuls bekommen hatte. Das Bühnenbild hatte allerdings noch von dem Ballett *Nabucodonosor* gestammt, wie auch der Titel von Verdis Oper lautete. Der kürzere Name *Nabucco* setzte sich erst später, aber noch vor dem Erstdruck des Klavierauszugs durch.

Giuseppina Strepponi, die die Partie der Abigaile übernommen hatte, war leider indisponiert gewesen. Sie hatte schon als Zwanzigjährige in Wien Triumphe gefeiert und im Vorjahr bei der Uraufführung von *Adelia* mitgewirkt, deren Titelpartie Donizetti ihr auf den Leib komponiert hatte; jetzt war sie sechsundzwanzig und schon über ihren sängerischen Zenit hinaus. Verdis Abigaile, eine unglücklich liebende und sich zur Herrscherin erhebende Sklavin, war aber eine Partie, die ganz besonders nach Persönlichkeit und Gestaltungswillen verlangte; und so war die stimmliche Unzulänglichkeit der Strepponi zu verschmerzen gewesen. Die neue Oper von Giuseppe Verdi, das war klar, verlangte nicht nur nach schönem Gesang, sondern genauso nach glaubwürdigem darstellerischen Ausdruck.

Die Strepponi war von dem jungen Komponisten beeindruckt, von der konsequenten Ernsthaftigkeit, mit der er sich als Neuling aus der Provinz im heiklen Geflecht der Mailänder Theaterszene verhielt, ebenso wie von der mitreißenden Emotionalität seiner Oper. In *Nabucco* war kollektiver Affekt zu wirkungsvoller und einprägsamer Musik geworden. Das Publikum fühlte sich eingebunden, nicht nur durch repräsentativen Effekt beeindruckt. Mancher Weitgereiste hatte vielleicht erwartet, dass Verdi der aktuellen Pariser Mode entsprechend versuchen würde, die orientalische Geschichte mit exotisch anmutenden Melodien oder entsprechender Instrumentation darzustellen; aber die Musik war italienisch.

Der Chor der hebräischen Sklaven am Euphratufer wird

heute meistens – auf Tonträgern oder im Konzert – außerhalb seines szenischen Zusammenhangs wahrgenommen und als bloßer »Ohrwurm« in seiner dramaturgischen Funktion unterschätzt. Er folgt auf ein dramatisches Duett zwischen Abigaile und dem vom Wahnsinn gezeichneten Nabucco und steht vor der eindrucksvollen Szene in Nabuccos Burg: der babylonische König gewinnt seinen Verstand im Gebet zum Gott der Juden wieder und feuert die Seinen zum Kampf gegen die Verräter im eigenen Lager an; dem gefühlvollen »*Dio di Giuda*« Nabuccos schließt sich eine vehemente Cabaletta mit Chor an: »*O prodi miei, seguitemi*«.

Im Zentrum all dessen stand Giorgio Ronconi in der Titelpartie. Es verdankt sich auch ihm, dass Verdi hier ein wichtiges Prinzip seines Theaters gefunden hatte. Außer bei Rossini und seinem der französischen Gesangstradition verpflichteten Titelhelden in *Guillaume Tell* sowie dem buffonesken Figaro in *Il Barbiere di Siviglia* war der Bariton auf der italienischen Bühne eher von minderer Bedeutung gewesen: hier war er nun Mittelpunkt. »Das... Urthema der Oper Verdis heißt: der Bariton-Mann. Er wird heroisch, lyrisch, elegisch, brutal... bis zur letzten Steigerungsmöglichkeit abgewandelt, aber nie passiv. Die Bariton-Kraft ist... der Mann schlechthin. Dieser Mann der Verdi-Welt ist nicht Liebhaber... er ist Erzeuger der Handlung.« (Paul Bekker)[12]

Giorgio Ronconi, der erste Nabucco

Sicherlich hatten manche Italiener im Zuschauerraum die Hebräer mit sich selbst identifiziert. Selbstverständlich wurde nach dem »*Va, pensiero*« durch Applaus gern lautstark ein »*bis*«, eine Wiederholung, eingefordert. Das hatte die österreichische Obrigkeit aber grundsätzlich verboten, die auch im Theater auf Ruhe als der ersten Bürgerpflicht achtete; befolgt wurde dies freilich nicht immer. Von Staats wegen hatte man in Mailand mit *Nabucco* keine Probleme, Widmungsträgerin der Partitur war ja die Tochter des für Kaiser Ferdinand am Ort statthaltenden Vizekönigs, die Erzherzogin Adelheid.

Misstöne kamen aus anderer Richtung: Bartolomeo Merelli ließ die Oper unter Verdis persönlicher Mitwirkung ein Jahr später auch mit großem Erfolg in Wien spielen. Dort war Otto Nicolai nach seinem Scheitern in Italien nun wieder als Dirigent tätig. *Il proscritto* war im Frühjahr 1841 an der Scala nämlich nach nur einer Vorstellung abgesetzt worden. Dies war auch ein finanzieller Schlag, denn die Regel war, dass der Hauptteil des Honorars nach der dritten Vorstellung zahlbar wurde; wenn diese dann nicht stattfand, war das Künstlerpech. Nicolai polemisierte gegen den erfolgreichen Kollegen, der aufs Neue seinen Weg kreuzte.

Giuseppe Verdi erwiderte die Aufmerksamkeit Giuseppina Strepponis, ihre Kollegialität wurde zur privaten Bekanntschaft. Sie war Tochter eines Komponisten und welterfahren; sie verstand, was Verdi bewegte und was ihn hemmte. Sie war eine unkonventionelle Frau, hatte Kinder ohne verheiratet zu sein, ernährte eine große Familie. Im Rahmen dessen, was am liberalen Rand der bürgerlichen Gesellschaft damals möglich war, war sie eine emanzipierte Frau. Giuseppe Verdi, der noch nicht dreißigjährige Witwer, war ein attraktiver Mann, auch durch seinen Aufsehen erregenden Erfolg. Die Mailänder Gesellschaft hofierte ihn; und er war in den Salons einflussreicher und kunstsinniger Aristokraten zu Gast, auch beim Grafen Andrea Maffei, der sich mehr noch als mit seinen eigenen Dichtungen als Übersetzer aus dem Deutschen einen Namen gemacht hatte. Seine Frau Clara, auch Clarina genannt, war eine heftige Patriotin, wogegen ihr Gatte trotz seiner Herkunft aus einem italienisch geprägten Teil Südtirols es sich mit den Österreichern nicht verderben wollte.

Im Sommer besuchte Verdi, den auch die großen Autoritäten der Musikwelt nun zur Kenntnis nahmen, Gioacchino Rossini in Bologna, wo wiederum Gaetano Donizetti im März dessen neuestes Werk dirigiert hatte, das *Stabat mater*. Donizetti ging wenig später als Kapellmeister nach Wien.

Nabucco wurde zur Herbstspielzeit 1842 an der Scala wiederaufgenommen und brachte es auf fast sechzig Vorstellungen! Merelli hatte dafür gesorgt, dass Solera gleich ein neues Libretto für Verdis dritte Vertragsoper parat hatte. Vielleicht hatte der Komponist auch bei der Auswahl des Sujets schon mitgeredet. Alle gebildeten Mailänder kannten das lombardische Epos von Tommaso Grossi, eines in der Stadt wirkenden Notars, der eine Zeit lang Sekretär des Dichters Alessandro

Gräfin Clara Maffei

Manzoni gewesen war. Nicola Vaccai, Kompositionsprofessor am Mailänder Konservatorium, heute nur noch durch seine Gesangsetüden bekannt, hatte schon eine Oper nach Grossis Roman *Marco Visconti* komponiert, und auch Soleras eigene *Ildegonda* ging auf diesen Autor zurück. In Manzonis Hauptwerk *I promessi sposi* finden Grossis *I Lombardi*, die 1826 fast gleichzeitig erschienen, sogar als »verteufelt gutes Werk« Erwähnung.

Solera hatte aus diesem stilistisch an Torquato Tasso orientierten fünfzehnteiligen Epos vier Opernakte gemacht: »Die Rache« – »Der Mann der Höhle« – »Die Bekehrung« – »Das Heilige Grab«. Außerdem war beziehungsreich und originell, dass zwei der elf Bilder von *I Lombardi alla prima crociata* (Die

Lombarden auf dem ersten Kreuzzug) sozusagen an Ort und Stelle spielten: Das eine vor der Mailänder Kirche des heiligen Ambrosius, des Stadtpatrons Sant' Ambrogio, das andere in Rhò, einem Vorort von Mailand.

Die Erwartungen Merellis waren hochgesteckt, und Verdi und Solera schätzten die Chancen, den Erfolg des *Nabucco* zu wiederholen, ebenso hoch ein. Auch die Streponi war optimistisch und ermunterte Verdi, für die neue Oper ein Honorar zu verlangen, wie es Bellini für *Norma* erhalten hatte. Merelli zahlte es auch. Das Premierenpublikum jubelte am Abend des 11. Februar 1843, viele Opernhäuser in ganz Europa spielten das Werk nach, und *I Lombardi* sollten vier Jahre später die erste Verdi-Oper sein, die in den USA aufgeführt wurde. Aber schon zu Verdis Lebzeiten sah man das Werk in Italien seltener, und außerhalb Italiens wird diese Oper heutzutage gar nicht mehr gespielt. Solera war es nämlich nicht gelungen, die komplizierte Handlung des Epos in eine plastische Bühnenhandlung zu verwandeln.

Hauptfigur ist der lombardische Edelmann Pagano[13], der als Eremit in einer Höhle bei Antiochia lebt. Er wurde verbannt, weil er, gerade aus einer ersten Verbannung wegen versuchten Brudermords zurückgekehrt, nun seinen Vater umgebracht hatte, der zufällig im Bett des Bruders lag. Er hatte diesem immer noch nach dem Leben getrachtet und dessen Frau begehrt. Der neuerlich mit dem Leben davongekommene Bruder kommt als Kreuzritter dann eines Tages nichts ahnend zu eben diesem Eremiten und erbittet dessen Hilfe, um seine inzwischen bei den Muselmanen gefangene Tochter zu befreien. Ein Mordkomplize von damals, der Pagano aber auch nicht erkennt, kann die Christen in das befestigte Antiochia einlassen, da er konvertiert und Bewacher der Stadtmauern geworden ist. Der Vater zürnt der nunmehr befreiten Tochter jedoch, weil sie einen zum Christentum strebenden

Muselman liebt, der bei der Befreiung angeblich getötet wird. Tatsächlich überlebte er aber, wird jedoch bei der Flucht mit der Geliebten verletzt und sterbend dann – vom unerkannten Eremiten Pagano! – getauft. Der Tote erscheint der jungen Frau im Traum und weist zu einer Quelle, so dass die Kreuzzügler gestärkt weiterziehen können. Der Eremit kämpft an ihrer Seite, wird verwundet, gibt sich zu erkennen und stirbt in den Armen seines Bruders im versöhnenden Anblick Jerusalems ... – Im Vergleich dazu mag man die erstaunlichen Wendungen und Offenbarungen im Handlungsverlauf von *Il trovatore* oder *La forza del destino* gar nicht mehr so unglaubwürdig finden.

Ungeschickt war auch, dass Solera die Partie von Paganos Bruder Arvino, der eigentlich der »Handlungserzeuger« ist, sehr schmal anlegte und Verdi sie dann für einen Tenor setzte, der gegenüber dem Liebhaber-Tenor Oronte auf jeden Fall wie ein *comprimario*, ein Stichwortgeber wirken musste. Die Partie des Oronte, in der Carlo Guasco vom Mailänder Publikum gefeiert wurde, ist musikalisch denn auch die profilierteste. Die Kontur der späteren Tenor-Protagonisten auf Verdis Theater ist schon erkennbar. Der im gleichen Jahr wie Verdi geborene Guasco hatte vokale Farben und Nuancen des Ausdrucks anzubieten, wie sie in den großen Partien Bellinis und Rossinis kaum verlangt wurden.

Wie bei *Nabucco* beeindruckten aber auch die Chorszenen der *Lombardi*: Schon im ersten Bild lässt die hymnische Unterlegung eines Solistenensembles verschmerzen, dass es eigentlich kein Bühnengeschehen gibt, sondern nur die komplizierte Vorgeschichte erzählt wird.

Der Kontrast zwischen Lombardei und Morgenland wird nur im instrumentalen Kolorit eines Haremsdamen-Chores ein wenig angedeutet, auch werden die muselmanischen Verteidiger Jerusalems nicht pointiert negativ dargestellt. Beim

Chor der Christen »*O Signor, dal tetto natio ci chiamasti con sacra promessa*« (O Herr, du hast uns mit heiligem Versprechen aus der Heimat gerufen) hört man Verdis Bemühen um eine Parallele zu »*Va pensiero*«.

Die staatliche Zensur hatte keine Einwände gegen das Textbuch erhoben. Nur der Nachfolger des legendären Bischofs Ambrogio, ein Österreicher, hatte moniert, dass in der neuen Oper eine Taufe, eine Bekehrung, heilige Stätten sowie Prozessionen auf der Bühne gezeigt werden sollten, was zwangsläufig eine Gotteslästerung sein müsse. Cajetan Kardinal Gaisruck versuchte zwar, den Polizeichef zum Einschreiten zu nötigen, letztlich wurde aber nur ein »Ave Maria« in »Salve Maria« abgeändert. Auch der frommste Christ konnte sich nicht durch *I lombardi alla prima crociata* gekränkt fühlen, es sei denn durch die sanktionierte Brutalität der Kreuzritter.

Verdi hatte nicht den Rat seines Schwagers Giovanni Barezzi befolgt, der ihm wieder die junge Erzherzogin als Widmungsträgerin nahe legte, die im vergangenen Jahr Prinz Vittorio Emanuele von Savoyen, den Sohn des Turiner Königs, geheiratet hatte. Er widmete *I Lombardi* lieber der Schwester des Wiener Kaisers, seiner Landesherrin Maria-Luigia. Auch in deren Residenzstadt Parma wurde unter Verdis Leitung in diesem Jahr *Nabucco* einstudiert; der dortige Impresario hatte auch die Strepponi für die Abigaile engagiert. In diesen Wochen des gemeinsamen Gastspiels soll die Beziehung zwischen dem Komponisten und der Sängerin enger geworden sein.

»VINCITOR DEI SECOLI«

Francesco Maria Piave – Opern für Venedig und Rom

Von Parma aus korrespondierte Verdi auch schon mit dem Grafen Alvise Mocenigo, der der dreiköpfigen Direktion des Teatro La Fenice in Venedig angehörte. *Nabucco* war inzwischen auch dort mit so großem Beifall aufgenommen worden, dass die andere führende lombardo-venezianische Bühne nicht hinter Mailand zurückstehen wollte. Also war Mocenigo an Verdi herangetreten, seine nächste Oper für Venedig zu schreiben. Es dauerte lang, bis ein Stoff gefunden war. Zu Anfang schon war Shakespeares *King Lear* ins Gespräch gekommen. Mit dem Volkstribunen Cola di Rienzi als Opernfigur wollte man die Zensur gar nicht erst konfrontieren. Dass der sächsische Komponist Richard Wagner im vergangenen Oktober mit einer gleichnamigen Oper in Dresden Erfolg gehabt hatte, spielte dabei wohl kaum eine Rolle. Man erwog Dumas' d.Ä. *Catherine Howard*, die fünfte Frau Heinrichs VIII., als Titelfigur und legte einen entsprechenden Entwurf bei der Zensur vor, und dann noch einen zweiten nach *The Two Foscari* von George Gordon Noel Lord Byron. Beide wurden abgelehnt, der erste wegen seiner Grausamkeit, der zweite weil die Foscari eine alte venezianische Familie waren. Man befürchtete Anspielungen bei einer Oper um einen Dogen des 15. Jahrhunderts und dessen tragisches Ende. Ein revolutionärer Stoff wie Byrons *Marino Faliero*, den Donizetti 1835 in Paris auf die Opernbühne gebracht hatte, war die Begebenheit von Francesco Foscari aber nicht, der seinen Sohn Jacopo aus Staatsräson nach einem Fehlurteil in Verbannung und Tod schickt und dann abgesetzt wird. In dem fünfaktigen Drama geht es eigentlich um »Staatserhaltung, um die Verteidigung der gesetzmäßigen Ordnung.«[14]

Dem Teatro La Fenice hatte ein dreißigjähriger, bis dahin wenig erfolgreicher Schriftsteller, der sich als Korrektor bei einer Druckerei verdingen musste, aus einer Notlage geholfen und statt des erkrankten Giovanni Peruzzini das Libretto zu *Il Duca d'Alba* zu Ende geschrieben, das Giovanni Pacini Anfang 1842 schon zu komponieren begonnen hatte. Dieser Francesco Maria Piave hatte seine Sache so gut gemacht, dass man ihn als Hauslibrettist unter Vertrag nahm. Er sah es nun als eine große Chance, mit Verdi zusammenarbeiten zu dürfen. Verdi war wiederum ein Librettist willkommen, der sich noch keine Klischees angeeignet hatte und bei dem er schon in das Entstehen des Textes eigene Intentionen einfließen lassen konnte. Auch war Verdi für Piave nicht mehr ein aufstrebender junger Mann aus der Provinz, sondern der erfolgreiche Komponist aus Mailand.

Francesco Maria Piave ging bereitwillig auf Verdis Wünsche ein, weshalb die Nachwelt seine Bedeutung für den Erfolg des Komponisten stets herunterspielte. Das eigentliche Fundament auch der Musik des *Rigoletto* oder der *Traviata* ist aber zunächst einmal Piaves besonderes poetisches Talent, das sich mit Verdis künstlerischer Konsequenz allen widrigen Umständen von Zensur und Konvention zum Trotz erfolgreich verband, wie zuvor nur in der Zusammenarbeit Da Pontes und Mozarts. – Man erarbeitete (nach Walter Scott) gemeinsam ein *Cromwell*-Textbuch; zu Piaves großer Enttäuschung verwarf es der Komponist dann aber zugunsten Victor Hugos *Hernani ou l'honneur castillan*. Die österreichische Zensur hatte keine Bedenken, zumal der habsburgische König, der dort vorkam, keine schlechte Figur machte.

Schon Donizettis *Lucrezia Borgia* (1833, auf eine von Felice Romani adaptierte Hugo-Vorlage) hatte erwiesen, dass das romantische *melodramma* mit seinen heftigen Affekten, seinen pittoresken Schauplätzen und melancholischen Prota-

Francesco Maria Piave

gonisten nach dem aktuellen Geschmack des italienischen Opernpublikums war. Auch Alberto Mazzucato, der am Mailänder Konservatorium unterrichtete, hatte schon eine Hugo-Oper *Esmeralda* nach dem *Glöckner von Notre-Dame* komponiert und arbeitete nun ebenfalls an einem *Hernani* für den Auftakt der Karnevalsspielzeit Ende Dezember in Genua. Verdi befürchtete deshalb, dass es seinem *Ernani* so ergehen könnte wie dem gleichaltrigen Mazzucato knapp zehn Jahre zuvor mit der *Bride of Lammermoor*, die von Donizettis Vertonung verdrängt worden war. Vincenzo Gabussi, der erste, der sich mit einem *Ernani* als Opernkomponist versucht hatte, war 1834 am Pariser Théâtre Italien kläglich gescheitert.

Piave kondensierte das aufwendige fünfaktige Drama Hugos zu einem Libretto, das sich von *Nabucco* vor allem dadurch unterscheidet, dass die individuellen Emotionen Priorität haben: Im Mittelpunkt steht eine Frau, um die drei Männer werben. Der eine ist der »Rebell« Ernani, eigentlich der Edelmann Don Juan von Aragon; dessen Liebe erfüllt sich nur für tragische Augenblicke im Angesicht des Todes, den Ehre und Macht erzwingen. Der zweite Mann ist König Carlos I., der auf Elvira verzichtet, weil er Kaiser (Karl V.) wird. Don Ruy Gomez de Silva, der dritte und Elviras Onkel wie auch früherer Bräutigam, triumphiert am Ende und löst ein Pfand ein: Silva hatte Ernani einmal Schutz gewährt gegen das Versprechen, dass dieser sofort Selbstmord begehen werde, wenn er Silva ein Hornsignal geben höre.

Piave hatte Verse geschaffen, nach denen Verdi durch seine Musik plastische Charaktere gestalten konnte, weniger durch die handlungsführende Aussage der Worte inspiriert als durch deren Bildhaftigkeit. Die Historie bleibt in der Oper romantischer Hintergrund, der Chor ist in *Ernani* kaum Akteur, sondern musikalisches Ambiente. Alles ist auf die Darstellung der vier Hauptfiguren konzentriert.

Ernani sollte im Herbst als zweite Inszenierung am La Fenice nach der Saisoneröffnung mit *I Lombardi* herauskommen. Der dort als Oronte vorgesehene Sänger sollte auch die Titelpartie in *Ernani* übernehmen; als Verdi ihn aber hörte, gab er deutlich zu verstehen, dass er den Ansprüchen, die er an einen Ernani-Interpreten stellen wollte, nicht genügte, so dass die Uraufführung bis zum März 1844 verschoben werden mußte. Da stand dann Carlo Guasco zur Verfügung, um einen Rollentypus vorzustellen, der für die weitere Entwicklung von Verdis Theater prägende Bedeutung bekam: den an eigenen Ansprüchen und Idealen scheiternden Liebhaber.

Mit Carlo, dem 1519 zum Kaiser gekrönten spanischen König, schuf Verdi wieder eine handlungserzeugende Bariton-Figur. Dieser »Carlo Quinto« war es übrigens, der 1533 bei einem Besuch in Busseto dem Ort wegen seiner Kaisertreue die Stadtrechte verliehen hatte; darauf war man in Verdis Heimat stolz, auch wenn dieser in Flandern geborene Herrscher ein Habsburger gewesen war.

In einer Szene am Aachener Grabmal Karls des Großen reflektiert Carlo seine Entscheidung, Liebesglück der Macht zu opfern, den Entschluss, der auch den Verschwörern, die mit Ernani auf ihn lauern, ihr Leben lässt. Nach einem vom Orchester nur andeutungsweise begleiteten Beginn voller Melismen, der seine Jugendträume besingt, schwingt sich die Arie auf zu einer ausladenden Melodie, wie sie Verdi bisher seinen Chören, die die Wünsche ganzer Völker formulierten, vorbehalten hatte: »*vincitor dei secoli il nome mio farò*«. Dieser einzelne Bariton-Mann will, dass man ihn einst »Sieger der Jahrhunderte« nennt, und der Klang des vollen Orchesters trägt ihn.

Trotz einer Indisposition Guascos und Sofia Loewes, der Sängerin der Elvira, war die Uraufführung des *Ernani* das, was Giovanni Barezzi in einem Brief an seinen Vater überschwänglich erwartet hatte: »ein Triumph und die Krönung Verdis zum größten Maestro der Welt«.[15] Verdi bekam die letzte Rate seines Honorars von zwölftausend Lire, wobei allerdings die Inszenierung der *Lombardi* mit eingeschlossen war, schon am Premierenabend ausbezahlt. Das hatte er sich so ausbedungen, skeptisch wie er war.

Aus allen Städten Norditaliens war man – von Padua mit der von den Österreichern vor kurzem gebauten Eisenbahn – in Venedig angereist, um die neue Verdi-Oper zu erleben. *Ernani* wurde innerhalb von gut einem Jahr an den meisten Bühnen des europäischen Kontinents gespielt und für viele Jahre zum Inbegriff italienischer Oper der Gegenwart. Nun war Verdis Werk ein Vierteljahr nach dem *Hernani* von Mazzucato herausgekommen, und dieser hatte wieder das Nachsehen, sein Werk wurde vergessen.

Victor Hugo, der prominenteste lebende französische Dichter, der gerade mit seinem neuesten Stück *Les burgraves* einen

Das Teatro La Fenice in Venedig

unerwarteten Misserfolg hatte hinnehmen müssen, war verstimmt, als er von der erfolgreichen Veroperung seines Dramas hörte, hätte aber ohnehin keine Handhabe gehabt, es zu verhindern, da es ein international respektiertes Urheberrecht noch nicht gab. Giovanni Ricordi war zufrieden: Giuseppe Verdi und seine Opern waren zur einer tragenden Säule des 1808 von ihm gegründeten Verlages geworden. Ricordis Mailänder Hauptkonkurrent Francesco Lucca, der bei Ricordi als Notenstecher gelernt hatte, drängte Verdi immer wieder, auch ihm ein Werk zu geben. Giuseppina Strepponi, die mit Luccas Frau befreundet war, machte sich zu dessen Fürsprecherin.

Als Verdi aus Venedig zurückgekehrt war, hatte er schon einen neuen Auftrag Merellis für die Scala, außerdem sollte er eine Oper für das Teatro San Carlo in Neapel schreiben, zuallererst war aber die *scrittura*, der Kompositionsauftrag, des Impresarios Alessandro Lanari zu erfüllen, der auch auf Verdi aufmerksam geworden war. Lanari war einer der einflussreichsten Männer des italienischen Opernlebens, hatte auch die Karriere der Strepponi gefördert, und betrieb unter anderem das römische Teatro Argentina.

Daneben gab Verdi noch Unterricht, aber nur einem einzigen Schüler, den er auch nicht hätte abweisen können: der zweiundzwanzigjährige Emanuele Muzio war aus Busseto, wie damals Verdi mit einem Stipendium des Monte di Pietà[16], nach Mailand gekommen. Muzio war ebenfalls ein Schützling Vater Barezzis, und aus dem ehrfürchtigen Studenten wurde bald ein Freund und wichtiger Mitarbeiter.

Für die Zeit ab Ostern 1844 trifft am ehesten das Schlagwort von den »Galeerenjahren« zu, das von frühen Verdi-Biografen ebenso großzügig wie unpräzise verwendet wird. Dieser drastisch-anschauliche Begriff stammt aus einem Brief des Komponisten an Clara Maffei vom 12. Mai 1858, in dem er meinte, »seit Nabucco keine ruhige Stunde« gehabt zu haben. Er konnte natürlich nicht ahnen, dass die somit angeblichen sechzehn »anni di galera« später so oft zitiert werden sollten. Während im Italienischen *galera* nicht mehr und nicht weniger als Gefängnis bedeutet, stellt sich im Deutschen die viel weitergehende Assoziation des mit Dutzenden von Leidensgenossen geschundenen Rudersklaven ein. Eigentlich waren es auch nur acht Jahre der beschränkten Selbstbestimmung über das eigene Tun und Lassen; denn ab 1851 wohnte Verdi schon auf seinem eigenen Gutshof, der ertragreich bewirtschaftet wurde, und konnte über Tempo und Umfang seiner künstlerischen Arbeit weitgehend selbst bestimmen. Jetzt, nach dem *Ernani*, konnte er sogar seinem Vater Geld geben, um Il Pulgaro zu erwerben, ein Anwesen bei Le Roncole.

Die ursprüngliche Idee, für Lanari und Rom eine Oper über Lorenzo de' Medici zu komponieren, wahrscheinlich nach Dumas' d.Ä. Bühnenstück *Lorenzino*, war an der kirchenstaatlichen Zensur gescheitert. Piave verwirklichte sie wenig später mit Giovanni Pacini für Venedig. Der Impresario reichte stattdessen *I due Foscari* ein, was hier nun ohne weiteres akzeptiert wurde. So kam man rasch voran, da Verdi mit Piave an diesem Projekt ja schon gearbeitet hatte. Indessen korrespondierten beide bereits über ein ebenfalls von Lanari bestelltes neues Libretto für Venedig nach der Tragödie *Attila, König der Hunnen* von Zacharias Werner; während der Arbeit in Mailand und im Hause Barezzis in Busseto wechselte Verdi aber auch schon Briefe mit Salvatore Cammarano, dem Hausdichter des Teatro San Carlo.

Cammarano, der aus einer neapolitanischen Theaterdynastie stammte, hatte unter anderem das Libretto zu Donizettis *Lucia* geschrieben und galt als Autorität seines Metiers. Verdi hatte daher keinen Grund, seinem Vorschlag, Voltaires *Alzire ou Les Américains* (aus dem Jahre 1736, als man mit »Amerikanern« noch die Inkas meinte), mit Misstrauen zu begegnen. Schon Ende des vergangenen Jahrhunderts hatte Zingarelli dieses Schauspiel zur Oper gemacht, vielleicht auf das gleiche Libretto Gaetano Rossis, das Niccolò Manfroce dann 1810 in Rom vertont hatte; auch von Simon Mayr gab es eine *Alzira*. Rossi hatte auch den Text zu Rossinis *Semiramide* verfasst, ebenfalls eine Voltaire-Vorlage sehr auf das abenteuerliche Äußere der Geschichte reduzierend, da die inhaltliche Tendenz solcher Bühnenstoffe der Aufklärung nicht ins konservative Italien passen mochte.

Die Komposition der *Foscari* soll dann sehr zielstrebig und konzentriert vollendet worden sein; in der Tat ist die Partitur ungleich homogener als die vorangegangenen, feiner in der instrumentalen Struktur und sehr organisch in ihrer musikalischen Dramaturgie. Den handelnden Personen sind individuelle musikalische Gedanken zugeordnet; exponierte Klarinettensoli um den todgeweihten Dogensohn Jacopo Foscari geben unverwechselbar düstere Färbung wie auch die kammermusikalische Einleitung mit einem solistischen Duo von Viola und Violoncello zur ersten Szene des zweiten Akts (»*Notte... perpetua notte*«), die an Beethovens *Fidelio* erinnert. Wie dort Florestan im Kerker halluziniert, hat auch der junge Foscari Visionen. Dies war eine Idee Piaves, um der undramatischen Vorlage Byrons Bühnenatem zu geben. Aber in letzter Konsequenz gelang ihm dies nicht für die ganze Oper, so dass das Werk heute nicht nur im Schatten der populären Opern Verdis steht, sondern auch noch viel weniger beachtet wird als etwa *Ernani*.

Der Doge Francesco Foscari ist eine tragische Bariton-Vaterfigur wie jene in *Rigoletto*, *Luisa Miller* und schließlich Amonasro in *Aida*. Wie in der »vaterlosen Gesellschaft« sind ihre Kinder rettungslos verloren. An Antonio Barezzi, der seiner Tochter nicht mehr helfen konnte, und an sich selbst, der nur kurze Zeit Vater zweier Kinder sein durfte, mag Giuseppe Verdi bei dieser Bühnenfigur gewiss auch gedacht haben.

Mitnichten war aber die römische Uraufführung ein »mezzo fiasco« gewesen, wie Verdi in seiner provozierenden Bescheidenheit behauptet hatte. Auch bei der zweiten Aufführung gab es frenetischen Applaus, und dreimal wurde Verdi unter Hochrufen allein vor der Vorhang gerufen. Bald kamen *I due Foscari* auch auf deutsche Bühnen, so 1856 zu Zeiten Franz Liszts in Weimar. Hundert Jahre später stellte Kurt Honolka dann eine Bearbeitung unter dem Titel »Der Doge von Venedig« in Stuttgart vor, aber auch so konnte sich das Werk nicht auf den Spielplänen etablieren.

Auch in Wien wurden *I due Foscari* bald aufgeführt. Verdi hatte dort in Donizetti, der wegen seiner Krankheit das Hofkapellmeisteramt allerdings kaum noch wahrnehmen konnte, einen wichtigen Verbündeten. Sein Neider Nicolai hatte nach dem Erfolg des *Ernani* am Kärntnertortheater über Verdi in sein Tagebuch notiert: »Seine Opern sind…. wahrhaft scheußlich… Er instrumentiert wie ein Narr… und ist… ein erbärmlicher, verachtungswerter Komponist… *unter* diese Leistungen kann Italien nicht mehr sinken.«[17] Diese Missgunst hatte auch noch einen sehr persönlichen Hintergrund, denn Nicolais ehemalige Verlobte Erminia Frezzolini hatte nicht nur großen Erfolg als erste Giselda in *I Lombardi* gehabt; sie war jetzt die Frau des Tenors Antonio Poggi, und für diese beiden war Verdi im Begriff, die neue Scala-Oper zu schreiben.

Man hatte sich auf einen wirkungsvollen und theatererprobten Stoff verständigt. Merelli beauftragte Solera, der sich dabei auf Graf Maffeis Schiller-Übersetzung stützen konnte, *Die Jungfrau von Orleans* zu bearbeiten: eine legendäre heroische Figur vor historischem Hintergrund, eine Handlung mit Anlässen zu großem Effekt und eindrucksvollem Choreinsatz. Pate gestanden hatte bei dieser Idee sicherlich die nicht besonders erfolgreiche Vertonung von Friedrich Schillers »romantischer Tragödie« durch »J. Hoven«, ein Pseudonym des Diplomaten Johann Vesque von Püttlingen, die Merelli am Kärntnertortheater Ende 1840 herausgebracht hatte. In Frankreich hatte es schon mehrere *Jeanne d'Arc*-Vertonungen gegeben, auf die italienische Opernbühne war der Stoff aber noch nicht gekommen.

Per Schiff bis Genua und dann weiter in anstrengender Fahrt mit der Postkutsche war Verdi in der zweiten Novemberwoche 1844 aus Rom nach Mailand zurückgekehrt und musste sofort mit der Niederschrift der *Giovanna d'Arco*, wie der italienische Titel lautete, beginnen. Die ersten Proben mit den Sängern sollten gleich nach Neujahr sein. Vieles war natürlich schon skizziert und bedacht.

Die sogenannte Karnevalsspielzeit begann auch hier am 26. Dezember; zuerst gab es eine Wiederaufnahme von *I Lombardi*, und einen Monat später sollte die Uraufführung von *Rosvina de La Foret* des erst zweiundzwanzigjährigen Neapolitaners Vincenzo Battista stattfinden, beide mit der Frezzolini in den Hauptpartien; und nach Verdis neuer Oper war innerhalb von drei Wochen auch noch des Bergamasken Matteo Salvis Vertonung von Hugos *Burgraves* angesetzt, daneben noch drei Wiederaufnahmewerke. Merelli stand unter enormem Druck, ein volles Haus zu haben.

Verdi war schon während der *Lombardi*-Proben sehr unzufrieden mit den Leistungen des überforderten Ensembles und der Organisation gewesen, und bei der Vorbereitung der neuen Oper erst recht. Er warf Merelli künstlerische Verantwortungslosigkeit vor. Er konnte sich das inzwischen leisten; Merelli war jetzt auf ihn angewiesen und nicht mehr der Komponist auf den Impresario.

Giovanna d'Arco wurde ein Erfolg, und die Scala war auch bei allen Vorstellungen, die auf die Premiere am 15. Februar 1845 folgten, ausverkauft – und das bei angehobenen Eintrittspreisen. Merelli machte Verdi überaus verlockende Angebote für weitere Zusammenarbeit. Aber der Komponist war enttäuscht. Mit Merelli wollte er nicht mehr zusammenarbeiten, er sah seine künstlerischen Ansprüche verletzt, und da gab es für ihn kein Einlenken. Öffentlich erklärte er, nie mehr für die Scala eine Oper zu schreiben. Es gibt auch keine anderen glaubwürdigen Motive für das Zerwürfnis zwischen Merelli und Verdi als diese genannten. Manche Biografen vermuten ein Verhältnis Merellis mit Giuseppina Strepponi, also Eifersucht als Grund, und unterstellten dessen Vaterschaft bei ihren drei Kindern. Das jüngste Kind der Strepponi war aber zweifelsohne von ihrem Sängerkollegen Napoleone Moriani und die beiden anderen schon sechs und sieben Jahre alt. Andere meinen, eine Aufführung von *I due Foscari*, bei der Merelli den letzten Akt vor dem vorletzten aufgeführt hätte, sei der Grund für Verdis Bruch mit der Scala gewesen. Dies wäre zu verstehen gewesen, denn Verdi war nicht so großzügig wie die meisten seiner Kollegen. Seine Opern hatten eine ästhetische Integrität, die zu bewahren war. Die üblichen willkürlichen Änderungen, Kürzungen oder Ergänzungen tolerierte er nicht. Dafür nahm er auch seine Verleger immer in die Pflicht. Die ersten Mailänder *Foscari*-Aufführungen waren aber erst ein halbes Jahr später.

Verdi hielt seine jüngste Oper für »ohne Zweifel die beste«, die er bisher geschaffen hatte, wie er am Tag nach der Premiere in einem Brief an Piave bekannte. Schon die Ouvertüre zeigt nach wenigen Takten seinen Erfahrungszuwachs; ohne Aufmerksamkeit heischende Formeln zieht er jetzt das Publikum in die Geschichte hinein, die er erzählen wird. Das Werk fand auch sofort seinen Weg an alle bedeutenden Opernhäuser und dort beifällige Aufnahme. Freilich musste man in Rom der päpstlichen Zensur wegen die ganze Handlung umschreiben, alles Christliche profanieren und aus Johanna von Orleans eine »Orietta von Lesbos« machen!

Die Nachwelt tat sich dann aus zwei Gründen schwer mit dieser ersten Schiller-Oper Verdis: Zum einen ist von dessen Vorlage außer dem Schluss mit Johannas Tod im Kampf kaum noch etwas zu erkennen, da Solera mit der gleichen Methode vorgegangen war wie bei dem Boulevard-Spektakel, das *Nabucco* zugrunde lag. In der Oper ist nicht mehr der feindliche Engländer Lionel Johannas Liebhaber, sondern der französische König Charles (Carlo) persönlich, was die Handlung zusätzlich simplifiziert. Zum anderen stand man –

die Prozessakten der Jeanne d'Arc waren ja erst 1841 geöffnet worden – diesem Sujet namentlich in Italien damals ohne Interesse für die historische Dimension wie einer frommen Legende gegenüber.

Verdis – selten so deutlich geäußerte – Zufriedenheit resultierte daraus, dass bei allen Vorbehalten gegenüber Soleras Libretto der emotionale Entwurf bei sämtlichen Szenen des Prologs und der drei Akte stimmig und spannend war. Die Konzessionen an Primadonnenbravour, die er für die Frezzolini machte, tangieren das dramaturgische Konzept kaum. Auch der am Ende des Prologs in ein verhaltenes A-cappella-Terzett wie ein Offenbachscher Galopp abrupt dreinfahrende Tutti-Einsatz – mit Giovannas Worten »*or sia patria mio solo pensiero*« (nun sei Vaterland mein einziger Gedanke) – tönt nur dann befremdlich, wenn man dem Werk mit germanistischen oder geschichtswissenschaftlichen Hintergedanken gegenübertritt. Eine italienische Oper hatte ja immer auch zu unterhalten, mehr als es deutschsprachige oder französische Opern dieser Zeit mussten; denn denen stand ein reiches Angebot heiteren Musiktheaters zur Seite, das es in Italien in dieser Ausprägung nicht gab.

In *Giovanna d'Arco* ist auch eine erste der »langen«, in kleinen Intervallschritten sich weit ausschwingenden Verdischen Charaktermelodien zu hören: Carlos »*È puro l'aere, limpido il cielo*« in der großen Duettszene mit der Titelheldin. Diese zierlos emphatische Kantilene ist eine Weiterentwicklung der »melodie lunghe, lunghe, lunghe« Bellinis und dessen »tinta melanconica tutta sua propria«, der ganz eigenen melancholischen Färbung, wie Verdi viele Jahre später sein Vorbild beschrieb[18]. Handlungserzeuger ist auch hier wieder der Bariton: Giacomo, wie sich bei Solera Thibault d'Arc, Johannas Vater, nennt. Er liefert seine Tochter erst des Glaubens wegen aus, besinnt sich, und scheitert bei ihrer Rettung. Im zweiten

Akt mit Triumphmarsch und Krönung, vehementen Auseinandersetzungen und anschließendem *concertato*[19] vor der Kathedrale von St. Denis orientiert sich Verdi an der französischen *Grand Opéra*.

VON INKAS UND HUNNEN

Alzira *und* Attila – *Beifall auch in Neapel*

Im März 1845 fuhr Giuseppe Verdi nach Venedig, wo man nun – ohne irgendwelchen Anstoß zu erregen – *I due Foscari* aufführte. Er sprach mit Piave über das *Attila*-Libretto, bei dem beide viel eher als bei der Dogen-Oper Probleme mit weltlichen und geistlichen Zensurinstanzen kommen sahen, denn das zugrundeliegende Theaterstück spielte, wenn auch im fünften Jahrhundert, tatsächlich in einem von Fremden okkupierten Italien, und es hatte ein Papst aufzutreten. Auch mit Maffei und Solera diskutierte er über dieses Projekt, das er aber noch hintanzustellen hatte. Vor ihm lagen das *Alzira*-Textbuch und die Reise nach Neapel. Der Publikumserfolg von Mailand zählte dort nicht viel, denn man hatte im fernen Süden höchstens die *Giovanna*-Kritiken gelesen, die nicht so gut gewesen waren.

Verdi war mit seiner Arbeit in Verzug und versuchte mehrmals vergebens, den Impresario Vincenzo Flauto zu bewegen, die Premiere von *Alzira* zu verschieben. Ende Juni begab er sich auf die Reise, obwohl er überanstrengt war und von Magenbeschwerden gequält. Es war für ihn eine Frage der Ehre, dennoch alle Kräfte aufzubieten und Wort zu halten. Denn anders als die Scala oder das Teatro La Fenice war das San Carlo die Domäne eines prominenten ortsansässigen Komponisten. Die erste Oper von Saverio Mercadante war dort schon 1819 herausgekommen; danach hatte er gut vierzig Opern für alle großen europäischen Theater, auch die in Paris und in Wien, geschrieben. Seit 1840 war er Leiter des neapolitanischen Konservatoriums und komponierte jetzt seine Opern vorzugsweise für das San Carlo. Auch einen *Ezio* gab es von ihm, eine Oper über den römischen Feldherrn, der eine der Hauptfiguren in Verdis *Attila* sein sollte. Drei Wochen nach der Mailänder *Giovanna* war Mercadantes jüngstes Werk *Il Vascello de Gama* – selbstverständlich auf einen Text Cammaranos – gefeiert worden. Aber man ließ auch Verdi hochleben, als er bald nach seiner Ankunft bei einer *Foscari*-Vorstellung im Theater entdeckt wurde. Er wurde sogar auf die Bühne gerufen, was in Neapel sonst nur bei Uraufführungen üblich war.

Salvatore Cammarano

So weit war Verdi noch nie von zu Hause weggekommen. Im Königreich beider Sizilien, das den gesamten unteren »Stiefel« etwa von Pescara an einschloss, war nicht nur abseits der Hafenstädte dreißig Jahre nach Restauration der Bourbonen-Herrschaft noch eine ganz andere Zivilisation anzutreffen als im heimatlichen »Padanien«. Die Gesellschaft war altmodischer, noch vollkommen aristokratisch dominiert, die Italiener hier ganz anders, als Verdi es aus der Lombardei, aus Parma und auch dem päpstlich-urbanen Rom gewohnt war, – archaischer in ihrer Grobheit und ihrer Herzlichkeit, wie er in Briefen an Andrea Maffei berichtete. Die Sprache, die auf der Straße gesprochen wurde, wird er kaum verstanden haben. König Ferdinando II. zeichnete sich von den anderen Regenten auf der italienischen Halbinsel durch besondere Unnachgiebigkeit gegenüber liberalen oder nationalen Regungen seiner Untertanen aus. Schon zu Jahrhundertbeginn hatte sich hier der Geheimbund der »Carbonari« gegründet, der für ein geeintes Italien agierte. Diese »Köhler« hatten aber keinen Konsens darüber, ob sie grundsätzlich gegen die Monarchie waren oder nur gegen die bourbonische Fremdherrschaft.

Das neapolitanische Opernhaus war nicht ein für sich stehendes Gebäude wie das La Fenice oder die Scala, sondern ein Appendix des königlichen Palastes. Die Premiere war für den 12. August vorgesehen, also kurz vor Ferragosto, Mariae Himmelfahrt, dem Höhepunkt des italienischen Hochsommers, um den herum heutzutage Opernaufführungen allenfalls unter freiem Himmel stattfinden. Am Teatro San Carlo war aber eine besonders festliche Opernaufführung seit 1768 Tradition am Vorabend des 13. August, dem Geburtstag der damaligen Königin Maria Carolina, einer Habsburgerin.

Durch die Bühnen- und Saalbeleuchtung wird es im Theater ganz besonders heiß gewesen sein. Deshalb störte sich auch niemand daran, dass die neue Verdi-Oper sehr kurz war: keine anderthalb Stunden; es wäre sogar noch weniger gewesen, hätte Verdi sich nicht zu einer ausführlicheren Ouvertüre drängen lassen. Beim neapolitanischen Publikum kam *Alzira* gut an. Gaetano Fraschini hatte in der tenoralen Hauptpartie besonderen Erfolg; er hatte Verdi beeindruckt, der sich dann auch für Fraschinis große Szene im zweiten Akt, eine Arie mit melancholischer Soloklarinette und schwungvoller Cabaletta, hörbar Mühe gegeben hatte – wie auch in der originellen orchestralen Beschreibung der düsteren Höhle, die der Schauplatz ist.

Bereits lange im Voraus hatte Ricordi auch an *Alzira* die Rechte erworben. Sein Verhältnis zu Verdi war etwas getrübt, da in einer von Ricordi verlegten Zeitschrift Kritisches über den Komponisten erschienen war; dessen Vertragstreue war dann aber größer als die Kränkung. Ricordi brachte das Werk auch ohne weiteres an etlichen anderen Bühnen unter; es sollte aber nicht annähernd den gewohnten Erfolg haben. Was in Neapel noch als interessante Neuheit angenommen wurde, fand andernorts, wo man schon Avancierteres von Verdi kannte, allenfalls respektvolle Aufnahme. Bezeichnend ist auch, dass erst 1983 – in München – eine Schallplattenaufnahme von *Alzira* gemacht wurde, nachdem alle anderen weniger populären Verdi-Opern teils schon in mehreren Einspielungen vorlagen; die deutsche Erstaufführung von *Alzira* fand sogar erst 1998 am kleinen Opernhaus von Passau statt; dort gab es im Jahr darauf auch erstaunlicherweise den ersten deutschen *Oberto*!

Der Tenor Gaetano Fraschini

Es hatte aber nicht nur an der zu kurzen Vorbereitungszeit gelegen und an Verdis angegriffener Gesundheit oder dem ungewohnten Klima zu Füßen des Vesuv, wo er die Partitur fertig stellte. Das fünfaktige Drama Voltaires nahm den Schauplatz Peru eigentlich nur als Folie: ein Inka-Führer rettet einen spanischen Gouverneur vom Marterpfahl, tötet jedoch dessen Sohn, weil dieser ihm Alzira, seine Geliebte, nehmen will. Ihm, dem »edlen Wilden«, wird aber von dem sterbenden »bereuenden Christen« vergeben. – Auf ein operntaugliches Gerüst reduziert wirkte Voltaires Parabel dann – mit Akteuren, die Zamoro, Ataliba, Otumbo und Zuma heißen – sehr kolportagehaft. Verdi, der seine musikalische Inspiration aus dem romantisch-tragischen Schicksal seiner Bühnenfiguren bezog, namentlich der scheiternden Tenor-Liebhaber, fand keinen Zugang zum indifferenten Ende dieser Geschichte aus dem 18. Jahrhundert: Die beiden Liebenden werden vereint über der Leiche des dritten Protagonisten Gusmano, dem auch hier handlungserzeugenden Bariton – obgleich dieser nicht mehr und nicht weniger schuldig ist als sein Gegenspieler.

Verdi sollte auch der Letzte gewesen sein, der eine *Alzira* komponierte. Nur für wenige Takte am Beginn bemüht er sich um einen Tonfall, der signalisiert, dass die Oper auf einen fremden Kontinent führt. Dem in Paris seit dem französischen Engagement in Nordafrika populären Orientalismus, also einer Darstellung ferner Schauplätze mit (meist vollkommen frei erfundener) musikalischer Exotik, schließt Verdi sich auch hier nicht an. Auch die peruanische Geschichte wird auf Italienisch erzählt. Verdi weiß um seine Wurzeln und richtet sich nach keiner Mode, wodurch er hier aber in ein »stilistisches Niemandsland«[20] gerät.

Mit einem ansehnlichen Honorar aus Neapel zurückgekehrt, konnte er einen langgehegten Plan verwirklichen: in seiner Heimat zeigen, dass er durch eigenes Können jemand geworden war. Giuseppe Verdi kaufte den Palazzo Cavalli, wie er nach seinem klassizistischen Erbauer hieß; nach einem Vorbesitzer wurde er auch Palazzo Orlandi genannt: ein imposantes Patrizierhaus mit Innenhof und Galerie an der Hauptstraße von Busseto. Wer hier wohnte, war denen ebenbürtig, die in der kleinen Stadt das Sagen hatten. Er wollte dort in Ruhe leben und komponieren. Barezzi und Verdis Bussetaner Freunde waren natürlich stolz, dass das barmherzige Stipendium von 1832 nicht nur zu künstlerischer Anerkennung, sondern auch zu sichtbarem Wohlstand geführt hatte. *Nabucco* wurde in diesem Herbst sogar in Paris gespielt, und der Erfolg hatte für Verdi über den europäischen Kontinent hinausreichende Konsequenzen. Der Pariser Verleger Léon Escudier kam nach Mailand und erwarb die Rechte an allen Verdi-Opern für Frankreich, auch an den noch nicht geschriebenen. Außerdem wollte er Verdi einen Kompositionsauftrag für eine *opera buffa* zur übernächsten Saison in Paris vermitteln; aber weder die Vorstellung, eine komisches Sujet

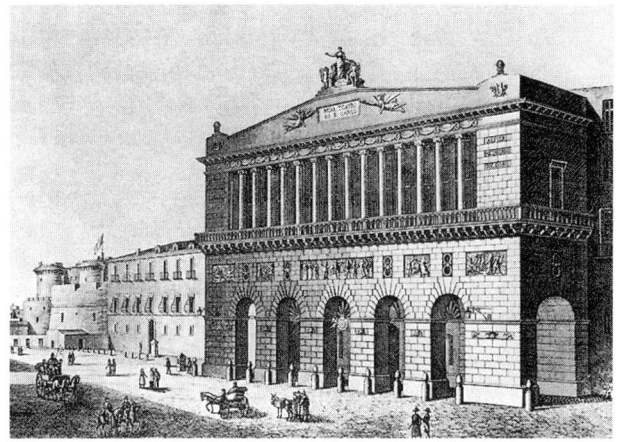

Das Teatro San Carlo in Neapel

zu vertonen, noch der Termin sagten Verdi zu. Escudier wurde vertröstet. Ende Oktober scheute Escudier dann zusammen mit dem Londoner Impresario Benjamin Lumley nicht die Mühe, Verdi persönlich aufzusuchen, auch der Engländer wollte eine neue Verdi-Oper für sein Haymarket-Theatre: Nachdem sie den Komponisten nicht in Mailand angetroffen hatten, reisten beide erst nach Clusone oberhalb des Iseosees zum Anwesen der Maffeis und dann ebenso vergebens nach Busseto.

Das *Attila*-Libretto schrieb nun Temistocle Solera – trotz der Vorgespräche und Skizzen mit Piave. Es ist anzunehmen, dass Verdi, um die unterschiedlichen Stärken der beiden wissend, Solera vorgezogen hatte, weil das »romantische Drama«

Zacharias Werners eher die ausladende Geste des *Nabucco* verlangte als Piaves Einfühlungsvermögen. Es hatte schließlich auf der Bühne ein Heerlager der Hunnen zu geben, eine christliche Prozession, einen Sonnenaufgang und ein Gewitter; Chor und Statisterie agierten als Ostgoten, aquileische Amazonen, Druiden, sowie als heidnische Thüringer, Gepiden, Quaden und Heruler aus Germanien. Letztere sind allesamt pittoreske Zutaten des Librettisten, bei Zacharias Werner kommen sie nicht vor. Außerdem konnte Solera sich in Mailand besser mit dem deutschkundigen Andrea Maffei verständigen.

Ohne dass das Textbuch fertig geworden war, reiste Solera dann aber nach Spanien ab, weil seine Frau, eine Sängerin, im Unfrieden mit Merelli ihren Scala-Vertrag zugunsten eines Engagements in Madrid aufgegeben hatte. Dafür hatte Verdi gerade noch Verständnis aufgebracht und schließlich doch Piave um die Vollendung des Librettos gebeten. Verdi war mit den Ergänzungen zufrieden und schickte sie Solera zu dessen Unterrichtung zu, der sich dann äußerst abfällig über die Arbeit des Kollegen äußerte. Das verzieh ihm Verdi nicht.

Die Arbeit an der neuen Oper wurde durch die nicht auskurierte und sich komplizierende Magenkrankheit, die man sogar für lebensbedrohend hielt, beeinträchtigt. Die venezianische Karnevalsspielzeit hatte unterdessen begonnen: mit *Giovanna d'Arco* in Anwesenheit des russischen Zaren, der zu den Liebhabern der mondänen Mailänderin Giulia Samoyloff Gräfin Pahlen zählte, der Verdi diese Oper gewidmet hatte.

Als Verdi in die Postkutsche nach Venedig stieg – von Mailand fuhr dorthin noch keine Eisenbahn –, lag aber noch nicht einmal der komplette Ablauf der Musik vor; die Instrumentation machte Verdi ohnehin als Letztes, wenn die Proben mit den Sängern schon begonnen hatten. Muzio konnte ihm dabei zur Hand gehen.

Werners *Attila, König der Hunnen* (1807) ist bereits in seiner Anlage sehr opernhaft; nach antikem Vorbild gibt es Chöre. Schon Beethoven hatte August von Kotzebue vorgeschlagen, daraus einen Operntext zu machen. Die historische und legendenumwobene Figur des Attila war seit dem 17. Jahrhundert schon in verschiedenen Opern und Balletten auf der italienischen Bühne zu erleben gewesen, zweimal sogar schon mit dem gleichen »plot« wie bei Verdi als *Attila in Aquileja*[21]. Im November des Vorjahres war am venezianischen Teatro Apollo auch eine Attila-Oper des einundzwanzigjährigen Francesco Malipiero herausgekommen.

Verdi und Solera entfernten sich sehr weit von Zacharias Werner und ließen den im kaiserlichen Rom spielenden Handlungskomplex ganz fort. Aus der Burgunderin Hildegund wurde – wohl auch, weil es schon eine *Ildegonda* von Solera gab, – eine Odabella di Aquileia, eine Adlige aus der im fünften Jahrhundert größten und durch Attila zerstörten Stadt Oberitaliens. Vor allem wurde aber dem Uraufführungsort ostentativ Rechnung getragen: Der zweite Teil des Prologs greift den Gründungsmythos Venedigs auf und spielt bei der Lagune Rivo Alto (daher der Name Rialto), und es wird der Wiederaufstieg der geschlagenen Aquileier dem sagenhaften Phönix gleich – »*qual ›fenice‹ novella*« – prophezeit, womit auch der Name des venezianischen Opernhauses verewigt wurde.

Odabella ist wie Bellinis Norma eine Heldin zwischen Rache für das eigene Volk und Liebe zu einem Feind; dieser ist der an seiner Hybris scheiternde Titelheld, eine Bass-Partie. Besonders im Kontrast zu Foresto, einer für Carlo Guasco hinzuerfundenen Liebhaberfigur, ist aber auch hier wieder der Bariton dominierender Akteur: Der römische Feldherr Ezio (Ätius), den den Hunnenkönig schon einmal in Frankreich besiegt hatte und jetzt mit ihm paktieren möchte, weil sein junger Kaiser in Rom ihn nicht weiter kämpfen lassen will, sondern Waffenstillstand befiehlt. Ezio bietet Attila in einem Duett an, dass dieser ruhig das Universum haben könne, wenn er ihm nur Italien lasse. Bei Werner ging es Ätius noch um mehr, um die tatsächliche Hälfte der Welt-Macht.

In Ezios großer Szene zu Beginn des zweiten Akts verlangt Verdi schon im einleitenden Rezitativ dem Sänger ein hohes »g« ab. Der Graf in *Le nozze di Figaro* hat als höchsten Bariton-Ton Mozarts ein einziges Mal ein »fis« als krönenden Abschluss einer Arie zu singen. Bei Verdi ist ein solcher exponierter Ton und die mit ihm verbundene Affektstärke nichts Außergewöhnliches. Der deutsche Dirigent Hans von Bülow warf ihm deshalb vor, ein »Attila der Kehlen«[22] zu sein.

Wie der König in *Ernani* gibt sich Ezio seinen Machtvisionen hin, und das Orchester sekundiert ihm mit breit ausgespielter Verdopplung der sich wölbenden »langen« Kantilene *»Roma nel vil cadavere chi ravvisare or può?«* (Wer kann Rom noch in diesem verwesten Rest erkennen?) Wenn sein Plan nicht aufgehen sollte, werde ganz Italien über ihn als den »letzten Römer« trauern. Der Quasi-alla-polacca-Rhythmus wie auch die anfeuernde Melodie der Cabaletta zu den Worten *»È gettata la mia sorte«* machten Ezio zu derjenigen Figur in *Attila*, die das Publikum unmittelbar und suggestiv ansprach. Dass Solera und Verdi in diesem Ezio bewusst eine politische Botschaft codiert hätten, nämlich der Befreiung Italiens, ist allerdings eine Projektion späterer Jahre. Denn Ezio ist kein tugendhafter Patriot, sondern verrät seinen Kaiser und lässt sich auf einen Handel mit den Hunnen ein. Allenfalls könnte man in der Traumvision und anschließenden Begegnung Attilas mit Papst Leo I., die ihn vom Marsch auf Rom zurückhält, eine politische Anspielung erkennen. Der im Brüsseler Exil lebende Vincenzo Gioberti (1801-1852), ein piemontesischer Theologe, hatte nämlich 1843 eine Eini-

Giuseppe Verdi in den 1840er Jahren

gung Italiens unter kirchlichem Primat postuliert. In der Tat wäre der Katholizismus einer der wenigen gemeinsamen Nenner gewesen, auf den man die verschiedenen nationalen Bewegungen hätte bringen können. So setzte man Hoffnungen in den neuen Papst, der am 17. Juni 1846 als Pius IX. gewählt wurde. Bei einer *Ernani*-Aufführung soll man sogar statt »*à Carlo Magno*« gesungen haben »*à Pio Nono sia gloria ed onor*«. Der politische Bezug war nicht werkimmanent, vielmehr boten sich Verdis Opern überall dort, wo Italiener lebten, als »Resonanzboden« (Orazio Mula) an.

Trotz eines nur mittleren Erfolgs der Premiere am 17. März 1846, was auch an den stinkenden, weil viel zu früh verlöschenden Bühnen-Fackeln in Attilas Lager gelegen haben soll, spielten viele italienische Theater das Werk nach, und die *Illustrated London News* schrieben am 30. Mai 1846 über Verdi und seine neue Oper, »dass das *Heimatland des Gesangs* neuere und kraftvollere Ressourcen hat und ein brillantes Versprechen für die Zukunft zu geben vermag« im Vergleich zu den »angekränkelten sentimentalen Kompositionen, die bis zuletzt als Italienische Musik *par excellence* klassifiziert wurden.«[23] In der Tat schlug Verdi einen ungewohnt heroisch aggressiven Ton an, wie er von Donizetti und Rossini nie zu hören gewesen war. Vor allem mit seinen dramatischen Baritonpartien konnte er auch ganz andere Geschichten erzählen als die Komponisten vor ihm, die Sopranistin und Tenor in den Mittelpunkt stellten. Der Londoner Artikel bemerkte aber auch, dass der junge Komponist durch Krankheit, Sorgen und tiefes Nachdenken viel älter wirke, als er mit seinen 32 Jahren sei.

Zusammen mit Maffei ging Verdi im Sommer 1846 zur Kur nach Recoaro in den südlichen Dolomiten, um endlich etwas gegen sein Magenleiden zu tun. – Maffei hatte sich kurz zuvor, mit Verdi als Scheidungs-Zeugen, offiziell von seiner sechzehn Jahre jüngeren Frau getrennt, die schon seit langem mit dem patriotischen Literaten Carlo Tenca liiert war.

Alles was an Verpflichtungen aufzuschieben war, die Opernprojekte für London und Paris vor allem, schob Verdi nun tatsächlich auch auf, weil er die Grenzen seines Leistungsvermögens erkannt hatte. Um Lumley nicht zu verärgern, widmete er dem »direttore del teatro di S.M. a Londra« die bei Lucca im Druck erschienene *Attila*-Partitur. Später wollte er dann für London das seines Erachtens sehr gelungene Libretto Piaves nach Byrons *The Corsair* vertonen. Für Paris sollten die dort noch nicht aufgeführten *I Lombardi* so überarbeitet werden, dass sie den traditionellen Anforderungen der Opéra entsprachen; es musste also ein repräsentatives Ballett eingefügt und natürlich das Libretto übersetzt werden. Während der Proben in Venedig hatte Verdi deshalb auch wieder Französischunterricht genommen.

Zwischen den letzten Opern hatten nie mehr als sechs Monate gelegen. Nun wollte er sich Zeit lassen, denn das dritte Vorhaben, das ihn zu beschäftigen hatte, war ihm das wichtigste.

EINE PHANTASTISCHE SHAKESPEARE-OPER

Der Macbeth *für Florenz*

Mit der *scrittura* für Venedig hatten Verdi und Alessandro Lanari gleich eine weitere Zusammenarbeit vereinbart: für das Ende der Karnevalsspielzeit 1847 in Florenz, wo der einflussreiche Impresario ebenfalls tätig war. Unter dem seit 1815 regierenden habsburgischen Großherzog war die toskanische Hauptstadt wieder das »italienische Athen« geworden, eine Stadt des Geistes und der Kunst. Das Regime von Leopold II. war vergleichsweise liberal, was sich auch bald in einem ziemlich großzügigen Presserecht äußerte.

Das Teatro della Pergola in Florenz

Das Publikum bei der Opernstagione im Teatro della Pergola war kein höfisches wie in Neapel, auch nicht eines wie in Mailand oder Venedig, wo das Bürgertum dominierte, das sich ansonsten mit Handel, der allmählich entstehenden Industrie oder der Verwaltung beschäftigte. Intellektuelle gaben in Florenz den Ton an, und Anfang der vierziger Jahre hatten nicht zufällig hier die relativ späten italienischen Erstaufführungen von Meyerbeers *Robert le Diable* und Webers *Freischütz* stattgefunden. Beides waren Werke, die – wie die Weber-Oper mit ihrer Wolfsschluchtszene – in phantastische Dimensionen ragten und neuartige Theatereffekte verlangten, wie man sie in hergebrachten italienischen Werken nicht kannte. Verdi war entschlossen, ebenfalls ein solches »phantastisches« Sujet zu wählen, wo Wesen auftraten, die den gewohnten Bühnenrealismus umkippen und den singenden Menschendarsteller zu noch ergreifenderer emotionaler Äußerung leiten konnten.

In Recoaro waren Maffei und er oft mit Giulio Carcano zusammen, einem – ebenfalls für ein nationalstaatlich geeintes Italien engagierten – Schriftsteller und Übersetzer Shakespeares. Maffei wiederum hatte Schillers deutsche Version von dessen *Macbeth* übertragen. Dass Verdis Wahl dann auf gerade diesen Stoff fiel, lag aber auch daran, dass Gaetano Fraschini in Florenz nicht wie erhofft zur Verfügung stand. Denn für die beiden anderen erwogenen Sujets, Grillparzers *Ahnfrau* und Schillers *Räuber*, hätte er einen hervorragenden Tenor als Jaromir von Eschen oder Karl Moor gebraucht. Maffei hat an der Entstehung der ersten Shakespeare-Oper seines Freundes nachweislich Anteil gehabt, nicht zuletzt, als er auf Verdis Bitte Teile des Librettos redigierte, in dem Francesco Maria Piave nach Meinung des Komponisten immer noch zu viele Worte gemacht hatte. Verdi wollte knappe Verse, aus denen sich über seine Musik unmittelbar dramatischer Gestus entfalten konnte. Dass Piave dafür der richtige Mann war, wusste Verdi, auch wenn er ihn jetzt nicht ganz zufrieden stellte.

In Florenz war Anfang des 17. Jahrhunderts die Oper entstanden, und die literarische Vorlage zu seinem florentinischen Auftragswerk stammte aus ebendieser Zeit. Ein Stück von Shakespeare war etwas ganz anderes als die Vorbilder seiner bisherigen Libretti, die – mit Ausnahme der *Alzira* – alle vom Beginn des 19. Jahrhunderts stammten. Auch waren für Verdi Goethe und Schiller Zacharias Werner ebenbürtig. Das hatte er bei Madame de Staël bestätigt gefunden, die meinte, Werner sei nach diesen »unter den dramatischen Schriftstellern in Deutschland der erste.«[24] Bei de Staël hatte Verdi auch über Schillers *Jungfrau von Orleans*, *Die Räuber* und auch schon den *Don Karlos* gelesen. Gegenüber diesen Vorlagen aus jüngerer Vergangenheit war Shakespeare eine archaische Größe; seine Texte waren freilich nicht auf den italienischen Sprechbühnen zu Hause. Erst 1842 war mit *Othello* ein Shakespeare-Drama in Italien öffentlich aufgeführt worden. Titel und Inhalte kannte man jedoch durch entsprechende Opern- und Ballettadaptionen.

Bei *The tragedie of Macbeth*, einem Vorwurf ohne jede Liebeshandlung, hatte selbstverständlich ein Bariton Hauptfigur zu sein. Dafür hatte Verdi bereits einen Interpreten im Sinn, der ein außergewöhnlicher Carlo in *Ernani* und Francesco Foscari gewesen war: Felice Varesi, 33 Jahre alt wie Verdi. Der dritte und der letzte Akt sollten jeweils mit Monologen des Macbeth enden. Schon zum Jahreswechsel korrespondierten Verdi und der Sänger über Einzelheiten der Partie. Der Tod des Macbeth sollte kein typischer und damit unrealistischer Operntod sein wie bei Donizetti.

Mit Lanari hatte er sich schon im Herbst darüber verständigt, dass auch seine Intentionen hinsichtlich der »Phantasmagorie« realisiert werden könnten, was Laterna-magica-Projektionen bedeutete, hochmoderne Theatermittel, über die man in Florenz schon verfügte. Und Verdi betonte, Chor und Maschinerie würden sehr gefordert werden, besonders der Frauenchor für die Hexen. In einem Brief an Lanari vom 21. Januar 1847 findet sich eines von vielen Indizien dafür, dass es Verdi hier ganz entschieden um ein Musik-Theater und nicht nur um eine Partitur für Opernsänger ging. Er regt sich darüber auf, dass der Interpret des Banquo sich weigert, auch die stumme Erscheinung des toten Banquo zu spielen, weil er Sänger und nicht Darsteller sei.

Ende des Monats war Verdi dann in Florenz. Er inszenierte *Macbeth*, überwachte die musikalischen Proben, arbeitete selbst mit den Sängern, – leitete aber nicht das Orchester, war also nicht der Uraufführungsdirigent, wie oft zu lesen ist. Überhaupt wurde später immer übersehen, dass Verdi sich genauso sehr um die szenische Realisation seiner Werke kümmerte, also als Regisseur tätig war, wenn man auch diese Funktion noch nicht im heutigen Sinne kannte.

Schon in den Probenwochen hatte sich herumgesprochen, was für ein Ereignis bevorstand, und Verdi wurde von wichtigen Florentinern eingeladen; auch von Giuseppe Giusti, der sich schon in seinem Gedicht *Sant'Ambrogio* auf *I Lombardi* bezogen hatte und nun meinte, dass der Komponist doch die »ausländischen« wieder zugunsten vaterländischer Themen aufgeben solle. Im national-italienischen oder gar anti-habsburgischen Sinne interpretierbare Momente gab es in *Macbeth* auch tatsächlich keine; denn der

Felice Varesi, der erste Macbeth

Chor »*Patria oppressa*« (Bedrängtes Vaterland) hieß in erster Fassung der Oper ja noch »*Scozia oppressa*«, meinte also ganz ausdrücklich und auf der Bühne erkennbar Schottland. Auch war der Großherzog selbst unter den Bewunderern Verdis und lud ihn zu einer Audienz.

Verdi arbeitete aber schon an einem neuen »ausländischen« Sujet, denn »Ort der Geschichte ist Teutschland«, heißt es in Schillers *Die Räuber*, die er nun für London statt des schon begonnenen *Il corsaro* komponierte. Die Entscheidung war wohl in Recoaro gefallen, und Andrea Maffei schrieb selbst das Libretto, das vor der Abreise nach Florenz fertig geworden war. Schon bevor Verdi um die Wirkung seines *Macbeth* wusste, hatte er also weite Teile der nächsten Oper bereits

Marianna Barbieri-Nini, die erste Lady Macbeth

konzipiert, was sich nicht als glücklich erweisen sollte. Auf Piaves *Corsaro* wollte er jedoch auf keinen Fall verzichten und verweigerte dem Librettisten die Zustimmung zu anderweitiger Verwendung. Daß Piaves Name auf dem ersten *Macbeth*-Theaterzettel fehlte, lag womöglich einfach daran, dass er schon das Libretto zur vorangegangenen Uraufführung am Teatro della Pergola im Januar, Carlo Romanis *Tutti amanti*, verfasst hatte und Rücksicht auf seinen Dienst-Vertrag in Venedig nehmen musste. Ein Zerwürfnis zwischen Verdi und ihm, wie für diese Zeit oft vermutet, gab es wohl nicht.

Die *Macbeth*-Premiere fand unter Hochspannung statt; Verdi hatte am Abend des 17. März 1847 noch zusätzliche Proben erzwungen, als die Sänger schon in Kostüm und

Maske waren. Das Publikum war gleichermaßen von der Musik eingenommen wie durch die ungewohnte Intensität der Darstellung, die mit ihr aufs engste verbunden war, etwa bei den Hexenchören oder dem Finale des zweiten Akts; das *concertato*, in dem gewöhnlich die Handlung stillsteht und man Geschehnisse und Gefühle reflektiert, hatte hier durch die Erscheinung Banquos einen ungewohnten dramatischen Akzent bekommen. Die konventionellen Arien der Lady »*Trionfai! Securi alfine premerem di Scozia il trono*« oder die nicht so Applaus heischend vordergründige, aber dennoch an Ezio im *Attila* erinnernde des Macbeth (»*Vada in fiamme*«) standen im Hintergrund solcher starken Ensemblewirkungen. Nur in der Nachtwandelszene und Macbeths Schlussgesang »*Mal per me che m'affidai ne presagi dell'inferno*« hatte Verdi versucht, auch neue Möglichkeiten der Soloszene zu erproben.

Marianna Barbieri-Nini war nach Sofia Loewe eigentlich nur die zweite Wahl für die Partie der Lady Macbeth gewesen; schließlich wurde aber gerade ihre Verkörperung dieser bei weitem anspruchsvollsten Frauenrolle, die Verdi bisher geschaffen hatte, wesentlich für den nachhaltigen Erfolg der Oper. Sie war wohl die erste prominente Opernsängerin, die – möglicherweise wegen ihres unvorteilhaften Aussehens – ganz bewusst auch Charakterdarstellerin sein wollte; zudem war sie in Florenz zu Hause und hatte ein stolzes Heimatpublikum. Auch wenn man von ihren später niedergeschriebenen Erinnerungen[25] an die *Macbeth*-Proben einiges als übertrieben infrage stellen mag, hatte sie sich – nicht zuletzt für die Nachtwandelszene – für damalige Verhältnisse, wo die Bühnenaktion oft bloßes Arrangement war, auch darstellerisch ungewohnt intensiv vorbereitet.

Wir können uns heute vielleicht noch vorstellen, dass es einmal Usus war, eingängige Stücke wie das »*La donna è mobile*« aus *Rigoletto* so zu beklatschen, dass sie wiederholt werden mussten. Von der Barbieri-Nini wissen wir aber, dass man das Duett von Lady und Macbeth im ersten Akt damals bisweilen fünfmal *da capo* zu geben hatte. Dieser mit den Worten »*Fatal mia donna, un murmure*« beginnende Zwiegesang ist die musikalisch vergrößerte Schrecksekunde nach einem planvoll begangenen Mord, in der sich Mörder und Anstifterin in beredter Sprachlosigkeit begegnen, die Verdi ebenso psychologisch differenziert wie wirkungsvoll hörbar macht. Der musikalische Kern ist eine schlichte und eindringliche Phrase, mit der Macbeth seine Angst artikuliert: »*Com' angeli d'ira vendetta tuonarmi udrò di Duncano le sante virtù*« (Wie Zornesengel, die Rache mir donnern, werde ich von Duncans heiliger Tapferkeit vernehmen). Im Gegensatz zum häufigen Rhythmuswechsel und den chromatischen Färbungen ihres Umfelds steht diese Melodie in einem einfachen B-Dur-Dreiachteltakt und bedarf keiner anderen Intervalle als Sekundschritte. Es ist wieder eine »lange« Melodie.

Noch bevor Giuseppe Verdi nach Mailand zurückgekehrt war, schrieb er Antonio Barezzi: »Es war eine Pflicht, die ich eher hätte erfüllen müssen... hier ist dieser *Macbeth*, den ich lieber habe als meine anderen Opern und darum als würdiger erachte, dass er Ihnen überreicht werde. Das Herz bietet ihn dar: möge das Herz ihn empfangen«[26]. Barezzi war auch in Florenz gewesen und hatte ein wenig verstimmt zur Kenntnis genommen, dass sein Schwiegersohn tatsächlich mit Giuseppina Strepponi ein Verhältnis hatte; manche, die nicht Bescheid wussten, nannten sie sogar »Signora Verdi«. Sie war zur Premiere aus Paris gekommen, wo sie seit dem Herbst des Vorjahres erfolgreich als Gesangspädagogin wirkte.

Gut zwei Monate später machte ihr Verdi auf dem Weg nach London dort einen kurzen Besuch. Er war mit Emanuele Muzio zunächst von Mailand über den Gotthard nach Basel gereist. Unterwegs hatten sie die Wilhelm-Tell-Stätten besucht und waren dann per Schiff auf dem Rhein, einige Etappen aber auch schon auf der parallelen Eisenbahn, weitergefahren und dabei auch nach Mannheim gekommen, wo die *Räuber* 1782 uraufgeführt worden waren. Über Mainz ging es dann nach Köln, von wo aus man seit 1846 eine Bahnverbindung nach Paris hatte. Die Premiere in London war für den 22. Juli vorgesehen, und außer den üblichen letzten Arbeiten vor allem an der Instrumentation hatte Verdi noch ein besonderes Pensum vor sich: Für die Partie der Amalia in *I Masnadieri* war Jenny Lind, die »schwedische Nachtigall«, vorgesehen. Ihren persönlichen Wünschen war noch Rechnung zu tragen. Das Londoner Publikum hatte sie gerade in den Titelrollen von Bellinis *La Sonnambula* und *Norma*, als *La fille du regiment* von Donizetti sowie in Meyerbeers *Robert le diable* gefeiert und erwartete nun die eigens für die Lind angesetzte Uraufführung. In Paris hatte man allerdings davon geredet, dass die berühmte Sängerin gar keine neue Partie zu lernen bereit sei, weshalb Verdi zunächst in Boulogne-sur-Mer blieb und Muzio allein den Stand der Dinge erkunden ließ; es war aber wirklich nur ein Gerücht gewesen, und Verdi bestieg das Schiff über den Ärmelkanal und erreichte England am 6. Juni 1847.

TEUTSCHLAND UND TOULOUSE

Die zweite Schiller-Oper in London – Debüt an der Opéra

Die britische Hauptstadt mit ihren zwei Millionen Einwohnern beeindruckte Verdi in ihrer fortschrittlichen Geschäftigkeit, in ihrer sogar Paris überlegenen Zivilisation des Alltags. Nur das englische Wetter behagte ihm überhaupt nicht, und von vornherein war klar, dass sein und Muzios

Aufenthalt nicht länger als unbedingt notwendig sein sollte, zumal dieser meinte: »Mit dem Geld, das ich hier an einem Tag ausgebe, komme ich in Mailand eine ganze Woche aus.«[27]

Erst vor Kurzem hatten sich einige von Lumleys Sängern von dessen Haymarket-Theatre getrennt und im Covent-Garden-Theatre eine – wie sich später erweisen sollte erfolgreichere – Spielstätte italienischer Opern eröffnet; unter ihnen war auch Giorgio Ronconi, der dort den Francesco in *I due Foscari* sang. Die gleiche Oper stand auch bei Lumley auf dem Spielplan, und Verdi hatte Mühe, niemanden zu kränken, weil beide Seiten sich gern mit dem besseren Verhältnis zu dem vielgerühmten Komponisten aus Italien schmücken wollten, der jetzt zum ersten Mal eines seiner Werke im Ausland uraufführte.

Andrea Maffei hatte aus den fünf Akten Schillers die vier Opernakte von *I masnadieri* gemacht; der treffendere Titel wäre *I briganti* gewesen, so hatte aber Mercadantes Oper über den gleichen Stoff geheißen, die in London noch nicht vergessen war. Er hatte redlich versucht, möglichst nahe an Schillers Text zu bleiben, musste dabei natürlich die sich vorwiegend in Konversation entfaltende Gesellschafts- und

London (Fleetstreet), Mitte des 19. Jahrhunderts

Zeitkritik weitgehend eliminieren. Erstaunlicherweise übernahm er die von vornherein opernhaftesten Elemente nicht, die Gesangsszenen der Amalia im zweiten und dritten Akt; nur der Räuberchor (»Stehlen, morden, huren, balgen«) ist fast wortgetreu von Schiller übernommen. Auch gibt es in der Oper am Schluss nur eine Tote, denn Maffei lässt Franz Moor nicht Selbstmord begehen sondern entkommen, und der alte Moor überlebt auch. Die beiden Moor-Brüder sind wie zu erwarten Tenor (Karl/Carlo) und Bariton (Franz/Francesco), der eine idealistisch scheiternder melancholischer Liebhaber, handlungserzeugender Intrigant der andere.

Anders als Solera bei der *Jungfrau von Orleans* hatte Maffei gerade die theatralischsten Momente von Schillers Stück reduziert. Den Brand Prags, der bei Schiller nur von den Räubern referiert wird, lässt er jedoch im Bühnenhintergrund sehen. Alles war in bester Absicht und mit Feingefühl ausgearbeitet, aber nicht bühnengerecht in Verdis Sinne. Anders als dem kollegialen Zuarbeiter Piave konnte er dem älteren Freund und Literaturkenner Maffei aber keinen konstruktiven Widerstand leisten. Im Vergleich zu seinen vorangegangenen Partituren wirken *I masnadieri* in ihrer Faktur blass und konventionell, nur in einem Quartett am Ende des ersten Akts und zum Schluss der Oper spannend im Sinne eines originell vollzogenen emotionalen Entwurfs. Es will scheinen, dass *Macbeth* schon auf einer höheren Ebene künstlerischen Bewusstseins zustande gekommen war, während in den *Räubern* eine überwundene Schaffensphase ausklang.

Die *Illustrated London News* betonten die »große Überlegenheit des Librettos über das jeder anderen Oper, die Verdi geschrieben hat«.[28] Der dichterische Anspruch eines Operntextes, der schließlich gesungen und nicht gelesen werden sollte, konnte aber auch zu weit gehend sein, um sich mit Verdis Musik zu verbinden, die davon lebte, dass der Text sich zu ihren Gunsten der letzten ästhetischen und semantischen Konsequenz enthielt.

Die Uraufführung seiner elften Oper dirigierte Giuseppe Verdi erstmals mit dem Taktstock in der Hand. In Italien war dies seinerzeit noch nicht üblich, denn das Orchester wurde vom Pult des ersten Geigers aus geleitet, und die Sänger bekamen aus dem Souffleurkasten neben Stichworten auch musikalische Einsätze. Der Gebrauch des Taktstocks war in London auch durch Carl Maria von Weber etabliert worden, dessen *Oberon* 1826 die letzte Opern-Uraufführung eines ausländischen Komponisten in England gewesen war.

Die Hoffnung, mit Jenny Lind vielleicht eine neue zentrale Frauenpartie vom Format der Lady Macbeth zu kreieren, wurde durch das ostentative Desinteresse der Primadonna an allem Szenischen herb enttäuscht; ihr ging es nur um ihre

Koloraturen, und sie trat bald auch nur noch im Konzertsaal auf. So war dann die Premiere in Gegenwart von Queen Victoria und Prince Albert ein vor allem gesellschaftliches Ereignis. Die Königin vertraute ihrem Tagebuch an, dass Verdis Musik »weit schwächer und platter« sei als die Mercadantes, und dass der berühmte Bassist Luigi Lablache als Massimiliano »zu fett war für den hungernden alten Mann«, die Lind aber »sehr gut und attraktiv in ihren verschiedenen Kostümen« ausgesehen habe[29].

Giuseppe Mazzini

Auch zwei für das Schicksal Kontinentaleuropas wichtige Männer waren im Publikum gewesen: der greise Herzog von Wellington, der den ersten Napoleon besiegt hatte, und der im Londoner Exil lebende Louis Napoleon, der Neffe Bonapartes, der nach seinem Putschversuch aus der Festungshaft nach England geflohen war. Ob Giuseppe Mazzini, auch er ein Exilant, an diesem Abend ebenfalls ins Haymarket-Theatre gekommen war, ist nicht überliefert; Verdi traf ihn aber während seines Aufenthalts. Der 42-jährige Gründer der nationalen Bewegung »Giovine Italia« wollte ein geeintes Italien als »terza Roma«, ein drittes und republikanisches Rom nach dem der Kaiser und der Päpste. Mazzini wollte eine Einigung ohne die Hilfe fremder Mächte: »L'Italia farà da sè«. Verdi teilte – neben seinen anderen Auffassungen – auch Mazzinis Haltung gegenüber der Kirche. Trotz seines christlich-humanistischen Menschenbilds war dieser entschieden gegen einen religiösen Einfluss auf Staat und öffentliches Leben.

Verdi und Muzio kehrten noch im Juli nach der dritten *Masnadieri*-Aufführung, der nur noch zwei weitere am Hay-

Giuseppina Strepponi

market-Theatre folgten, nach Frankreich zurück. Dort hatten sich die Spannungen verschärft, die der Regierung des Bürgerkönigs Louis-Philippe in weniger als einem halben Jahr ein revolutionäres Ende setzen sollten. Muzio blieb zwei Wochen in Paris, Verdis Aufenthalt sollte ein längerer werden. Er nahm eine Wohnung in der Rue Saint-Georges, ganz in der Nähe der Opéra, die damals noch im alten Haus in der Rue Le Peletier spielte – und nahe der Wohnung Giuseppina Strepponis. Als Antonio Barezzi zu Weihnachten auf Besuch kam, lernte er »Signora Peppina« als die neue Frau an der Seite seines Schwiegersohns schätzen.

Im Auftrag von Nestor Roqueplan, dem Direktor der Opéra, hatten zwei Autoren ein neues Libretto in französischer Sprache geschrieben, das der Partitur von *I Lombardi* unterlegt werden sollte; einiges sollte Verdi auch neu komponieren. Gustave Vaëz und Alphonse Royer waren Routiniers vor allem im Übersetzen aus dem Italienischen; sie hatten aber auch den französischen Originaltext zu Donizettis *La Favorite* (1840) geschrieben, galten aber im Schatten Eugène Scribes nicht als erstrangig.

Die nicht wirklich neue französische Verdi-Oper sollte nun *Jérusalem* heißen, wobei die Handlung im Grunde die von *I Lombardi* blieb, nur wurden einige der gröbsten Unglaubwürdigkeiten gemildert und auch die unglückliche Konkurrenz zweier Tenöre korrigiert; ein zweiter Tenor hätte neben Gilbert-Louis Duprez auch einen schweren Stand gehabt, denn dieser war derzeit unbestrittener Star der Pariser Opernszene und enthusiasmierte sein Publikum mit dem Schmettern exponierter Spitzentöne. Er gilt als der Erfinder des *ut de poitrine*, des mit voller Kraft und Bruststimme gesungenen hohen »c«. Dessen Stärken zu berücksichtigen fiel Verdi leichter als die altmodischen Koloraturenwünsche der Lind. Duprez' Partie hieß nicht mehr Oronte wie in den

Lombardi, sondern Gaston und war nun ein Herzog von Béarn. In Frankreich kamen natürlich französische Kreuzritter besser an. *Jérusalem* spielte also zunächst in Toulouse und dann in Ramallah im Westjordanland, nicht mehr in Antiochia und in Mailand.

Dort in der noch immer österreichischen Lombardei wagte man just zu der Zeit, als Verdi alles Italienische aus seiner »vaterländischen« Oper tilgte, einen Schritt gegen die Fremdherrschaft: Im September 1847 war es nach einer bitteren Hungersnot zu blutigen Auseinandersetzungen gekommen. Aber erst nachdem Verdi im Februar die Revolution in seiner Pariser Wahlheimat miterlebt hatte, wurde nach den »Cinque Giornate«, den fünf Tagen vom 18. bis 22. März 1848, auch in Mailand von Daniele Manin eine Republik ausgerufen, und Feldmarschall von Radetzky räumte die Stadt. In Busseto im Großherzogtum Parma freilich herrschte Ruhe, und als Marie-Louise am 17. Dezember dieses Jahres starb, folgte ihr, wie es ausgemacht war, ein Vertreter des Hauses Bourbon-Parma nach.

Ein Werk an der Opéra herausbringen zu können, hatte für Verdi drei »strukturelle« Vorteile. Im Gegensatz zu den italienischen Bühnen wurde eine neue Oper hier nicht nur in einer *stagione*[30] einstudiert und dann abgespielt, sie konnte – entsprechenden Publikumserfolg vorausgesetzt – über Jahre im Repertoire bleiben. Außerdem gab es in der Rue Le Peletier für jede Oper eine schriftlich festgelegte *mise en scène*. Das szenische Gesicht einer Aufführung wurde also planvoll gestaltet und nach Möglichkeit gewahrt und war nicht von fadenscheinigen Traditionen oder unkoordinierter Improvisation getrübt, wie es Verdi zu Hause so oft hatte erdulden müssen. Drittens hatte man in Paris eine viel modernere Bühnentechnik als irgendwo in Italien und vor allem viel mehr Geld für aufwendige Ausstattungen und Effekte. Eine *Grand*

Opéra »muss mit den Augen verstanden werden können« hatte Louis-Désiré Véron gefordert, der die Opéra in den 1830er Jahren als Direktor auf ihren Zenit geführt hatte.

Nach der *Jérusalem*-Premiere am 26. November 1847 meinte ein Kritiker zwar in Unkenntnis von Ort und Zeit der Geburt Verdis, man müsse dem Italiener die französische Staatsbürgerschaft verleihen, weil er sich so um die französische Oper verdient gemacht habe[31]; ein anderer nannte Verdi jedoch einen vielleicht »berufenen«, aber mitnichten »auserwählten« Komponisten, denn *Jérusalem* sei »gemacht«, aber keineswegs »inspiriert«.

Die auffallendsten Neuerungen gegenüber den *Lombardi* waren die Orchesterstücke: *Jérusalem* bekam eine abgeschlossene Ouvertüre, in der schon die charakteristischen Streicherfigurationen der *Traviata* zu hören sind und ein anapästisches Motiv, das dann in einem Trauermarsch wiederbegegnet. Verdi komponierte außerdem die bei einer *Grand Opéra* unerlässliche Ballettmusik: einen *Pas des quatres*, einen *Pas des deux*, ein Solo und eine galoppähnliche Ensemblenummer, deren Gestus er bei Werken des aktuellen Spielplans der Opéra entlehnte. Die zwanzigminütige Tanzeinlage fand im Garten des Harems von Ramallah statt, dessen üppiges Bühnenbild Théophile Gautier[32] mit überschwänglichen Worten lobte, ebenso wie den grandiosen Aufmarsch der Kreuzritter. Insgesamt hatte man 290 Kostüme neu anfertigen lassen, die aus dem Fundus verwendeten kamen noch hinzu!

Verdi blieb in Paris, und in einem Brief an Francesco Maria Piave erwähnte er schon einen neuen Opernplan für die Rue Le Peletier, diesmal auf einen Text von Scribe persönlich. Er musste nun Piaves *Corsaro*-Libretto komponieren, weil er mit Lucca im Wort war, so gern er diese Abmachung im Hinblick auf die konstant erfolgreiche Arbeit mit Ricordi auch rückgängig gemacht hätte. Aber er konnte das Geld gut brauchen, obwohl er für *Jérusalem* sein volles Komponistenhonorar bekommen hatte, dieses *rifacimento*[33] der *Lombardi* nun ins Italienische rückübersetzen ließ und es sich von der Scala, die es genau einen Monat später als *Gerusalemme* herausbrachte, abermals hatte bezahlen lassen. Giuseppe Verdi hatte nämlich vor, ein Gut in dem Flecken Sant' Agata bei Busseto zu kaufen, dessen Inhaber – einer davon auch ein Barezzi-Schwiegersohn – hoch verschuldet waren; ihnen wollte er im Gegenzug Il Pulgaro überlassen. Verdis Eltern zogen deshalb dort aus und nach Sant' Agata, wo Vorfahren schon früher Besitz gehabt hatten. Carlo Verdi kümmerte sich zunächst auch um alle notariellen Dinge für diesen Haus- und Landerwerb und um die Sicherstellung des landwirtschaftlichen Betriebs. Sant' Agata lag zwei Kilometer vom Bussetaner Ortskern entfernt, gehörte aber nicht nur zur Gemeinde Villanova sull'Arda, sondern auch schon zur Provinz Piacenza; der prominente Sohn der Stadt wollte nicht in den Mauern, sondern vor den Toren Bussetos wohnen.

Auf Bitten Mazzinis hatte Verdi *Suona la tromba* auf einen Text von Goffredo Mameli komponiert. Die kleine Komposition erfüllte aber die Hoffnung Mazzinis auf eine »italienische Marseillaise« nicht. Gute Melodien fielen Verdi nur zu Theatersituationen ein, nicht auf politische Parolen.

Als er in Paris von den Ereignissen in der Lombardei erfuhr, und dass auch Venedig Republik geworden war, reiste Verdi aber doch nach Busseto und Mailand. Mazzini war von London dorthin gekommen und mit Beifall empfangen worden, wandte sich aber bald von den lombardischen Patrioten ab, die ganz eindeutig einen Anschluss an Sardinien-Piemont, also eine konstitutionelle Monarchie im Sinn hatten.

Wie diese war wohl auch Verdi nie ein ganz überzeugter Anhänger des republikanischen Gedankens. Erst hundert Jahre später wurde im Archiv des Konservatoriums von Neapel wurde Ende des 20. Jahrhunderts eine angebliche weitere *pièce de circonstance* Verdis aus jenen Tagen gefunden, die merkwürdigerweise keine Spur in Briefen oder anderen Dokumenten hinterlassen hatte und von der offenbar nur dieses eine gedruckte Exemplar erhalten ist: *La Patria – Inno Nazionale a Ferdinando II*.[34] Der als »Rè Bomba« berüchtigte bourbonische König hatte zwar Hilfstruppen gegen die Österreicher nach Norditalien entsandt und war dem Druck im eigenen Lande durch konstitutionelle Konzessionen begegnet. Nach einer reaktionären Konterrevolution machte er die Lockerungen seines autoritären Regimes aber wieder rückgängig. Es handelt sich bei »La Patria« aber nur um die – wohl kaum autorisierte – Unterlegung eines einschlägigen Huldigungstextes zur Melodie von »Si ridesti il Leon di Castiglia«, dem markanten Chor aus *Ernani*. Womöglich hat Verdi nie davon erfahren.

DER PATRIOT IN PARIS

Verdi reist wieder nach Frankreich – Il corsaro *in Triest*

Nach acht Wochen kehrte Verdi wieder nach Frankreich zurück, weil er – so in einem Brief an Piave – dort wichtige Geldgeschäfte zu erledigen habe. Signora Peppina erwähnte er nicht, schrieb aber: »Ehre ganz Italien, das in diesem Augenblick wahrhaft groß ist! ... Italien wird frei, eines, republikanisch sein... Für alles Gold der Welt würde ich keine einzige Note schreiben, und ich würde heftige Gewissensbisse haben, wenn ich Notenpapier vergeudete, das sich so gut zum Kartuschenmachen eignet... Auch ich möchte, wenn ich mich hätte melden können, nur Soldat sein; doch jetzt kann ich lediglich Tribun sein, und ein miserabler Tri-

Feldmarschall Graf Radetzky

bun, denn ich bin nur zeitweise redegewandt... Stell dir vor, die Deutschen sind nicht mehr da!!! Du weißt, welcher Art meine Sympathie für sie war!«[35] Von Österreichern sprach nicht allein Verdi nur im dynastischen und konkret geografischen Sinne, die Fremdherrschaft wurde aber auch zu Recht als »deutsch« empfunden, da Österreich ja als Führung des Deutschen Bundes agierte.

Er dachte aber doch ans Komponieren. Mit Giuseppina Strepponi mietete er für den Sommer ein Haus an der Seine in Passy, das damals noch ein kleiner Ort weit vor der Stadt war. Piave konnte ihm aber jetzt kein neues Libretto schreiben, weil er tatsächlich in der Uniform der venezianischen Nationalgarde Dienst tat. Also wendete er sich an Cammarano wegen eines jetzt ausdrücklich auch so genannten »patriotischen« Stoffs. Eine Zeit lang dachte er an Francesco Domenico Guerrazzis *L'assedio di Firenze*. Der Roman war zuerst in Mazzinis *Giovine Italia* veröffentlicht worden; es ging dort um eine geschichtliche Parallele zum aktuellen Unabhängigkeitsstreben. – In Passy erreichte ihn dann bald die Nachricht vom Scheitern der Befreiung. Am 8. August hatte Verdi noch eine Petition im Exil lebender Italiener unterschrieben, die französischen Beistand für die lombardische Republik erbaten. Einen Tag später war auch Mailand wieder in fester Hand der »Deutschen«. König Carlo Alberto von Piemont-Sardinien, der den Lombarden auf deren Bitte zur Seite getreten war und Österreich den Krieg erklärt hatte, musste nach der verlorenen Schlacht bei Custoza mit Radetzky Frieden schließen.

Schon im Februar hatte er die Partitur des *Corsaro* an Lucca geschickt, der sich um alles Weitere allein kümmern sollte, denn Verdi wollte mit ihm nichts mehr zu tun haben: »Ich verzeihe eine Ohrfeige, denn wenn ich kann, gebe ich deren zwanzig zurück… aber ich kann keine Beleidigung verzeihen, auf die man nicht antworten kann. In der Annahme, mich zu beruhigen, glaubt er schließlich, mir einen Scheck über tausend Francs zu schicken. Mich mit Tausend Francs kaufen?… Hornochse!«[36] Er fuhr nicht einmal zur Uraufführung, die der Verleger für den 25. Oktober 1848 mit dem Teatro Grande in Triest ausgehandelt hatte; ein früherer Termin war der politischen Lage wegen nicht zu halten gewesen. Dabei war die Besetzung durchaus nach Verdis Wünschen: Gaetano Fraschini hatte man für die Titelpartie verpflichtet, die Barbieri-Nini für die größere der beiden Frauenrollen, die Sklavin Gulnara; und der Bariton Achille de Bassini, seinerzeit der erste Francesco Foscari, sollte den Pascha Seid singen. Der Komponist wollte sich mit dem Werk, dessen Entstehung ja auch durch die Arbeit an zwei anderen Opern unterbrochen worden war, nicht recht identifizieren; und auch die erste Begegnung des *Corsaro* mit dem Publikum, das für Verdi sonst immer der wichtigste Richter war, interessierte ihn nicht besonders.

Ebenso wenig nutzte er die Möglichkeit, während der Proben letzte Hand an die Partitur zu legen. Außer dem Ärger mit Lucca gab es dafür weitere Gründe: Zum einen war die Hauptfigur des Seeräubers Corrado, auch er ein outlaw wider Willen und Herkunft, derjenigen des Carlo Moor zu ähnlich, eine Wiederholung mancher musikalischer Züge mithin unausweichlich; zum anderen war eine Uraufführung in Triest im Herbst eines von europäischen Revolutionen geprägten Jahres nicht das, was gute Patrioten von Verdi erwarteten. Triest war schließlich seit dem 14. Jahrhundert eine österreichische Stadt – und sollte es noch bis 1919 bleiben. In der wichtigsten Hafenstadt Österreichs lebten aufgrund der relativ stabilen sozialen und wirtschaftlichen Situation Italiener und Österreicher auch noch mit einer slowenischen Bevölkerungsgruppe ohne nennenswerte Konflikte zusammen. Römisch-katholisch waren alle, und die italienische Frage stellte

Triest, Hafen mit Ponte Rosso

sich hier ganz anders. Ein Triestiner Kritiker hielt Verdi vor, dass er sich wohl nicht mehr recht für seine Heimat interessiere, wo er nun die Taschen voll französischem und englischem Geld habe.

Die Beiläufigkeit, mit der *Il corsaro* aufgenommen wurde, prägt dessen Rezeption bis heute. »Unter der Oberfläche… ist der Prozess der Verfeinerung unablässig im Gange«, meint Julian Budden zu Verdis nach *Alzira* zweit-unbekanntester Oper, der er eine »präzise Kompaktheit« attestiert.[37] Ohne Zweifel wäre *Il corsaro* auf dem Theater überlebensfähiger als die Inka-Oper nach Voltaire. Piave hatte den epischen Schluss dramatisch zugespitzt: Um den Selbstmord des heimkehrenden Helden, einen Sprung vom Felsen, bühnenwirksam zu motivieren, stirbt Corrados Ehefrau Medora nicht wie bei Byron schon in dessen Abwesenheit. In der Oper begegnen Corrado und seine vormalige Lebensretterin, die in ihn verliebte Sklavin Gulnara, noch der am eingenommenen Gift sterbenden Medora.

Außer bereits Erprobtem wie einem deutlichen Remake der Ezio-Szene aus *Attila* für den Pascha Seid gibt es auch Momente neuer Charakter- und Situationsschilderung, etwa das Vorspiel zum dritten Akt und das Duett Corrados mit Gulnara. Einige instrumentale Tupfer vor dem Odaliskenchor im zweiten Akt weisen sogar schon auf die erste Szene der Prinzessin Eboli in *Don Carlos* hin. Im Gegensatz zu *I due Foscari* entwickelt Verdi hier aber keine atmosphärische Dichte. Bei *Il corsaro* hätten andere Komponisten dieser Zeit ihr Heil in der musikalischen »couleur locale« gesucht. Paschas, Harems, Piraten und andere Exotismen waren für Verdi aber nur interessant, wenn sich auch dramatisches Potential aus ihren Beziehungen zueinander ergab; das Ausstellen des bloßen Andersseins reichte ihm nicht.

Cammarano war in Neapel mit der Arbeit an dem »patriotischen« Libretto unterdessen in argem Verzug. Der Kontrakt, der über Ricordi mit der Leitung des Teatro San Carlo zustande gekommen war, sah sogar eine Konventionalstrafe bei Nichteinhalten des vorgesehenen Termins vor. Verdi hätte es auf einen Rechtsstreit ankommen lassen. Seiner Ansicht nach sollte man in Neapel überhaupt froh sein, ein neues Werk von ihm aus der Taufe heben zu dürfen, und ihm ansonsten freie Hand lassen, was von Paris aus natürlich leicht gesagt war. Cammarano wäre dagegen vor Ort zu belangen gewesen, und als Vater von sechs Kindern konnte er nichts riskieren. Das Problem löste sich durch einen Wechsel in der Direktion des San Carlo dann aber von selbst; Verdi, Cammarano und Ricordi waren nun frei, das Werk zu einem Termin, der ihnen realistisch erschien, anderswo herauszubringen; außerdem waren die bei diesem Stoff zu gewärtigenden Eingriffe der Zensoren überall weniger rigide als in Neapel.

Die Suche nach einem Theaterstück als Vorlage für die Oper war mühevoll und letztlich erfolglos gewesen; auch kein Roman, kein Epos erwies sich als geeignet. Dabei gab es genügend historische Motive, die taugten. So hatte man sich

Straßenkämpfe in Mailand, März 1848

bald auf einen der spektakulärsten Konflikte des oberitalienischen Mittelalters geeinigt, dessen Bezug zur aktuellen Lage von 1848 leicht herzustellen war: 1176 hatten die Truppen eines lombardischen Städtebunds, der *lega lombarda* – ein Begriff, der auch viel später für die reklamierte Sonderstellung der Mailänder Region wieder verwendet werden sollte, – den Kaiser Friedrich I. (Barbarossa) in einer Schlacht bei Legnano, wenige Kilometer nordwestlich von Mailand, besiegt und damit eine teilweise Autonomie der Lombardei erstritten.

Cammarano versuchte gar nicht erst, eine Handlung zu erfinden, mit der man diese Historie einkleiden konnte. Er entlehnte eine melodramatische Liebesgeschichte bei einem zwanzig Jahre alten Schauspiel von Joseph Méry: *La bataille de Toulouse, ou un amour espagnol* war eigentlich ein obsoletes Zeitstück, das vom Sieg der antinapoleonischen Allianz vom April 1814 handelte. Cammarano schickte die vier Teile des Librettos zu *La battaglia di Legnano* – mit den Überschriften »Er lebt!«, »Barbarossa!«, »Die Schande!« und »Sterben für das Vaterland!« – einen auf den anderen nach Paris, und Verdi war mit der Komposition Mitte Dezember fertig. Noch vor Weihnachten machte er sich auf den Weg nach Rom, wo die Uraufführung für Ende Januar 1849 vorgesehen war, wieder im prächtigen Teatro Argentina mit seinen sechs Rängen, dem heutigen Teatro Stabile (oder di Roma) am Largo di Torre Argentina.

ARRIGO KÜSST DIE FAHNE

Revolution in Rom – La battaglia di Legnano

Pius IX. hatte alle, die von ihm einen Beitrag zur nationalen Einigung erwartet hatten, in den zweieinhalb Jahren seines Pontifikats bitter enttäuscht. Er verweigerte sich einem Bündnis gegen Österreich. Römische Bürger hatten Verdi, der damals wegen der Arbeit an *Macbeth* aber absagte, seinerzeit sogar um eine Hymne auf den neuen, sich liberal gebenden Mann auf dem Stuhle Petri gebeten. Jetzt war die Stadt, von der aus der Papst seinen Kirchenstaat regierte, in Aufruhr gegen den Heiligen Vater. Am 15. November 1848 war der päpstliche Regierungschef Graf Pellegrino Rossi ermordet worden, in dem man einen besonders üblen Verräter der italienischen Sache sah; eine gute Woche später musste sich der Papst im neapolitanischen Gaeta in Sicherheit bringen. An den Toren Roms stand Giuseppe Garibaldi, der aus dem südamerikanischen Exil zurückgekommen war, mit seinen kampfbereiten »Rothemden«. Im Norden hatten sie schon gegen die Österreicher gekämpft. Der in Nizza geborene piemontesische Marineoffizier war als Anhänger Mazzinis fünfzehn Jahre zuvor zum Tode verurteilt worden.

Eine Oper, die nach einer mitreißenden Ouvertüre – mit einem choralhaften Hymnenthema (Allegro marziale maestoso), einer elegischen Klagemelodie (Andante con espressione) und einem siegesgewissen Allegro grandioso bei geöffnetem Vorhang dann mit den Worten »Viva Italia« beginnt, musste in dieser Situation enorme Resonanz finden. Das Theater war immer ausverkauft, der Jubel groß; die Begeisterung des römischen Publikums für *La battaglia di Legnano* und die politische Entwicklung stimulierten sich gegenseitig. – Anfang Februar 1849 wurde eine Römische Republik ausgerufen. Es wurde ein Triumvirat gebildet, dem Mazzini angehörte. Das Militär unterstand Garibaldi.

Papst Pius IX.

»Arrigo küßt die Fahne und bricht, ihren Saum ans Herz drückend, tot zusammen«, lautet die letzte Regieanweisung der Oper. Arrigo ist ein veronesischer Krieger, der schwerverwundet zum Finale wieder auf die Bühne kommt, nachdem das Publikum vernommen hat, dass er in der Schlacht von Legnano den Kaiser Barbarossa »verwundet oder tot« vom Pferd gestoßen habe: »*Dall'Alpi a Cariddi echeggi vittoria!*«, von den Alpen bis nach Charybdis, der Meerenge bei Messina, solle der Sieg widerhallen, was historisch-geografisch allerdings ebenso falsch war wie die Botschaft vom Tod Barbarossas.

Gaetano Fraschini war der gefeierte Interpret dieser Partie

eines heroischen Kämpfers, der am Ende der Oper zu Glockenläuten und einem vom Chor unterlegten Te Deum zu singen hatte: »Wer für das Vaterland stirbt, kann keine schuldige Seele haben«. Arrigo war verdächtigt worden, mit der Frau Rolandos, eines Führers der Lombarden (er ist der auch hier handlungserzeugende Bariton), Ehebruch begangen zu haben. Sie war seine Verlobte gewesen und hatte nach Arrigos vermeintlichem Tod und Verschollensein dessen besten Freund, eben jenen Rolando, geheiratet.

Von ihrer dramaturgischen Konstruktion her wirkt diese erste und einzige dezidiert patriotische Oper Giuseppe Verdis sehr reißerisch und trivial, was auch ihr weiteres Schicksal auf den Bühnen bestimmen sollte. Als in Italien die revolutionäre Entwicklung bald aufgehalten wurde, verlangte die Zensur eine Verlegung der Handlung nach Holland. Paris sah die Oper 1886 als »Pour la Patrie«, und der Ungeist noch späterer Zeiten, das Italien Mussolinis und Hitler-Deutschland missbrauchten *La battaglia di Legnano* dann auf ihre Weise.

Am Bremer Theater wurde 1937 unter dem Titel »Das heilige Feuer« eine deutsche Adaption der Oper von Julius Kapp erstaufgeführt, die »die deutsche Bühne endgültig erobern« und den »ewigen Konflikt zwischen Liebe und Ehre, der sich steigert zu dem heiligen Feuer der Selbstaufopferung für das Vaterland«, schildern sollte.[38] Arrigos feierliche Aufnahme in die Schwadron der »Cavalieri della Morte«, einer selbstmordbereiten »Todesritter«-Elitetruppe, bot sich ja auch dazu an. Dass aber gerade dieser dritte Akt der Oper das womöglich Reifste ist, das Verdi bisher komponiert hatte, ist bei allem aufdringlichen Pathos des Librettos dennoch wahrzunehmen. Die orchestrale Einleitung, die das Gewölbe unter dem Mailänder Dom beschreibt, wo sich die Cavalieri treffen, zeigt den jetzt 35 Jahre alten Verdi auf der Höhe seines Instrumentationskönnens. Die einzelnen Musiknummern sind fast fugenlos miteinander verbunden, wodurch auch die übrigen gut proportionierten Akte des Werks eine starke innere Dynamik haben. In einem Chor des ersten Aktes hört man deutlich Vorechos entsprechender Stellen des *Rigoletto*, und im Trauermarsch für Arrigo im vierten Akt verfügt Verdi schon über das musikalische Material, aus dem er später den Tod des Marquis von Posa gestaltet. Das Finale trägt nicht nur durch die parallele Personenkonstellation die Kennzeichen des Schlusses von *Un ballo in maschera*.

Stehen viele Arien in ihrer musikalischen Originalität denen aus den populären späteren Opern kaum nach, so ist es der Text, der von »italischem Blut« trieft und ihnen keine vergleichbare Beliebtheit zuteil werden ließ. Der Chor »*Giuriam d'Italia por fine ai danni, cacciando oltr'Alpe i suoi tiranni*« (Wir schwören, Schaden von Italien zu wenden und jagen seine Tyrannen über die Alpen) wird zwar gelegentlich im Konzert gesungen und ist auf Schallplatten mit Verdi-Chören zu finden, was der Reputation des Gesamtwerks allerdings nicht zuträglich ist, da von seinem plakativ-martialischen Gestus zu Unrecht auf die übrigen ungleich differenzierter gearbeiteten handlungstragenden Chöre der Oper geschlossen wird.

Der Widerpart der siegreichen Lombarden wird in *La battaglia di Legnano* nicht direkt beim Namen genannt, denn schließlich war der Schwabe Barbarossa ja ein Römischer Kaiser; seine Truppen werden im Personenverzeichnis nur »alemannisches Heer« genannt. Barbarossas einzigen kurzen Auftritt, wie ein Deus-ex-machina im Ratssaal der Stadt Como, gestaltete Verdi in eindrucksvoller Knappheit. Seine Partie ist nur die eines *comprimario*, und Verdi charakterisiert ihn mit der am tiefsten gesetzten Phrase, die er je für einen Bass schrieb. Im Kontrast dazu haben nicht nur der Tenor, sondern auch Bariton und Sopran bei jeder Gelegenheit exponierte Spitzentöne zu singen wie auch ausführliche Kadenzen, um heroische Emotion zu zeigen; Rolandos Frau Lida ist in dieser Hinsicht Verdis anspruchsvollste Sopranpartie.

In Paris hatte man unterdessen Louis Napoleon zum Präsidenten der Zweiten Republik gewählt. Aus seiner Heimat erreichten Verdi, der von Rom nach Frankreich zu seiner Lebensgefährtin zurückgekehrt war, dagegen nur Nachrichten von neuerlichem Scheitern der republikanischen und nationalen Bewegung. Die Österreicher hatten nicht nur Carlo Albertos abermaligen Vorstoß in die Lombardei im März zurückgeschlagen, sondern auch nach und nach den ganzen Norden einschließlich Venedigs wieder fest in der Hand. Nach der Niederlage bei Novara dankte Carlo Alberto ab und überließ den Turiner Thron seinem 29 Jahre alten Sohn Vittorio Emanuele II., womit Maria-Adelaide, die Habsburgerin, nun sardisch-piemontesische Königin war.

Die Österreicher in Italien befehligte immer noch der mittlerweile 82jährige Graf Joseph Radetzky von Radetz, dem Johann Strauß (Vater) gerade ein musikalisches Denkmal gesetzt hatte; Radetzky marschierte sogar in der Toskana ein und schließlich in Rom, wo der Papst mit französischer Unterstützung nun auch wieder seine ganzen weltlichen Rechte ausüben konnte. Das Triumvirat war abgesetzt, Garibaldi floh nach Amerika, Mazzini ging zurück nach London. In den Kämpfen fiel Goffredo Mameli, noch keine 22 Jahre alt. Nicht Verdis *Suona la tromba* wurde nun rasch auf der ganzen Halbinsel populär, sondern der von Michele Novaro vertonte *Canto degli Italiani* Mamelis. In der vierten Strophe dieses Kampflieds, zu dem Michele Novaro die Musik geschrieben hatte, hieß es »*Fratelli d'Italia, l'Italia s'è desta… Dall'Alpe a Sicilia, doounque è Legnano; ogni uom di Ferruccio ha il core e la mano.*« Von den Alpen bis Sizilien ist überall Legnano und jedermann ein Ferruccio, der Held in Guerrazzis *L'Assedio di Firenze*.

EVANGELIUM UND HÄUSLICHES LEBEN

Luisa Miller *und* Stiffelio
In Tirol und an der Salzach

Auch am Teatro San Carlo waren die alten Verhältnisse wiederhergestellt. Ins Amt zurückgekehrt, erinnerte sich Vincenzo Flauto des bestehenden Vertrags und bestand auf Erfüllung. Auch Cammarano drängte, denn er brauchte Geld. Verdi sträubte sich, schrieb aus Paris dann aber, »einzig und allein ihm zuliebe« werde er sich an die Arbeit an einer neuen Oper machen, die ihm »jeden Tag zwei Stunden Ruhe und seiner Gesundheit«[39] kosten würden. Dass er täglich nur zwei Stunden an einem neuen Werk arbeitete, ist wieder sein typisches Understatement, aber in der Tat kümmerte Verdi sich von Frankreich aus intensiv auch um seine Geschäfte, nicht nur mit den Opern, sondern auch um seinen Besitz in der Heimat und dessen Erträge. Der *padrone* Giuseppe Verdi ließ sich auf Sant' Agata aber weiterhin von seinen Eltern vertreten. Erst im Juli 1849 kehrte er nach Italien zurück und zog in den Palazzo Orlandi in Busseto.

Busseto hatte seine positiven Seiten, das Mäzenatentum und die familiäre Sympathie Antonio Barezzis sowie die Liebe der Bussetaner zur Musik. Die negativen Seiten, kleinstädtische Vorurteile, provinziellen Katholizismus und Bigotterie sollte Verdi allerdings erst in den folgenden Monaten richtig kennenlernen, als Giuseppina Strepponi aus Paris nachkam und zu ihm zog. Der Musiker, der mit leeren Taschen aus Le Roncole über Busseto erst nach Mailand und dann in die Welt gezogen war, teilte Tisch und Bett mit einer Frau, mit der er nicht verheiratet war! Darüber wurde im Ort geredet. Dass man die Straßenseite wechselte, wenn man der Strepponi begegnete, und sich niemand in der Kirche neben sie setzte, waren nur die sichtbarsten Kränkungen. Verdi sollte das nie vergessen.

Im Palazzo Orlandi arbeitete er an der neuen Oper, über deren Sujet er sich erst nach längerer Korrespondenz noch von Paris aus mit Cammarano geeinigt hatte. Verdi hatte noch einmal *L'assedio di Firenze* vorgeschlagen. Es war alles andere als überraschend, dass die neapolitanische Zensur dies ablehnte. Die im April 1848 vom sizilianischen Teil des Reichs ausgegangene Erhebung war ebenfalls im März des Folgejahres gänzlich erstickt worden. Der Stoff, auf den er sich dann mit Cammarano geeinigt hatte, musste allerdings auch seiner Gesellschaftskritik entschärft werden. Er hatte nicht wenig mit Verdis eigener neuer Lebenssituation zu tun. Schillers Bürgerliches Trauerspiel *Kabale und Liebe* spielt in einer kleinen deutschen Residenzstadt; zwei Menschen und ihre Liebesbeziehung werden durch Intrigen, bürgerliche Normen und Standesdünkel zerstört. Ein Hauptakteur, Vater Miller, ist »Stadtmusikant«.

Mit Rücksicht auf das höfische Neapel wie auf die Opernkonvention wurde in Cammaranos Libretto der Schauplatz in ein Tiroler Dorf verlegt; die kammerspielhafte Struktur von Schillers Vorlage musste um Genreszenen mit Chor erweitert werden. So kamen Bauern und Jäger ins Spiel. Aus dem jungem Major Ferdinand wurde wegen der Namensgleichheit mit dem Landesherrn ein Rodolfo, anstatt der fürstlichen Mätresse Lady Milford musste Cammarano eine verwitwete Nichte des Grafen Walter zur zweiten Frauenpartie machen, die ihren Namen nach der bei Schiller nur beiläufig erwähnten Friederike von Ostheim bekam. Es blieb aber erkennbar, dass die bürgerliche wie aristokratische Gesellschaft auf der Bühne keine andere war als in Busseto oder Neapel, wenn *Luisa Miller*, wie die Oper nun hieß, auch vorgab, in der ersten Hälfte des 17. Jahrhunderts zu spielen.

Die Besetzungstradition forderte, dass sich das Beziehungsgefüge der Personen von *Kabale und Liebe* ganz zugunsten des Protagonistenpaars verschob, denn Federica konnte nicht mit einer erstrangigen Sängerin besetzt werden, weil eine solche keine in der Handlung so deutlich nachgeordnete Rolle übernommen hätte. Auch sind Graf (bei Schiller: Präsident) Walter und Wurm, der Intrigant, in der Oper keine ausgesprochenen Hauptrollen mehr.

Wie sich der Stoff der neuen Oper von den vorangegangen – mit Ausnahme vielleicht von *I due Foscari* – durch seine Reduktion auf Privates unterscheidet, so überrascht Giuseppe Verdi bei seiner dritten Schiller-Oper auch durch einen ungewohnten Tonfall ohne ausholende Gesten und aggressive Akzente. In den Szenen mit dem Bariton-Vater entfalten sich die unheroisch-tragischen Züge der Titelfigur, vor allem in Luisas und Millers Duett »*Andrem raminghi e poveri, ove il destin ci porta*«, wo beide ein anspruchsloses Glück beschwören. Rodolfos große Arie aus dem zweiten Akt »*Quando le sere al placido chiaror d'un ciel stellato*« ist dem familiären Milieu entsprechend mehr an Donizetti orientiert als an der extrovertierten Attitüde, die in *La battaglia di Legnano* von der *Grand Opéra* nachklang.

In den ersten Oktobertagen reiste Verdi, begleitet von Antonio Barezzi, mit dem Giuseppina und er trotz der kleinstädtischen Widrigkeiten stets in bestem Einvernehmen blieben, zur Uraufführung. Es war nun nicht heißer Hochsommer wie bei der ersten Neapel-Reise vier Jahre zuvor, mühevoll genug war es aber immer noch, so dass Giuseppina es vorzog, in Busseto zu bleiben. Mit der Kutsche kam man bis Genua, dann auf dem Seeweg etappenweise nach Rom, das voller französischer Truppen war, von da wieder auf dem Lande nach Süden, nachdem eine Choleraquarantäne die Weiterreise fast zwei Wochen verzögert hatte. Der Premierentermin war auch wegen finanzieller Schwierigkeiten des Teatro San Carlo dann schon nicht mehr zu halten gewesen, und Barezzi kehrte am 14. November heim, ohne die neue Oper erlebt zu haben. In den drei Wochen seines Aufenthalts besichtigte er aber mit Verdi alles, was einen Touristen in Neapel und Umgebung interessieren konnte, auch die Ausgrabungen in Herculaneum und Pompei, wohin man von Neapel immerhin schon mit einer Eisenbahn gelangen konnte; mit dem Dampfschiff fuhren sie auf die Inseln im Golf, nach Ischia und Procida. Am 8. Dezember erst konnte der Vorhang hochgehen.

Luisa Miller kam gut an, so gut, dass Flauto Verdi für eine dritte Auftragsoper gewinnen wollte. Er lehnte ab, so gut er das Geld auch hätte gebrauchen können. Denn zu Hause hatten sich in der Zwischenzeit Probleme ergeben, die nur mit dem Geld des Vaters, der das Anwesen in Le Roncole verkaufte, gelöst werden konnten. Sant' Agata sollte nämlich zu einem modernen Gutshof gemacht werden, Hypotheken waren zu bedienen und Investitionen in die immer mehr technisierte landwirtschaftliche Gerätschaft zu tätigen. Giuseppe Verdi wollte ein sicheres Standbein haben, seine künstlerische Autonomie auf materielle Unabhängigkeit gründen.

Noch von Neapel aus hatte Verdi Giovanni Ricordi gebeten, ihm ein spanisch-italienisches Wörterbuch zu besorgen, denn er wollte ein Theaterstück, von dem er hatte reden hören, genauer kennenlernen. Zum Bürgerlichen Trauerspiel aus Deutschland war kein größerer Kontrast denkbar: Hier gab es nun Krieg, Scheiterhaufen, Ritter, Soldaten, Nonnen und Zigeuner, und die Titelfigur war ein Minnesänger, ein Troubadour. *El trovador* war 1836 in Madrid uraufgeführt worden und hatte seinen Autor Antonio García Gutiérrez, wie Verdi 1813 geboren, schnell bekannt gemacht. Sehnsüchte und Tabus der bürgerlichen Gesellschaft waren in exaltierter Projektion darin vereint: Kindesmord, Hexenverbrennung und Romanzen mit Burgfräulein. Es gab keine organisch sich entwickelnde Dramaturgie, sondern drastische Wendungen und komplizierte Vorgeschichten, pittoreske Tableaus und kantige Figuren. Verdi dachte aber auch wieder über Shakespeare nach, abermals über *King Lear*, und er legte sogar ein Szenarium an, das Cammarano als Grundlage für einen Operntext dienen sollte. – Im vergangenen Frühjahr hatte sich auch Otto Nicolai in Berlin mit *Die lustigen Weiber von Windsor* nach Shakespeare noch einmal als Opernkomponist versucht. Deren allerdings auf den deutschen Sprachraum beschränkten Erfolg erlebte er jedoch nicht mehr; im Mai 1849 erlag Nicolai noch nicht vierzigjährig einem Schlaganfall.

Zwar korrespondierte Verdi auch mit Piave über neue Texte, aber Anfang Januar 1850 bat er doch Cammarano, den er hier für den geeigneteren Partner hielt, sich das Stück von García Gutiérrez zu besorgen. Eine Nachfrage aus Paris beschied Verdi erst einmal abschlägig, und er unterschrieb dann im März 1850 einen Vertrag mit dem Teatro La Fenice, der allerdings ein Jahr Zeit zum Arbeiten mit Piave ließ, weil auch noch eine gegenüber Ricordi eingegangene Verpflichtung eingelöst werden musste: eine Oper, die schon im Herbst 1850 herauskommen konnte. Man diskutierte unter anderem eine »Elisabetta di Valois« nach dem Bühnenstück Vittorio Alfieris über den spanischen König Philipp II.; Victor Hugos *Le roi s'amuse* kam ins Gespräch. Tito Ricordi, der immer mehr Aufgaben von seinem Vater Giovanni übernahm, hatte Triest den Zuschlag für diese Uraufführung schon gegeben. Piave, der nicht zuletzt wegen seines patriotischen Engagements seit dem *Corsaro* nur zwei Operntexte[40] für Carlo Boniforti und den nach *Luisa Miller* auf Verdi erst recht eifersüchtigen Mercadante hatte schreiben können, arbeitete in diesem Sommer nun gleichzeitig an zwei Projekten mit Verdi.

Am 8. Mai 1850 schien die Wahl beider Sujets klar gewesen zu sein, und Verdi schrieb ihm nach Venedig: »*Stiffelius* ist brauchbar und interessant… Verlege die Handlung, wohin Du willst, doch er muss immer Lutheraner und Sektenführer bleiben… *Le roi s'amuse* ist… vielleicht das großartigste Drama der modernen Zeiten. Tribolet (sic!) ist ein Shakespeare würdiges Geisteskind!!! … stelle Venedig auf den Kopf und siehe zu, dass die Zensur diesen Stoff genehmigt.«[41] Den Operntext über Triboulet, den Narren am Hof eines französischen Königs, so zu formulieren, dass er die Zensur passierte, sah Verdi zu Recht als ein heikles Unterfangen an; aber dafür reichte die Zeit.

Bei *Stiffelio*, dem parallelen Vorhaben, konnten Piave und Verdi sich aber nicht ausreichend gegen grobe Eingriffe absichern, und das Werk kam am 16. Oktober 1850 in einer Gestalt auf die Triestiner Bühne, die weit von den Intentionen seiner Schöpfer entfernt war. Diese Oper nach dem auch in Italien bekannten Theaterstück *Le pasteur ou L'Evangile et le foyer* (Der Hirte oder Das Evangelium und häusliches Leben) des bretonischen Dichters Émile Souvestre (1806-54) und seines Mitarbeiters Eugène Bourgeois ist die »zu Unrecht am meisten vernachlässigte« Oper Verdis (Julian Budden). Das wird jeder bestätigen, der die Musik hört, die Verdi ja auch großenteils parallel zu seiner nächsten Oper komponierte, die dann seit dem Tag ihrer ersten Aufführung bis heute auf der ganzen Welt gespielt werden sollte. Dass daneben etwas so völlig misslingen könnte, mag man bei einem zynischen Pragmatiker vielleicht für denkbar halten, nicht aber bei einem grundernsten Musiker wie Giuseppe Verdi.

Bei allen berechtigten Einwänden gegen die dramaturgische Faktur des *Stiffelio* ist es unverständlich, dass er neben den darauffolgenden Erfolgsopern auch heute noch viel weniger Beachtung findet als etwa *Attila*. *Stiffelio* gehört ohne

Zweifel mehr zu dem, was noch kommen sollte, als zum zurückliegenden Œuvre Verdis, das man bald »Verdi minore«, also den frühen und minderbedeutenden nannte. *Stiffelio* lebt

Frontispiz des Klavierauszugs von Stiffelio

allerdings durch die Schallplatte. Wer sich beim Musikhören die Handlung imaginiert, versteht dann auch rasch, wie diese Oper sich auf der Bühne – namentlich im Kontrast zur folgenden »trilogia popolare« – schwer tun musste. Wäre sie nur ein paar Jahre nach dieser entstanden, hätte man sie als ein eigenwilliges Werk des nun weltberühmten Komponisten womöglich ganz anders aufgenommen, auch hätten die Zensoren dann keine so verhängnisvolle Rolle mehr gespielt.

Stiffelius ist als Anführer einer »Ahasverianer«-Sekte von den beiden französischen Autoren ebenso frei erfunden wie der Schauplatz, das Schloss eines Grafen Stankar an der Salzach. Es hatte im 16. Jahrhundert zwar einen deutschen Theologen namens Stiefel gegeben, an den diese Figur angelehnt sein könnte, und auch einen Prediger Stieffelius. Eine Verbindung zu Handlung, Ort und Zeit des Theaterstücks kann man aber nicht herstellen.

Insbesondere der zweite Akt von Verdis *Stiffelio* ist musikalisch über jeden Vorwurf erhaben, minderbedeutendes Frühwerk zu sein, und taugt überdies für psychologisch pointierte Inszenierung: Am Grab ihrer Mutter bereut Pfarrersfrau Lina ihren ehebrecherischen Fehltritt, der Liebhaber bedrängt sie aber; ihr Vater tritt dazwischen, fordert ihn heraus; Pfarrer Stiffelio kommt hinzu, um Frieden zu stiften, erkennt, dass er betrogen wurde, und fällt im Angesicht des Kreuzes in Ohnmacht; im Hintergrund ruft seine Gemeinde nach ihrem Hirten. Aber auch das Septett im ersten Akt oder das terrassenförmig gebaute Duett – mit Stiffelios dramatisch abreißender Kantilene »*Dal cielo benedivami*« – und das finale *concertato* mit Largo und Stretta sind wertvolle Theatermusik.

Der ungewohnte Titelheld befremdete das damalige Opernpublikum nicht, auch nicht, dass im ersten Akt ein verschließbares Buch, Klopstocks *Messias*, als Requisit eine herausgehobene Rolle spielt; *Stiffelio* fand zunächst beifällig Aufnahme. Gaetano Fraschini in der Titelpartie und Filippo Colini als Stankar (Bariton), der ebenfalls bei der Uraufführung von *La battaglia di Legnano* mitgewirkt hatte, wurden gefeiert. Nach einem »Scheidungsduett« hatte die Oper eigentlich mit einer Predigt über die Ehebrecherin aus dem Johannesevangelium enden sollen, was die Zensur aber nicht zugelassen hatte. Gegenüber der bevorstehenden römischen Aufführung waren die Triestiner Zensurforderungen jedoch nachgerade harmlos gewesen: Der Pfarrer von der Salzach musste im Kirchenstaat zum Grafen aus einer einst zwischen Fulda und Werra beheimateten Familie gemacht werden, und die Oper hieß nun »Guglielmo Wellingrode«.

Wiederum arbeitete Verdi dann an zwei Opern zugleich,

mit Piave für Venedig und mit Cammarano per Korrespondenz am Libretto nach *El trovador*. Im Herbst 1850 reiste er nach Bologna, um eine Einstudierung des *Macbeth* zu betreuen, und erlebte dort Aufführungen der *Luisa Miller*.

»LA DONNA È MOBILE…«

Paris, Vendôme, Mantua – trotz Zensur:
Rigoletto *geht um die Welt*

Victor Hugos 1832 in Paris uraufgeführtes Versdrama *Le roi s'amuse* kannte Verdi nur vom Lesen. Es war auch in Frankreich sofort nach der Uraufführung verboten worden. Der sich amüsierende König war François I., der in der ersten Hälfte des 16. Jahrhunderts regierte. Inspiriert von dessen Bonmot »Souvent femme varie! Bien fol est qui s'y fie!«[42], das sich bald als Keimzelle der vielleicht populärsten aller Opernarien erweisen sollte, hatte Hugo eine Romanze des Königs mit der Tochter seines Hofnarren Triboulet erfunden. Beide wissen nicht von der tatsächlichen Identität ihres Gegenübers, weil der König sich als armer Student ausgibt, und der bucklige Triboulet seine Tochter von der Außenwelt vollkommen abschirmt. Als er feststellen muss, dass der König seine Blanche geraubt hat, schwört Triboulet Rache, die sich aber gegen ihn selbst kehrt: Der Auftragsmörder Saltabadil ersticht Blanche statt des Königs.

Wie zu erwarten war, verbot der österreichische Gouverneur zu Venedig von Gorzkowsky das eingereichte Textbuch Piaves wegen seiner »ekelhaften Amoralität und obszönen Trivialität«[43]. Es trug da noch den Titel »La maledizione« (Der Fluch), weil der Hofnarr anfangs einen Grafen verspottet, dessen Tochter vom König entehrt worden war; der Graf spricht daraufhin einen Fluch über ihn aus, und dieses Motiv sollte in Text und Musik die dramaturgischen Angelpunkte der Oper markieren.

Dass aus König François ein »Herzog von Vendôme« werden musste, konzedierte Verdi noch, denn der Kaiser in Wien hieß auch Franz. Was denn die Zensur aber der Sack angehe, in dem Rigoletto, wie der Hofnarr nun hieß, am Ende statt des toten Königs die eigene Tochter finde, meinte er: Ohne Sack müsste er sie ja sofort erkennen und die Szene verliere ihre Glaubwürdigkeit. Das Libretto wurde abermals eingereicht, und wieder gab es Beanstandungen, weil der Herzog nicht unmittelbar durch den Narren in die Spelunke des letzten Aktes gelockt werden durfte, was Piave und Verdi dann aber zurechtbiegen konnten.

Victor Hugo

Am 30. Dezember, einen Tag bevor in Venedig die Opernsaison begann, unterzeichneten Verdi, Piave und der Sekretär des Teatro La Fenice Guglielmo Brenna einen sieben Punkte umfassenden Kontrakt, wie das Libretto nach Hugos *Le roi s'amuse* nun unter Berücksichtigung der Zensur und der Wünsche des Theaters endgültig auszusehen habe. Am erleichtertsten war wohl Piave, denn Verdi hatte ihn zur Durchsetzung seiner Interessen stark unter Druck gesetzt. Nun war der Librettist auch wieder der gute Freund Checco, nachdem er ihn in den letzten Briefen nur noch als »Signor Piave« angeschrieben hatte, weil er dessen Nachgeben gegenüber der Zensur befürchtete.

Zu guter Letzt musste der Schauplatz dann aber doch noch in ein italienisches Fürstentum verlegt und der Titel von »Il

Duca di Vendôme« in *Rigoletto* geändert werden. Der bourbonische Herzog aus Frankreich wurde sicherheitshalber nun zu einem Vertreter des erloschenen italienischen Hauses Gonzaga gemacht. Aber auch dieser Name durfte nicht in der Oper vorkommen, genauso wenig wie der einiger anderer

Theaterzettel zur Uraufführung des Rigoletto *(und dem anschließenden* Faust-*Ballett)*

Adelsfamilien, die man ausgesucht hatte. Dass der neue »Duca« sich nun einfach »Herzog von Mantua« nannte, tat nichts zur Sache. Die Authentizität des Schauplatzes war ohnehin nicht mehr von Belang. Nun öffnete Rigoletto den Sack mit der Leiche eben am Ufer des Mincio und nicht am Loir im Vendômois, mit dem man die Seine bei Paris ersetzt hatte. Dass man später in Mantua gutgläubigen Touristen eine »casa di Rigoletto« zeigte und dort mehrere Opernfilme am vermeintlichen »Originalschauplatz« entstanden, ist eine tragikomische Spätfolge der österreichischen Zensur.

Als das Textbuch am 26. Januar 1851 freigegeben wurde, hatte Verdi im Palazzo Orlandi die Oper im großen Ganzen fertiggestellt, die Gesangspartien waren fixiert. Er kam am 19. Februar in Venedig an und hatte noch knapp drei Wochen Zeit, die erst grob skizzierte Instrumentation in Partitur zu schreiben, während er sich mit Piave zusammen um die Inszenierung kümmerte.

Bei keiner der vorherigen Opern trägt das Orchester so viel zu handlungstragender Stimmung bei wie in *Rigoletto*. Die trügerisch heile Welt der von ihrem Vater überbehüteten Gilda, wie Hugos Hofnarrentochter Blanche nun hieß, ist zwar von hellen Bläserklängen und leichterem Streichersatz gezeichnet. Die Oper ist aber ein »Nachtstück par excellence« (René Leibowitz)[44]. Rigolettos Begegnung mit dem Mörder Sparafucile ist von geteilten tiefen Streichern und stumpfen Klarinetten- und Fagottfarben verdüstert, im letzten Akt wird der chromatisch summende Chor zu einer geheimnisvollen »Windmaschine«. Das nach dem Sprachrhythmus aus einem einzigen Ton entwickelte Maledizione-Motiv (»*Quel' vecchio maledivami*«), das mit verminderten Septakkorden geheimnisvoll unterlegt wird, ist alleinige Substanz des Preludio, nach welchem eine grelle Blasmusik der Banda[45] hinter der Bühne dem sich öffnenden Vorhang die Prägnanz eines Film-Schnitts gibt, hin auf das dekadente herzogliche Fest, dessen frivole Musik wie in Mozarts *Don Giovanni* dramaturgisch wirkungsvoll auf verschiedenen Ebenen erklingt.

Durch Felice Varesis stimmliche und darstellerische Qualitäten vermittelte sich unmittelbar und anschaulich, was Triboulet bei Hugo mit vielen scharfzüngigen Worten zum Ausdruck bringen musste; Verdis Rigoletto konnte mit seiner baritonalen Dominanz in wenigen Phrasen klarmachen, dass er der Handlungserzeuger ist, der Herzog zwar Herrscher, aber nicht Hauptakteur. Rigoletto provoziert den Fluch des Grafen Monterone, er heuert Sparafucile an, und am Schluss ist er es, der das Geschehen auf der Bühne tatsächlich in

Kostümentwürfe zu Rigoletto *an der Scala*

Szene setzt, wenn er seiner Tochter vorführt, wie sich der von ihr immer noch geliebte Herzog mit einer anderen Frau einlässt. Schließlich präsentiert sich Rigoletto in stolzer Pose, bevor er sein tragisches Scheitern und die Leiche Gildas erkennt und den Herzog hinter der Bühne »*La donna è mobile qual piuma al vento*«, zu dem das historische Königs-Bonmot geworden war, singen hört. »Der Kontrast der leichten melodischen Formel mit der bereits geschehenen Katastrophe ergibt die unheimliche hintergründige Wirkung dieses Schlusses. Von Offenbach bis zum ›Dritten Mann‹ wird Musik in dieser Form dramatisch angesetzt, und Verdi ist der eigentliche Meister dieser Art von Musikdramatik, die sich im Gegensatz findet zum musikdramatischen Ideal Wagners, das versucht,

den seelischen Gesamtvorgang in Tönen abzumalen und der damit viel mehr Lyriker als Musikdramatiker ist.« (Wolfgang Fortner)[46]

Dass der Duca di Mantova eigentlich ein gewissenloser Schuft ist, Gildas Liebe zu ihm aber dennoch nicht als törichte Schwärmerei denunziert wird, weil der Herzog ein attraktiver Liebhaber ist, verdankt sich dem einzigartigen Zusammenwirken von Piaves Dichtung und vor allem Verdis Melodik. So sind die Verszeilen »*È sol dell'anima, la vita è amore*« (Liebe ist Sonne der Seele, ist das Leben)[47] mit Verdis Musik zusammen resistent gegen den Vorwurf der Trivialität. Gewiss würde andererseits Verdis Musik mit einem Text banal klingen, der einen weitergehenden poetischen Anspruch erhöbe.

Für Raffaele Mirate, einen an Rossinis Partien geschulten eleganteren, geschmeidigeren Tenor als es der melancholisch-robuste Fraschini war, wurde der Premierenabend nach der dritten Arie des Herzogs vollends zum Triumph. Damit es nicht schon vor der Premiere die Spatzen von den Dächern pfiffen, hatte Verdi »La donna è mobile« bis zur Generalprobe geheim gehalten. Der Kritiker der *Gazzetta di Venezia* war vom gesamten Werk »überwältigt... Das Orchester spricht zu einem, weint, entfacht Leidenschaften. Nie war die Beredsamkeit der Klänge gewaltiger.«[48]

Innerhalb eines Jahres hatten dann alle italienischen Opernhäuser und die meisten Theater der österreichischen Kronländer *Rigoletto* nachgespielt; nach Buenos Aires, New York, Tiflis, Braunschweig, Alexandria und Konstantinopel folgte Paris relativ spät im Januar 1857 mit der französischen Erstaufführung dieses ersten unmittelbaren Welterfolgs der Operngeschichte. Als dann genau fünfzig Jahre nach dem Aufführungsverbot dort Victor Hugos *Le roi s'amuse* zum ersten Mal wieder aufgeführt wurde, interessierte sich niemand mehr dafür; es gab keinen König mehr, über dessen Unmoral man sich hätte ereifern können, der historischen Wahrheit hatte es sowieso nicht entsprochen, – und Verdis Oper erzählte die Geschichte sowieso viel eindrucksvoller. Hugo selbst soll nach einer *Rigoletto*-Aufführung gesagt haben, dass er auch einen solchen Effekt erzielen würde wie Verdi, könnte er in seinen Stücken vier Personen gleichzeitig sprechen lassen wie im Quartett des vierten Akts, wo Maddalena mit dem Herzog flirtet und Rigoletto seine Tochter tröstend zur Vernunft bringen will.

Bestärkt vom Beifall, bestätigt in seinen ästhetischen Kriterien und mit ansehnlichen Einkünften in Aussicht war Verdi nach Busseto zurückgekehrt. Einen großen Teil der gewonnenen Kraft musste er nun aber dafür verwenden, seine persönlichen Verhältnisse, die familiären Beziehungen wie das Zusammenleben mit den Leuten in der kleinen Stadt zu klären, vor allem für Giuseppina erträglicher zu machen. War ihm die Hilfe seiner Eltern beim Ausbau von Sant' Agata auch willkommen gewesen, so lästig empfand er die dadurch entstandenen finanziellen Abhängigkeiten wie auch das elterliche Dreinreden in sein Leben, in das Zusammenleben mit der Frau, mit der er nicht verheiratet war und die auch noch von anderen Männern zwei Kinder hatte.

Ein notarieller Vertrag regelte Ende April die materielle Trennung Carlo Verdis und seiner Frau von deren erfolgreichem Sohn. Beide siedelten in ein gemietetes Haus in Vidalenzo um, das keine zwei Kilometer nördlich von Sant' Agata ebenfalls am Flüsschen Ongina gelegen ist. Am 1. Mai 1851 zogen dann Giuseppina Strepponi und Verdi aus dem Palazzo Orlandi, wo jeder Kommen und Gehen und wann das Licht gelöscht wurde, beobachten konnte, nach Sant' Agata. Das große Haus war entfernt genug vom Weiler Sant' Agata. Wenn es stark geregnet hatte, war sogar der Zufahrtsweg zur »villa del professore Verdi«, wie viele nun sagten, unpassierbar. Das machte das Gerede im Ort über die unbürgerlichen Verhältnisse im Hause des Mannes nicht verstummen, den man doch gern für den größten Komponisten Italiens hielt.

Am 14. April war im Ospedale Maggiore von Cremona ein Findelkind mit einem Zettel, der den Namen »Santa Streppini« trug, abgegeben worden. Das konnte natürlich nur eine Tochter der Strepponi sein, wurde geklatscht. Dass Verdi und seine Lebensgefährtin eine uneheliche Geburt geschickter vor ihrer Umwelt verborgen hätten, wenn sie es denn gewollt hätten, das vermochten sich die provinziellen Geister nicht vorzustellen. Giuseppina, die auch oft genug allein in Florenz bei ihrem Sohn Camillo war, hätte einen Säugling nicht bei Nacht und Nebel mit der Fähre in die Stadt am anderen Ufer des Po bringen müssen; auch wäre ihr wohl ein unverdächtigerer Name eingefallen.

Der Sommer auf Sant' Agata verging mit Arbeit an *Il trovatore*, dessen Verse Cammarano von Neapel schickte, wo man das Werk zur Aufführung anbieten wollte. Daneben kümmerte sich Verdi mit Hilfe von Ricordi und Muzio auch von ferne um die Aufführungen seiner Opern, vor allem des *Rigoletto*, der in Rom für die Zensur zur »Clara di Pert« geworden war!

»VIVA VERDI«

Minnesänger und Kameliendame –
Il trovatore *und* La traviata

Der Tod Luigia Verdi-Uttinis am 30. Juni 1851 traf den sich so robust gebenden Giuseppe Verdi tief. Giuseppina musste alle ihre Zuwendung aufbieten, ihn zu trösten und auf seine Arbeit zu lenken. Die Trauer um die Mutter führte ihn aber wieder mit dem Vater zusammen, eine Versöhnung, die ihm mit Antonio Barezzi nicht gelingen mochte. Bei aller Verbundenheit mit Verdi waren die Barezzis ja eine der angesehenen Familien Bussetos, die auf ihre kaufmännische Existenz zu achten hatte, und da musste man zeigen, dass man dem verwitweten Künstler-Schwiegersohn nicht alles durchgehen ließ. Die letzten Monate in Busseto hatten tatsächlich einen Keil zwischen Verdi und seinen Schwiegervater treiben können. Verdi schrieb ihm: »Sie leben in einem Ort, der die üble Angewohnheit hat, sich häufig in die Angelegenheiten anderer einzumischen und alles zu missbilligen, was nicht den eigenen Vorstellungen entspricht... Was ist Schlechtes dabei, wenn ich allein lebe? wenn ich es für richtig halte, keine Besuche bei denen zu machen, die Titel tragen? wenn ich nicht an den Festen und Vergnügungen anderer teilnehme?… Ich habe nichts zu verheimlichen. In meinem Haus lebt eine freie, unabhängige Signora, die wie ich das abgeschiedene Leben liebt, und mit einem Vermögen, mit dem sie alle ihre Bedürfnisse deckt. Weder sie noch ich sind irgend jemand Rechenschaft über unser Tun schuldig.«[49] Anfang Dezember war dann auch das Wetter so unangenehm geworden, dass Giuseppina und Verdi kurzentschlossen nach Paris fuhren, dort eine Wohnung mieteten und so lebten, wie sie wollten.

Verdi arbeitete weiter an der neuen Oper und verhandelte unter anderem über eine französische Version des *Macbeth*, zu dem er meinte noch nicht sein letztes Wort gesagt zu haben. Ende Januar 1852 kam es zum Abschluss des Vertrags mit der Opéra für die vier Jahre zuvor vereinbarte Zusammenarbeit mit Eugène Scribe. Der Komponist und seine Lebensgefährtin besuchten viele Aufführungen nicht nur in den Pariser Opernhtheatern, zu denen auch das Théâtre Italien in der Salle Ventadour gehörte, wo seinerzeit die ersten Pariser Aufführungen von *Nabucco* und *Ernani* in der Originalsprache stattgefunden hatten. Im Februar – vielleicht war es sogar die Premiere gewesen – erlebten sie am Théâtre du Vaudeville die dramatisierte Fassung von Alexandre Dumas' d.J. Roman *La dame aux camélias*, die zwei Jahre lang verboten gewesen war. Ob er darin sofort den Stoff für eine neue Oper erkannte und gleich ein erstes Szenarium entwarf, wie später erzählt wurde, ist nicht belegt.

In Frankreich gab es mittlerweile ein weit entwickeltes Urheberrecht, das es zu berücksichtigen galt. Dichter und Komponisten in anderen Ländern, zumal in den Territorien seiner Heimat, waren noch lange nicht so gesichert; allerdings konnte man da auch leichter gegen den Willen des Autors ein

Theaterstück zur Oper machen. Da Verdi aber auch seinen internationalen Erfolg im Auge hatte, musste er die unterschiedlichen Bedingungen beachten.

Dumas' Geschichte von der Pariser Kurtisane, die mit einem jungen Mann aus der Provinz ein neues Leben beginnt, das dann von dessen Vater zunichte gemacht wird, faszinierte ihn. Der alte Duval hätte auch aus Busseto stammen können, und es war eine wahre Begebenheit aus der Gegenwart. Marie Duplessis, die Kameliendame, war ja erst 1847 dreiundzwanzigjährig gestorben. Verdi hatte wohl ein Exemplar des Schauspieltextes, vielleicht auch des Romans, im Gepäck, als er mit Giuseppina wieder nach Sant' Agata zurückkehrte. Am Josephstag, dem 19. März, feierten sie zu Hause wie gewohnt zusammen ihr Namensfest.

Antonio García Gutiérrez

Verdi hatte Cammarano für *Il trovatore* vorgegeben, dass es »vernünftiger und richtiger« sei, »wenn es in der Oper keine Kavatinen, keine Duette, keine Terzette, keine Chöre, keine Finali etc. etc. gäbe und wenn die ganze Oper nur… eine einzige Nummer wäre«.[50] Er selbst hatte ja das spanische Drama ausgesucht und musste nun begreifen, wie es sich gegen seine Umwandlung in ein Libretto von der Kohärenz der zweiten Piaveschen Hugo-Adaption sperrte. García Gutiérrez' *El trovador* spielt vor dem Hintergrund des Kampfes um die Krone von Aragon zu Beginn des 15. Jahrhunderts, der in einem komplizierten historischen Zusammenhang steht. Auf der Sprechbühne kann das mit vielen Worten veranschaulicht werden, schwerlich aber, wenn gesungen werden muss, zumal die Hauptfiguren auch noch sehr intrikate eigene Biografien haben.

Am Schluss der Oper richtet ein Graf Luna den Troubadour Manrico hin, obwohl er dessen Braut Leonora die Freilassung des Verurteilten versprochen hatte. Sie hatte sich vergiftet, um ihr Wort, als Lohn für Manricos Leben dem Grafen zu gehören, nicht einlösen zu müssen. Manrico, so stellt sich da heraus, ist nicht der Sohn der gefangenen Zigeunerin Azucena, sondern der leibliche Bruder des Grafen, weil Azucena vor Jahren ihr eigenes Kind verbrannt hatte und nicht, wie alle bisher annahmen, den anderen Sohn des alten Grafen Luna, der Azucenas Mutter hatte verbrennen lassen! – Aber auch an dieser unwahrscheinlich schauerlichen Geschichte hatte die neapolitanische Zensur etwas auszusetzen: zum Beispiel, dass Leonora von Manrico als Nonne entführt werden sollte.

Mit einem neuerlichen Auftrag aus Venedig für die Karnevalssaison des nächsten Jahres in der Tasche, gab Verdi es dann auf, sich weiter um eine Realisierung des *Trovatore* in Neapel zu bemühen, und wandte sich an das Teatro Apollo in Rom. Er hoffte, dass Vincenzo Jacovacci, der dortige Impresario, zweierlei gewähren konnte: dass die Zensur das Libretto durchgehen ließe, und dass eine zweite, gleichwertige Primadonna für die dramatische Mezzosopranpartie der Azucena neben der Sopranistin für die Leonora engagiert würde. Cammarano hatte schon aufgeben wollen, aber Verdi insistierte, er wusste ja, dass sein Partner des Geldes wegen weitermachen mußte. Als er von Cammaranos schwerer Erkrankung hörte, zögerte er keinen Augenblick und schickte ihm einen Vorschuss und bat Ricordi, es ihm gleichzutun. Am 17. Juli 1852 starb der Librettist in Neapel im Alter von 51 Jahren, und Verdi erfuhr dies zu seiner großen Bestürzung »aus einer blöden Theaterzeitung«, wie er sogleich Cesare De Sanctis in einem Brief vorhielt. Dieser neapolitanische Freund, ein kunstbegeisterter Kaufmann, empfahl Verdi umgehend, die Vollendung der drei kurzen, aber wichtigen noch fehlenden Teile des *Trovatore*-Librettos dem jungen Leone Emanuele Bardare anzuvertrauen. An Cammaranos Witwe, die ihre sechs Kinder nun allein zu versorgen hatte, sandte Verdi den Rest des vereinbarten Honorars, der noch längst nicht fällig gewesen wäre.

Aus Paris kamen Briefe von Eugène Scribe, der Verdi überreden wollte, ein schon bereitliegendes Textbuch zu akzeptieren: *Le Duc d'Albe*, das er ursprünglich für Jacques Fromental Halévy verfasst hatte. Verdi wusste vielleicht tatsächlich nicht, dass diesen Text auch schon Donizetti gehabt hatte. Später gab er sich jedenfalls überrascht, als dessen Oper postum von fremder Hand vollendet aufgeführt wurde. Donizetti war nach langem Pariser Sanatoriumsaufenthalt im April 1848 fünfzigjährig in seiner Heimatstadt Bergamo, durch Syphilis schon lange gelähmt, gestorben.

Die Geschichte um den Herzog von Alba und die spanische Besetzung der Niederlande lehnte Verdi zwar nicht ab, stellte jedoch Bedingungen zunächst formaler Art. Er konnte davon ausgehen, dass die Arbeit an der endgültigen Textfassung ohnehin nicht Scribe selbst leisten würde, sondern einer der Mitarbeiter seiner »Librettofabrik«. Das Szenarium sollte schon am letzten Junitag 1852 fertig sein, am Jahresende das Libretto. Der Aufführungstermin war hingegen noch offen, und Verdi hatte Arbeit mehr als genug vor sich liegen, so dass er mit der Komposition seiner ersten richtigen französischen Oper ohnehin nicht hätte beginnen können, wie es zu Jahresbeginn in Paris ausgemacht worden war.

Im August kam Léon Escudier nach Sant' Agata, um Verdi die Urkunde und Insignien eines Ritters der Ehrenlegion zu überbringen. Louis Napoleon, der seit dem Dezember 1851 »prince-président« war, wusste, dass eine vergleichbare Ehrung wie die Aufnahme in die Legion d'honneur dem Kom-

Eine Skizze Verdis zu La traviata *(Trinklied im 1. Akt) – Die Titelfigur trägt hier noch den Namen Margherita wie in Dumas' Vorlage*

ponisten in seiner Heimat nicht zuteil werden konnte. »Sprechen wir nicht von der Ritterwürde«, antwortete der allerdings einem Gratulanten, und das auch nur im postscriptum: »Stell Dir einen Dekorierten inmitten eines scheußlichen und verlassenen Dorfes vor, umgeben von Ackerbauern und Rindviechern etc. etc. etc.!!!«[51]

In Turin war seit einiger Zeit Camillo Benso Graf Cavour, der Mitherausgeber der Zeitschrift *Il risorgimento*, Minister; im November wurde er Ministerpräsident. Nur dort in Piemont-Sardinien gab es Parlament und Verfassung, im übrigen Italien wurde weiter feudal und reaktionär regiert.

Die Direktion des Teatro La Fenice drängte auf die Vorlage des neuen Librettos. Im Oktober wurde Francesco Maria Piave nach Sant' Agata geschickt, um Verdi zu bewegen, doch wenigstens einen Stoff auszuwählen. Die Entscheidung fiel dann unter dem enormen Zeitdruck sehr schnell für die *Dame aux camélias*.

Mit *Il trovatore* war Verdi in der zweiten Dezemberwoche so weit vorangekommen, dass er nach Rom aufbrechen konnte. Giuseppina reiste bis Livorno mit ihm, dann fuhr sie mit der Kutsche weiter nach Florenz, er mit dem Schiff nach Civitavecchia, dem römischen Hafen. Nach den Weihnachtstagen sollten die Proben für die Premiere am 19. Januar 1853 beginnen. Parallel dazu musste er sich mit der *Kameliendame* beschäftigen, deren Premierentermin am 6. März schon feststand. Piave hatte sofort zu dichten begonnen.

Die Proben in Rom liefen nicht reibungslos, was Verdi durch seine Forderung nach der gleichwertigen zweiten Primadonna selbst mitverursacht hatte. De Sanctis hatte ihn schon gewarnt. Die für die Leonora vorgesehene Rosina Penco, so müsse Verdi wissen, sei »ein Aas«. Ganz bestimmt werde sie die andere Primadonna verprügeln. Die Konkurrenz hatte letzten Endes aber einen positiven Effekt. Die Premiere wurde ein Triumph für die Sängerinnen und Sänger – und für Giuseppe Verdi, den man hochleben ließ; aus vielen Kehlen hieß es »Viva Verdi«, und das fast zwanzigminütige Finale der Oper musste wiederholt werden! Auch *Il trovatore* ging rasch um die Welt, und alle namhaften Sänger eigneten sich die Partien dieser Oper an.

Den unbestrittenen Erfolg der Musik begleiteten aber Spott und Geringschätzung für das Libretto Cammaranos, der ja am wenigsten dafür konnte, hatte er doch immer nur auf Verdi gehört. Als Mittelstück der sogenannten »trilogia popolare«, als das es in der Publikumsgunst zusammen mit *Rigoletto* und *La traviata* bis heute hochgeschätzt wird, fällt seine Andersartigkeit auch deutlich auf. Wenn auch Verdi anfangs an eine durchkomponierte Form gedacht hatte, war der *Troubadour* doch eher eine Nummernoper geworden. Er hatte den Stoff des spanischen Dramas »neuartig und bizarr« gefunden, und genauso bizarr geriet seine Umsetzung zur Opernpartitur, freilich nicht mit neuen, sondern mit einer Vielfalt von erprobten Formen und noch weiter zugespitzter dramatischer Verve der Singstimmen, so dass zeitgenössische Kritiker den Untergang des Belcanto beklagten.

Der Unwahrscheinlichkeit der Geschichte, die diese Oper erzählt, begegnet man in ihrer jüngeren Rezeptionsgeschichte allerdings viel gelassener, wie Verdi auch nicht mehr ein grundsätzliches Ringen um organische Ganzheit unterstellt wird, sondern man die bewusste und effektvolle Vielgestaltigkeit von *Il trovatore* als Originalität versteht. Eine alle möglichen Extreme zulassende Pluralität war auch im spanischen oder französischen Theater der damaligen Zeit keinesfalls verpönt, nur sind solche balladesken Stücke heute vergessen, weil bald der Film diesen Sektor dramatischer Unterhaltung viel besser zu befriedigen vermochte. *Il trovatore* ist eine Art tragischer Revue und nicht durch Musik verewigte Literatur.

Die singenden Menschen haben für den jeweiligen dramatischen Augenblick gleichwohl textkohärente Legitimation. Verdis Musik versucht hier auch nicht – wie mit dem Fluchmotiv des *Rigoletto* und später den Orchestervorspielen der Rahmenakte von *La traviata* – einen Zusammenhang zu schaffen. *Il trovatore* beginnt mit einer reißerischen Fanfare. Das Kollagenhafte dieser Oper betont auch die Einteilung nicht in nummerierte Akte, sondern wieder in betitelte »Bilder« wie die »jornadas« (eigentlich: Tagesreisen) der spanischen Vorlage: »Das Duell«, »Die Zigeunerin«, »Der Sohn der Zigeunerin« und »Die Hinrichtung«.

Es blieb nicht viel Zeit, die anhaltende Begeisterung des römischen Publikums auch bei den folgenden Aufführungen zu genießen. Verdi musste nach Hause, in die Abgeschiedenheit von Sant' Agata, um »Amore e morte« zu komponieren, wie die *Kameliendame* als Oper heißen sollte. In einem Brief an De Sanctis vom Neujahrstag 1853 schrieb er aber auch schon von der »Traviata«, der »vom Weg abgekommenen«: »Ein zeitgenössischer Stoff. Ein anderer würde ihn vielleicht nicht gemacht haben, wegen der Sitten, wegen der Zeiten und wegen tausend anderer kindischer Bedenken«[52]. In den letzten Januartagen hatte er die anstrengende Rückreise von Rom in die Po-Ebene hinter sich.

Anfang Februar kam Piave zum Arbeitsbesuch. Überraschenderweise hatte die Zensur an der eigentlichen Handlung nichts auszusetzen gehabt, obgleich ja ein Schauplatz der Salon einer Kurtisane war, ein anderer ein Ballsaal mit

Kostümentwürfe (Alfredo und Violetta) zur ersten Mailänder Traviata, 1855

Glücksspiel, wo ein junger Mann einer Frau mit heftigen Beschimpfungen Geld entgegenschleudert. Aber in Gestalt des Giorgio Germont, dem Duval père bei Dumas, waren wohl bürgerliche Moral und Anstand nachhaltig genug verkörpert. Umso absurder war die Forderung nach einer zeitlichen Transposition in die Epoche Ludwigs XIV. Dabei ging es hier um das Paris, das in diesen Jahren das Gesicht der modernen Metropole Europas bekam, das Verdi vor ein paar Monaten selbst erlebt hatte und nun auf der Bühne zeigen wollte. Und schon gar nicht fügten sich jene Szenen ins Bild von 1700, wo sich Damen und Herren der Gesellschaft in Zigeunerinnen und Stierkämpfer verkleideten.

Statt aktueller Pariser Mode musste auf der Bühne »Louisquatorze« getragen werden

Mit einigen musikalisch weitgehend ausgearbeiteten Teilen war Piave zwar schon wieder in Venedig, als Verdi am 21. Februar folgte. Von der Oper war diesmal aber noch weniger fertig als sonst zu Probenbeginn. Die Sänger für die venezianische Karnevalsspielzeit, so hatte man Verdi zugetragen, seien diesmal allesamt miserabel, er solle also auf Schlimmes gefasst sein. Auch Varesi sei schlecht disponiert. Das war besonders unglücklich, denn der sonst so hervorragende Bariton sollte den Giorgio Germont singen, dessen Auftritte im zweiten Akt die zentralen dramatischen Momente sind. Er ist in Verdis Konzeption in einer vom Umfang her eher mittelgroßen Partie, die ihn allerdings ständig stimmlich exponiert, viel deutlicher noch als bei Dumas der Handlungserzeuger. Einmal mit herrischer, ein anderes Mal mit einschmeichelnder vokaler Gebärde löst er in seiner bürgerlichen Moral befangen die Tragödie aus. Seine deshalb auch in ganz bewußt altmodischer Manier gesetzte Arie »*Di Provenza il mar, il suol, chi dal cor ti cancellò?*« (Das Meer, das Land der Provence, wer hat es Dir aus dem Herzen getilgt?), in der er mit repressiver Emotion an die Heimatverbundenheit des Sohnes appelliert, hielt Verdi für »das gesanglich Beste, das ich je für Bariton geschrieben habe«.[53]

Varesi machte in der Tat keine gute Figur, und auch Ludovico Graziani als Germont junior war zur Premiere am 6. März 1853 nicht bei Stimme; nur Fanny Salvini-Donatelli soll in der Titelrolle den vokalen Anforderungen gerecht geworden sein. Wie allerdings sollte eine Violetta Valéry, so der Name der Kameliendame in der Oper, ohne Partner und Gegenspieler überzeugen? Viel gravierender war aber, dass die Sängerin der *physique du rôle* nicht entsprach. Alter und Körpergröße konnten ja durch Theatertricks auf der Opernbühne problemlos fingiert werden. Aber die Salvini-Donatelli war dick und konnte keine Schwindsüchtige im letzten Stadium ihrer Krankheit verkörpern. So kam Verdi, der natürlich von *Rigoletto* und *Il trovatore* verwöhnt war, der mäßige Erfolg vielleicht wirklich wie ein Fiasko vor; er schrieb an alle seine Freunde, wie furchtbar schlecht die erste *Traviata* am La Fenice gewesen sei.

So schlimm kann es aber nicht gewesen sein, denn es gab weitere acht Vorstellungen, und andere Theater meldeten sich, die nachspielen wollten. Verdi ging auf diese Anfragen nicht gleich ein, denn die folgende Einstudierung hatte für ihn den Rang der noch ausstehenden Uraufführung. Es hatte sich gerächt, dass er sich für die letzte Vorbereitungsphase nur sechs Wochen Zeit gelassen hatte.

Erst vierzehn Monate später kam *La traviata* dann in der Nachbarschaft des La Fenice am Teatro San Benedetto[54], wo man schon viele Opern Verdis gegeben hatte, neuerlich heraus. Verdi hatte nur einige kleine Änderungen bei der Führung der Gesangsstimmen vorgenommen. Die Violetta Valéry war Maria Spezia-Aldighieri, über die der Komponist meinte, dass sie »zwar wenig Stimme, aber viel Talent, Ausstrahlung und Bühneninstinkt«[55] habe. Sie vor allem verhalf der Oper dann zu einem ihren beiden Vorgängerinnen ebenbürtigen Erfolg. Dass Giuseppe Verdi hier einen wesentlichen Schritt zum Realismus und späterem »verismo« der Musikbühne getan hatte, erkannte man aber erst viele Jahre später, denn noch immer trugen die Herren Allongeperücken und das Bühnenmobiliar war »Louis quatorze«.

ZWEI JAHRE IN PARIS

Les vêpres siciliennes, *Grand Opéra en cinq actes*

Verdi freute sich, mit Giuseppina, die bei den letzten Reisen nicht an seiner Seite war, im Sommer in Sant' Agata zusammen sein zu können. Als sollte es tatsächlich seine nächste Oper werden, widmete er sich aufs Neue *King Lear*. Der Bühnendichter Antonio Somma, früher Direktor des Triestiner Teatro Grande und im Hauptberuf Rechtsanwalt in Venedig, wollte ihm das Libretto schreiben. Sommas Schauspiele waren sehr erfolgreich, seine (Mit-)Arbeit an zwei Operntexten[56] lag aber schon Jahre zurück. Nach Cammaranos Tod war Verdi ratlos gewesen, mit wessen Hilfe er diesen faszinierenden Stoff hätte zur Oper machen können. Beträchtliche Teile eines »Rè Lear«-Textes wurden tatsächlich auch so weit fixiert, dass die Komposition hätte beginnen können. Weiter als in diesem Sommer 1853 sollte er bei der Annäherung an diesen Stoff niemals kommen, der ihn beschäftigte, seit er Opern zu komponieren begonnen hatte.

In Rom, Venedig und Paris, das wusste Verdi aus eigenem Erleben, war er ein geachteter Mann. In den Zeitungsberichten aus aller Welt, die er von Ricordi bekam, las er von den

Erfolgen des *Rigoletto* und des *Trovatore*. Aber hier zu Hause auf dem flachen Land im Großherzogtum Parma zeigte man ihm seine Grenzen: Emanuele Muzio, immerhin auch einer aus der Gegend, Stipendiat des Bussetaner Monte di Pietà und in den letzten Jahren als Dirigent und Komponist im Ausland zu einigen Meriten gekommen, wurde einfach abgelehnt, als wieder einmal die städtische Musikdirektorenstelle von Busseto zu besetzen war. Vielleicht hatte es daran gelegen, dass Muzio seiner liberal-nationalen Gesinnung wegen verdächtig erschien, wohl eher war es aber die entschlossene Fürsprache Verdis, die bewirkte, dass man den Posten ohne jeglichen Leistungsvergleich einem anderen Kandidaten gab.

Im September plante Verdi sogar, um Abstand zu gewinnen, mit Giuseppina den Winter im zwar noch konservativeren, aber wenigstens klimatisch milderen Neapel zu verbringen, und schrieb einen geheimnisvoll-vertraulichen Brief an Cesare De Sanctis, der dort ein diskretes Quartier und Diener

Paris, Place du Palais-Royal um 1860

besorgen sollte. Von Opern wolle er in Neapel nichts hören und reden, und Verdi fragte wegen der bekannten Strenge der neapolitanischen Polizei besorgt: »ob eine Dame, die mit mir käme – ebenfalls mit gültigem Pass – besagte Scherereien zu ertragen hätte.«[57] Aber dann beschlossen sie kurz nach Verdis vierzigstem Geburtstag, doch wieder nach Paris zu fahren. In der dritten Oktoberwoche, die Reise dauerte noch immer fast zwei Tage reine Fahrzeit, ließen sie sich in einer Wohnung in der Rue Richer nahe der Opéra nieder, wo sie nun ganz offen wie Mann und Frau zusammenlebten.

Der Text für das Auftragswerk der »Académie Impériale de Musique et de Danse«, wie die Opéra mit vollem Namen hieß, lag immer noch nicht vor, genauso wenig war der Aufführungstermin bestimmt. Eine gespannte Unsicherheit erfüllte Verdi, denn was vor ihm lag, war auf jeden Fall die gewichtigste und umfangreichste Aufgabe seiner bisher fünfzehnjährigen Laufbahn, und von den Rahmenbedingungen her war es eine besonders diffizile. Eine *Grand Opéra* hatte ohne Pausen etwa dreieinhalb Stunden zu dauern. Auch längst anerkannte Werke aus dem Ausland hatten sich an der Rue Le Peletier einer starren Tradition anzupassen. Webers *Freischütz* war seinerzeit von Berlioz mit Rezitativen versehen worden, weil keine gesprochenen Dialoge zugelassen waren, und Emilien Pacini hatte der Oper ein neues Textbuch verpasst; als Ballett gab es die *Aufforderung zum Tanz* vor dem »Jägerchor«. Giacomo Meyerbeer hatte 1849 mit *Le Prophète* die letzte namhafte *Grand Opéra* geschaffen, deren Zeit allem Anschein nach nun zu Ende ging, und sich der *opéra comique* zugewandt. Sein *L'étoile du nord* wurde nun im Februar 1854 in der Salle Favart, dem Haus der Opéra Comique uraufgeführt.

Das Publikum an der Rue Le Peletier erwartete den großen Bühneneffekt, also genau das Gegenteil einer ganz privaten Geschichte wie *Luisa Miller*, die als einziges seiner Werke seit *Jérusalem* in einer französischen Version dort gegeben worden war.

Das Pariser Musik- und Theaterleben war zwar das vielfältigste auf dem ganzen Kontinent, im Vergleich zu Italien und Deutschland hatte es aber eine festgefügte konservativ-elitäre Struktur, die vor allem die kreativsten Köpfe bitter beklagten; man hatte sich aber damit zu arrangieren, da eine Existenz jenseits der Institutionen nicht möglich war. Seit Generationen gab es die Académie des Beaux Arts und ihre musikalische Sektion, die Wohl und Wehe eines ambitionierten Musikers in Paris bedeutete. Sie wurde von einem Establishment von Komponisten kontrolliert, die großenteils auch am Conservatoire, der maßgebenden Ausbildungsstätte, unterrichteten. Direktor war dort Daniel-François-Esprit Auber, dessen

Erfolge als Komponist Jahrzehnte zurücklagen; er war schon fast siebzig und sollte in diesem Amt noch siebzehn Jahre bleiben. Die Pariser Musikkritik war ebenso in dieses System verflochten wie die Verlage.

Die musikalische Prominenz, und was sich dafür hielt, rechnete sich natürlich zur feinen Gesellschaft des Zweiten Kaiserreichs Napoleons III., als der Louis Napoleon seit dem Dezember des Vorjahres regierte. Aber auch die Sympathie, die der Kaiser und viele Franzosen der italienischen Einigungsbewegung entgegenbrachten, konnte Verdi nicht dazu bewegen, der Einladung zu einem Empfang bei Hofe Folge zu leisten. Auch die Salons mied er, in denen man einen Komponisten, der reüssieren wollte, selbstverständlich zur Rekrutierung einer erfolgssichernden *claque*[58] erwartete.

Für alle namhaften französischen Komponisten hatte der 62jährige Scribe Libretti geschrieben, für Auber, Meyerbeer und für französische Werke Donizettis; insgesamt waren es weit über hundert, und seine Wirkung auf das Opernlibretto des 19. Jahrhunderts reichte durch Umarbeitungen und Adaptionen seiner Texte noch viel weiter. Scribe und sein Mitarbeiter Charles Duveyrier, ein dilettierender Wirtschaftsjournalist, erweiterten nun das *Le Duc d'Albe*-Textbuch von 1840 auf Verdis Wunsch um einen fünften Akt und transponierten die Handlung von den Niederlanden nach Sizilien, das im Hochmittelalter französisch besetzt gewesen war. Der Kern der Handlung blieb vor ausgetauschtem und keinesfalls historisch-getreuem Hintergrund der gleiche: Der Besatzungs-Gouverneur Guy de Montfort erkennt, dass der Anführer der Unterdrückten, der Sizilianer Henri, sein eigener Sohn ist.

Verdi und Giuseppina Strepponi sollten über zwei Jahre in Frankreich bleiben. Im Sommer mieteten sie sich zur Stadtwohnung noch ein Haus im südöstlich von Paris gelegenen Mandres(-les-Roses). Dort erfuhren sie dann im Mai 1854 vom Erfolg der zweiten *Traviata*. Piave hatte vor der Generalprobe am Teatro San Benedetto an Ricordi geschrieben, dass Verdi besser in Venedig sein sollte, »statt sich den Arsch aufzureißen und gegen den reichen Juden Meyerbeer anzustinken. Er verzichtet auf den Thron, den ihm Italien anbietet, um sich in Frankreich auf eine Bank zu setzen!«[59] Verdi nutzte aber auch mehrmals die Möglichkeit, von Paris schnell und bequem nach London zu gelangen, wo er über die Aufführungsrechte seiner jüngsten Opern verhandelte.

Die Premiere der *Vêpres siciliennes* sollte dann gegen Jahresende stattfinden. Die Proben begannen auch im Oktober ganz wie vorgesehen, aber die für die weibliche Hauptpartie der Hélène vorgesehene Sängerin, die die Opéra dem Théâtre Italien mit einer hohen Gage abgeworben hatte, reiste plötzlich ab in die Flitterwochen. Jeanne Sophie Charlotte Cruvelli hieß eigentlich Johanna Crüwell und stammte aus Bielefeld. Ihr Bräutigam war ein einflussreicher Adliger, und auch weil Verdi sie in vielen seiner Sopranpartien sehr zu schätzen gelernt hatte, wurde nicht umbesetzt, sondern gewartet, bis das Paar nach einem Monat wieder zurück war. Jedoch musste Verdi einsehen, dass die Laune der Cruvelli, die zwar Direktor Roqueplan sein Amt kostete, nur ein weniger bedeutender Zwischenfall gewesen war; viel übler war die Desorganisation und Unbeweglichkeit des großen Theaterapparats – und dessen finanzielle Misere.

Der Staat griff der Opéra nun wieder mit Subventionen unter die Arme, und Louis Crosnier, ein Abgeordneter der Nationalversammlung, wurde Direktor. Er war damit am Ziel seiner Karriereträume: Sein Vater war noch Hausmeister der Opéra gewesen; der ehrgeizige Sohn hatte es aus eigener Kraft weit gebracht, war allerdings jetzt auch schon über sechzig und stand der schwierigen Institution mehr durch charismatisches Repräsentieren vor, als dass er sie reorganisierte. Verdi bat ihn bald um Auflösung seines Vertrags. Er wollte damit Crosnier unter Druck setzen, Änderungen am Libretto vorzunehmen, weil in den *Vêpres siciliennes* die Italiener in viel schlechterem Licht dastünden als die Franzosen, was ihn allerdings nicht hätte überraschen dürfen, da in der Opéra ja auch immer die Selbstdarstellung der *Grande Nation* eine Rolle spielte. Scribe ließ sich aber nicht bei den Proben blicken. »In der Geschichte eines jeden Volkes gibt es Tugenden und Verbrechen, und wir sind nicht schlechter als die anderen. Auf jeden Fall bin ich vor allem Italiener«, meinte Verdi, »und werde mich um keinen Preis der Welt zum Komplizen eines meinem Land angetanen Schimpfs machen.«⁶⁰

Eugène Scribe

Die Verschiebung der Uraufführung von Verdis »Grand Opéra en cinq actes« auf den Juni des neuen Jahres war dann aber aus zwei Gründen durchaus vorteilhaft: Zum einen konnte Verdi in der gewonnenen Zeit nachbessern, verfeinern; zum anderen fielen die Aufführungstermine jetzt in die Zeit der großen Industrie- oder, wie es bald hieß, Weltausstellung. Paris präsentierte sich als konkurrenzlose Hauptstadt Europas.

Ende April hatte sich Rossini, irritiert von den politischen Verhältnissen im kirchenstaatlichen Bologna, endgültig in Paris niedergelassen. Einer Einladung in dessen sich wieder etablierenden musikalischen Salon, der schon vor vielen Jahren eine Institution gewesen war, folgte Verdi selbstverständlich; der italienische Komponist des *Guillaume Tell*, der vor mehr als einem Vierteljahrhundert die *Grand Opéra* auf künst-

Gioacchino Rossini

lerischer Höhe gezeigt hatte, sparte nicht mit Lob für seinen Landsmann.

Verdi hatte sogar versucht, von De Sanctis mehr über sizilianische Folklore zu erfahren, die ihm als Norditaliener allenfalls in stilisierter Form bekannt war; aber der Freund, in Neapel ja auch noch weit genug von Sizilien entfernt, konnte ihm nicht helfen. Außerdem war Verdi klar gewesen, dass der ehedem spanisch-niederländische Stoff bald schon von Sizilien in eine ganz andere Landschaft verpflanzt werden würde. Denn damit das Werk später auch in Italien aufzuführen war, hatte er mit Scribe gleich ausgemacht, dass dann das Ganze unter dem Titel »Giovanna di Guzman« nach Portugal verlegt werden könne. An keinem italienischen Theater wäre die

Oper auch so auf die Bühne gekommen, wie Verdi sie nun komponierte, am allerwenigsten zu Hause in Parma, wo nach einem tödlichen Attentat auf Herzog Carlo Ferdinando III. im März 1854 unnachsichtig alles Italienisch-Nationale bekämpft wurde.

»Sizilianische Vesper« wurden nämlich die Ereignisse in Palermo genannt, die seinerzeit Cammarano schon als »patriotisches« Sujet ins Gespräch gebracht hatte. Am Ostermontag des Jahres 1282 waren Besatzungstruppen Karl von Anjous von Sizilianern massakriert und auf das italienische Festland zurückgedrängt worden.

Bei den *Vêpres siciliennes* wurde in Paris ein anderer Maßstab angelegt als acht Jahre zuvor bei *Jérusalem*, denn da hatte ein unbekannter Musiker aus Italien überrascht. Jetzt galt Verdi in Paris als der Meister des *Trovatore*, der mit enormem Erfolg am Théâtre Italien lief. So fand die veröffentlichte Meinung, dass *Les vêpres siciliennes* doch nicht Meyerbeersches Format hätten. Vom Titel hatte man wohl auch eine waffenklirrend aufwendige Aufruhrszene, einen *coup de théâtre* erwartet. Die eigentliche »Sizilianische Vesper«, das Gemetzel, das die Hochzeitsglocken für Henri und Hélène als Signal auslösen, dauerte aber keine zwei Aufführungsminuten am Schluss der Oper.

Das Libretto von Scribe und Duveyrier bot natürlich gelungene Arien- und Duettsituationen, aber keine Ensembles wie *Rigoletto* im letzten Akt oder dramatisch durchwirkte Chorszenen wie im ersten der *Traviata*, die die vitalen und charakteristischen Momente von Verdis Theater geworden waren. Manchmal spürt man auch in den *Vêpres*, wie er in Ensembleszenen versucht hatte, die Bühnenaktion mit Mitteln wie in *Traviata* orchestral zu integrieren, aber die konventionelle Faktur von Scribes Text sperrte sich dagegen.

In *Jérusalem* hatte es nur die eher kleine aus dem zweiten

Tenorpart Arvino der *Lombardi* konstruierte Baritonpartie des Comte de Toulouse gegeben; Guy de Montfort, in vielen Zügen eine seinen Vorgängern verwandte – und auf den Philippe in *Don Carlos* vorausweisende – Vaterrolle, war neben dem Sopran-Tenor-Liebespaar in *Les vêpres siciliennes* dramaturgisch zwar durchaus wie gewohnt dominant; in der vokalen Anlage der Partie wollte Verdi aber der speziell französischen Tradition folgen, die nicht nur in der *opéra comique* den sogenannten Baryton-Martin[61] bevorzugte, sondern auch in der *Grand Opéra* einen anderen Stimmtypus zwischen Bass und Tenor, der durchaus über eine exponierte Höhe verfügen musste, diese aber eher mit geschmeidiger Eleganz als mit dramatischer Attacke einzusetzen hatte. Am deutlichsten wird dies im getragenen Teil der Montfort-Arie: »*Le ciel vient apparaître à mes yeux rajeunis*«. Die signifikante Konstellation der Stimmcharaktere mit dem aggressiven Bariton im Zentrum kam hier nicht zustande.

Auf die heftige Auseinandersetzung zwischen Vater und Sohn folgt auch in den *Vêpres* der rasche Wechsel zu einer Festszene mit Tanz. Dies förderte in *La traviata* die Dynamik der Handlung. Im dritten Akt der *Vêpres siciliennes* ist es aber ein allegorisches »Die Jahreszeiten«-Ballett von einer halben Stunde Dauer ohne Handlungsbezug, dem auch noch ein Marsch als Umbaumusik vorangestellt ist. Wie die breit angelegte sinfonisch ausgearbeitete Ouvertüre im Konzertsaal, begann diese – im Vergleich zu der von *Jérusalem* ungleich originellere – Ballettmusik später ein Eigenleben losgelöst von der Oper zu führen. Verdi hatte auch ausdrücklich gestattet, dass man sie bei Aufführungen weglassen könne.

Bekannt wurde Verdis erste originär französische Oper in ihrer italienischen Bearbeitung, die nach 1861 auch in Italien *I vespri siciliani* heißen durfte. Auch alle bisherigen Schallplattenaufnahmen bedienten sich ihrer und nicht des französischen Originals, das sich trotz der romanischen Wurzel beider Sprachen gerade auch durch das spezifische Wort-Musik-Verhältnis von den italienischen Opern Giuseppe Verdis unterscheidet.

Die Opéra hatte unterdessen mit Neid den Erfolg des Théâtre Italien mit *Il trovatore* gesehen und wollte das Werk auch aufführen. Dazu musste es allerdings *Le trouvère* heißen und natürlich ein Ballett bekommen. Aufgrund der schlechten Erfahrungen mit der Adaption von *Luisa Miller* in der Rue Le Peletier wollte Verdi zusammen mit einem Übersetzer selbst die Bearbeitung übernehmen. So nahm er außer dem stattlichen Honorar für die *Vêpres* zwar noch keinen unterschriebenen Vertrag, aber doch eine verbindliche Abmachung für weitere Zusammenarbeit mit, als er Anfang Dezember 1855 nach Italien zurückkehrte: erst nach Piemont und dann durch das österreichische Königreich von Lombardo-Venetien ins heimatliche Parma. Unterwegs machten Giuseppina Strepponi und er noch Station in Alessandria, wo Emanuele Muzio inzwischen Anstellung gefunden hatte und eine erfolgreiche Aufführungsserie der *Traviata* dirigierte. Der Rest der Reise war dann dank der Eisenbahn, die nun schon bis Parma fuhr, keine große Anstrengung mehr. Verdi und Strepponi stiegen in Fiorenzuola aus und ließen ihre Kutsche dann auf dem Weg nach Sant' Agata wahrscheinlich wie üblich das ärgerliche Busseto im großen Bogen umfahren.

AUS LINA WIRD MINA
Aroldo *und der erste* Simon Boccanegra

Das Jahr 1856 begann, und Verdi stand zum ersten Mal seit langer Zeit nicht unter dem Druck, dass ein Theater auf eine neue Oper von ihm wartete; deswegen waren seine

Gedanken wieder bei ›Rè Lear‹. Auch war der Ärger darüber, wie *Stiffelio* der Zensur wegen hatte entstellt werden müssen, noch nicht verflogen. Ebenso wollte er *La battaglia di Legnano* revidieren, wozu Bardare den Text überarbeiten sollte.

Im Februar wurde Verdi von Vittorio Emanuele II. zum Ritter des »Ordine SS. Maurizio e Lazzaro« geschlagen. Zeitweise soll er sogar daran gedacht haben, nun die Staatsbürgerschaft Sardinien-Piemonts zu erwerben, was allerdings Schwierigkeiten für seine bodenständige Existenz in Sant' Agata bedeutet hätte. Für den Künstler Verdi wäre der neue Pass hingegen sehr vorteilhaft gewesen, denn als Bürger eines international bedeutungslosen Großherzogtums genoss er so gut wie keinen staatlichen Schutz seiner Urheberrechte.

Camillo Benso Graf Cavour

Für einen König wie Vittorio Emanuele II. konnte sich Verdi in Maßen begeistern: Sardinien-Piemont war schon ein säkularer Staat geworden, und der Papst hatte Vittorio Emanuele deshalb exkommuniziert. Ministerpräsident Cavour gewann durch geschicktes außenpolitisches Engagement Alliierte für die italienische Sache, als er Truppen zur Unterstützung der Westmächte Frankreich und Großbritannien im Krimkrieg des Osmanischen Reichs gegen die Russen stellte. So saß Sardinien-Piemont jetzt beim Pariser Friedenskongress mit am Tisch und konnte bewirken, dass die Einigung Italiens Gegenstand europäischer Großmachtpolitik wurde. In seiner Anlehnung an Frankreich konnte Vittorio Emanuele für Konservative und Liberale gleichermaßen zur Integrationsfigur werden. England achtete aber darauf, dass man Österreich nicht zu forsch mit Forderungen konfrontierte, da es als Gegengewicht zu Russland im Osten gebraucht wurde.

Während dieser Kongress in Paris im März 1856 zu Ende ging, war Verdi in Venedig, wo nun wieder das La Fenice *La traviata* spielte, und er hörte den Jubel des Publikums an Ort und Stelle des »Fiaskos«. Piave, mittlerweile Hausregisseur dieses Theaters, kam dann für längere Zeit nach Sant' Agata, um den *Stiffelio* für eine in Bologna geplante Aufführung umzuarbeiten, wobei man nun aus der Not der päpstlichen Zensur die Tugend einer grundsätzlichen Revision und Ergänzung machen wollte, ohne Pfarrer und Kirche auf der Bühne. Piave hatte schon die Idee vorgetragen, aus dem protestantischen »Sektenführer«, der inzwischen ja auch schon als nordhessischer Graf dahergekommen war, nun einen Kreuzritter zu machen: Das war ein unverfänglicher Titelheld, den man ohne weiteres in außergewöhnliche Bühnensituationen führen konnte. Verdi wollte aber lieber »etwas Neueres und Pikanteres«[62]. Es fand sich aber nichts, was – ohne allzu viel ganz neu zu schreiben – zu der sechs Jahre alten Musik passen mochte.

So setzte sich Piave schließlich mit seiner Idee durch, und aus Stiffelio wurde »Aroldo, ein sächsischer Ritter«, aus seiner Lina eine Mina. Schauplatz der ersten drei Akte war nun die Grafschaft Kent; die zweite Szene des alten dritten Aktes wurde zu einem am Loch Lomond angesiedelten vierten Akt erweitert. Eine gute Viertelstunde Musik kam vor allem dort hinzu, und Verdi scheint vor dem Hintergrund des schottischen Hochlandes schon die Genrebilder mit Landleuten und Jägern von *La forza del destino* und *Don Carlos* zu erproben, in einer Gewittermusik sogar den Anfang von *Otello*. In dieser mit schroff-fragmentarischen Dialogen hoher Holz- und tiefer Blechbläser originell und effektvoll instrumentierten Sturmszene, der ein nicht minder ungewöhnliches A-cappella-Gebet Aroldos mit Chor vorausgeht, werden zwei Schiffbrüchige gerettet: Mina und ihr Vater. Der verstoßenen Ehebrecherin wird nun nicht von der Kanzel, sondern auf einem Felsen vor der Höhle vergeben, in die sich Aroldo als Eremit zurückgezogen hatte.

Piave war instruiert worden, Verdi dazu zu bewegen, einen neuerlichen Vertrag mit dem Teatro La Fenice für die nächste Karnevalsspielzeit zu unterschreiben. Einen Stoff hatte man aber noch nicht, auch als Verdi im Frühsommer nach Venedig kam, zum ersten Mal mit Giuseppina zusammen, um Badeurlaub zu machen. Danach fuhren beide wieder nach Paris, wo es rechtliche Probleme mit dem Théâtre Italien zu klären und den Kontrakt mit Crosnier über *Le trouvère* auszuhandeln galt. Mit zehntausend Francs ließ sich Verdi dies fast wie eine neue Komposition bezahlen: im dritten Akt wurden nun vor den Soldaten »Zigeunerszenen« von gut zwanzig Minuten getanzt, bei denen er motivische Entlehnungen aus dem schon populären Zigeunerchor »*Vedi! Le fosche notturne spoglie de' cieli sveste l'immensa volta*« machte. Die Manieriertheit einer solchen Tanzeinlage fiel in der Umgebung der kraftvollunmittelbaren Musik gerade dieser Oper natürlich besonders auf.

Vielleicht lag es an der Wiederbeschäftigung mit *Il trovatore*, dass sich Verdi eines weiteren Bühnenstücks von Antonio García Gutiérrez besann und Piave beauftragte, sich bei Theaterleitung und Behörden in Venedig dafür zu verwenden. Verdi hatte ein ausführliches Szenarium entworfen, an dem sich Piave orientieren sollte. Dessen dann noch vor Jahresende nach Paris gesandtes Libretto entsprach aber nicht Verdis Intentionen. Er ließ es deshalb von dem im französischen Exil lebenden toskanischen Literaten Giuseppe Montanelli überarbeiten. Es war auch wieder ein harter Brocken gewesen, den er Piave zugemutet hatte: Aufstieg und Fall eines genuesischen Dogen, eine Geschichte mit finsteren Intrigen, verwirrenden Identitäten, vertauschten Säuglingen, – und zwischen den beiden ersten Szenen von *Simón Boccanegra* lag eine Zeitspanne von 25 Jahren. Es war eine Herausforderung, wenn nicht gar eine Zumutung, daraus ein bühnentaugliches Libretto zu machen. Die Liebeshandlung spielt sich ganz am Rande ab, und geht es um politische Macht, ist oft schwer zu begreifen, warum plötzlich jemand mit einem bisherigen Gegenspieler gemeinsame Sache macht.

Keine andere Oper Verdis wurde bis in die Gegenwart so gründlich missverstanden. Gewiss hatte es bei Piave angefangen, der natürlich – García Gutiérrez sah sich in der Tradition von Victor Hugo – Simón Boccanegra als historische Figur begriff. Als Venezianer war ihm die politische Welt des Dogentums und der Intrigen um ihre Wahlen aus der Geschichte vertraut. Er konnte dies nicht bloß als Hintergrund nehmen wie Cammarano die authentischen Komponenten des *Trovatore*. García Gutierréz hatte zudem aus mehreren Angehörigen der historischen Boccanegra-Familie des 14. Jahrhunderts eine einzelne Figur konstruiert. Dass der Spanier ein Vierteljahrhundert nachdem er das Theaterstück verfasst hatte, tatsächlich Konsul in Genua wurde, verleitete die Nachwelt, den geschichtlichen Aspekt seines *Simón* überzubewerten. Im Grunde war sein Stück, acht Jahre nach *El trovador* geschrieben, aber von keinem wesentlich anderen Zuschnitt als dieser; eine zu spannender Bühnenunterhaltung freie rhapsodische Gestaltung geschichtlich begründeter, aber sich nicht aufeinander beziehender Motive. Nur sollte Verdis Zugang dazu ein ganz anderer werden, der »nuovo corso«, wie ihn Massimo Mila nennt, die Abkehr von der in sich geschlossenen Musiknummer und eine weitere Emanzipation des Orchesters.

Verdi komponierte in Paris, während die *Trouvère*-Proben

an der Opéra liefen. Im nahen Kurort Enghien-les-Bains musste er zwischenzeitlich etwas gegen sein altes Magenleiden tun, das sich unter dem jetzt wieder lastenden Termindruck bemerkbar machte. Am 12. Januar 1857 hatte *Le trouvère* Premiere, genau zwei Monate später sollte schon *Simon Boccanegra*[63] in Venedig herauskommen. Für wenige Wochen zurück in Sant' Agata musste Verdi außerdem, um Vincenzo Torelli, den Sekretär des Theaters, nicht zu verärgern, jetzt endlich den Vertrag mit Neapel über eine neue Oper für das San Carlo unterschreiben, was er schon ein Jahr zuvor versprochen hatte.

Simon Boccanegra wurde vom venezianischen Publikum sehr kühl aufgenommen; in Theaterkreisen und bald darüber hinaus wurde kolportiert, der Grund für den Misserfolg sei, dass Verdi das Libretto selbst geschrieben habe. Piave dementierte das natürlich, wenn auch nicht so beherzt, wie er es getan hätte, wenn Verdi nicht einen anderen in sein Libretto hätte eingreifen lassen. Außerdem gab es – in einer im Vergleich zu *Rigoletto* geradezu provozierenden Beschränkung – keine eingängigen Melodien. Es gab überhaupt nur eine »richtige Arie«, die des Fiesco im Prolog (»*Il lacerato spirito*«). Das knappe Preludio stand auch in keinem Vergleich zu dem melancholisch-gesanglichen *Traviata*-Vorspiel, ebenso wenig zur großen Ouvertüre der *Vêpres*.

In der venezianischen Karnevalsspielzeit war es natürlich Brauch, auf die Oper ein Ballett folgen zu lassen. So war nach der ersten *Traviata* auf eine vom Choreografen selbstkomponierte Musik *Aladdin und die Wunderlampe* gegeben worden und nach dem *Rigoletto* ein fünfaktiges *Faust*-Ballett, die den tiefen Eindruck der neuen Musik Verdis kaum zu trüben vermocht hatten. Bei *Simon Boccanegra* war nun aber das Tanzstück *Bianchi e Negri* als Intermezzo inmitten der Oper gegeben worden! Dass Verdis neue Oper gleichwohl ungemein differenziert gearbeitet war, das Orchester sogar die Natur und das Meer zu schildern vermochte, bemerkten zwar einige Kritiken, aber auch die Wiederholungsvorstellungen hatten kein günstigeres Echo. Nur Reggio Emilia und Alessandria zeigten Interesse, das neue Werk nachzuspielen.

Die Villa Verdi in Sant'Agata

Enttäuscht kehrte Verdi auf seinen Hof zurück. Muzio, der zuletzt den Klavierauszug des *Simon* hergestellt hatte, half Verdi jetzt auch oft beim alltäglichen Geschäft auf Sant' Agata, beim Kauf von Pferden, beim Verkauf von Wein und auch bei größeren Projekten wie dem Bau von Brücken, wo nicht nur mit Architekten und Arbeitern, sondern mehr noch mit unwilligen Behörden zu verhandeln war. Verdis Grundbesitz hatte sich durch den Zukauf von Parzellen immer weiter ausgedehnt. Die Obrigkeit hatte aber an Verbesserungen der ländlichen Infrastruktur wenig Interesse. In diesem Jahr, als man schon die technisch beachtliche Südbahn von Wien nach Triest fertig stellte, bekamen aber endlich auch Mailand und Venedig, die Zentren des österreichischen Norditaliens, eine Bahnverbindung. Der Kirchenstaat war wiederum noch gar nicht durch das moderne Verkehrsmittel, das Mitteleuropa in diesen Jahren schon stark verändert hatte, mit dem Norden der Halbinsel verbunden. Sogar in Neapel und Sizilien war man in dieser Hinsicht weiter, denn Ferdinando II. hatte Elektrizität, Eisenbahn und Telegrafie nachhaltig gefördert, jedoch nur auf die Binnenbedürfnisse seines Königreichs ausgerichtet.

Im kirchenstaatlichen Rimini, wo bereits in diesen Jahren der Badetourismus, freilich noch mit streng nach Geschlechtern getrennten Stränden, eine Rolle zu spielen begann, hatte man mit großem Bürgerstolz ein neues Stadttheater erbaut. Da Bologna von *Aroldo* Abstand genommen hatte, konnte nun dieses Teatro Nuovo am Tag nach Ferragosto, dem 16. August 1857, mitten in der Fremdenverkehrssaison, mit dieser Oper festlich inauguriert werden. Man hatte eigens den namhaftesten jungen italienischen Dirigenten verpflichtet, der der Stadt besonders verbunden war, hatte er doch einige Zeit im Orchester von Rimini gespielt und war dann weit herumgekommen, nach Dänemark, wo er ein Requiem für den verstorbenen König komponiert, und nach Konstantinopel, wo er dem Sultan eine neue Nationalhymne geschrieben hatte.

Angelo Mariani war 35 Jahre alt und jetzt leitender Dirigent am Teatro Carlo Felice in Genua und hatte dort und anderswo schon Verdis Werke dirigiert. Komponist und Interpret waren sich zwar schon einmal begegnet und hatten miteinander korrespondiert; erst jetzt kam es aber zur Zusammenarbeit. Der große Jubel in Rimini, wo natürlich eine Verdi-Premiere im einzigen Opernhaus der Stadt mit von weither angereistem Publikum ein größeres Ereignis war als im verwöhnten Venedig, tröstete Verdi über die Enttäuschung mit *Simon Boccanegra* hinweg. Als dieser sich dann

Jahrzehnte später endlich durchsetzte, sprach niemand mehr von *Aroldo*.

Im Herbst beaufsichtigte Verdi die Ernte und verhandelte mit Torelli weiter wegen der *scrittura* für Neapel. Auf jeden Fall müsse dort aber erst einmal *Simon Boccanegra* auf dem Spielplan stehen, machte er zur Bedingung, sonst gäbe es auch kein neues Werk von ihm. Torelli hatte ausdrücklich etwas in der Art von *La traviata* gewünscht, also mit einem gewissen Glanz und einer gewissen Leichtigkeit, so dass Hugos *Ruy Blas* ebenso wenig infrage kam wie »Rè Lear«, das Libretto sollte aber auf jeden Fall Antonio Somma schreiben. Halbherzig hatte Verdi auch noch einen dritten Stoff vorgeschlagen, der schon mehrfach erprobt war, allerdings mit Sicherheit die Zensur auf den Plan rufen würde.

V.E.R.D.I.

Sieg gegen die Zensur – Der Plan von Plombières

Verdi kannte Aubers *Gustave III. ou Le bal masqué* von Pariser Aufführungen, die in großer Zahl noch bis 1853 an der Opéra stattgefunden hatten. Diese *Grand Opéra* von 1833, bei deren Ballszene im fünften Akt dreihundert Menschen auf der Bühne gestanden haben sollen, war aber inzwischen vergessen. Scribe hatte hier wieder ein historisches Ereignis, die Ermordung des schwedischen Königs Gustav III. auf einem Stockholmer Maskenball im März 1792, sehr frei behandelt: Der König hat ein Verhältnis mit der Frau eines seiner Vertrauten, der dies entdeckt und sich deshalb Verschwörern anschließt und den König ermordet. Der historische Gustav III. war allerdings von einem seiner Erzfeinde umgebracht worden und hatte auch gar kein Interesse am anderen

Geschlecht gehabt, wohl aber am Theater und an Maskeraden, was ihn zur Bühnenfigur prädestinierte.

Der Mord an einem König konnte in Neapel nach dem Attentat auf Ferdinando II. vom Dezember 1856, das dieser verletzt überlebt hatte, keinesfalls auf die Bühne gebracht werden, worüber sich Verdi und Somma auch im Klaren waren. Gabussi und Mercadante hatten beide auch schon Scribes Text verwendet; der eine als *Clemenza di Valois* für Venedig (1841) sehr entschärft, der andere für das liberalere Turin als *Il reggente* (1843). Somma schlug nun vor, um wenigstens das nördliche Ambiente beizubehalten, den Schwedenkönig durch einen pommerschen Kreuzritter des 13. Jahrhunderts zu ersetzen! Verdi war das zu mittelalterlich, so dass sie – Pommern blieb – eine »Vendetta in domino«[64] des 18. Jahrhunderts daraus machten.

Das Teatro San Carlo ließ dann aber das eingereichte Libretto – vermutlich von seinem neuen, Cammaranos Kompetenz nicht annähernd erreichenden Hauslibrettisten Domenico Bolognese – ohne Verdis Wissen zu einer »Adelia degli Adimari« bearbeiten, wobei nicht nur aus dem Schauplatz Stettin das Florenz des 14. Jahrhunderts geworden war; auch Charaktere und wesentliche Teile des Handlungsverlaufs hatte man vollkommen entstellt. Die Theaterleitung bestand aber unter dem Druck der Obrigkeit auf genau diesen Änderungen.

Mitte Januar 1858 kam Verdi nach Neapel, auch um »Batilde di Turenne«, wie die *Vêpres* hier heißen mussten, mit Fraschini und dem Bariton Filippo Coletti zu hören, die dann auch in der neuen Oper Hauptrollen übernehmen sollten. Verdi wurde auf die Bühne gerufen und vom Publikum gefeiert. Ihm zu Ehren wurde die Ouvertüre wiederholt: Diese Anerkennung auf der einen und auf der anderen Seite der Eindruck der hier nun absurderweise nach Frankreich transponierten *Sizilianischen Vesper* bestärkten ihn, sich der neuerlichen Verunstaltung einer seiner Opern vehement zu widersetzen; er wollte sich nicht zum »Komplizen beim Übertölpeln des Publikums« machen.[65] Er nahm sich einen Rechtsanwalt und ließ es darauf ankommen: Entweder solle das Theater ihn aus dem Vertrag entlassen, denn diese »Adelia degli Adimari« sei nicht mehr die Oper, die er geschrieben habe, oder man solle ihn auf Schadenersatz verklagen, weil er sich nämlich weigere, seinen Vertrag zu erfüllen.

Das Theater klagte tatsächlich gegen Verdi – und verlor, weil sogar die Richter des dafür zuständigen Handelsgerichts erkannten, dass Verdis Ansehen durch den seiner Musik aufgezwungenen anderen Text Schaden genommen hätte. Dies war ein großer Moment couragierter künstlerischer Behauptung gegen Bürokratie und Staatsmacht, die sich natürlich nur ein prominenter und wohlhabender Komponist leisten konnte.

Verdi ließ Jacovacci in Rom sofort wissen, dass die neue Oper nun für das Teatro Apollo zur Uraufführung frei sei. Er hatte gehört, dass in Rom ein Theaterstück über Gustav III. von Schweden anstandslos über die Bühne gegangen sei, und hoffte deshalb darauf, dass sein »Gustavo III. di Svezia«, wie es ursprünglich hatte heißen sollen, auch nicht beanstandet würde. Mit dem Teatro San Carlo blieb er gleichwohl auf gutem Fuße und sagte zu, im Herbst eine Inszenierung von *Simon Boccanegra* zu betreuen. Neapel war seit *Alzira* Teil seiner künstlerischen Heimat geworden, denn er hatte in diesen dreizehn Jahren dort viele Freunde und Förderer gewonnen, auch den Bruder des Königs.

In diesem Frühjahr 1858 soll in Neapel zum ersten Mal Verdis Name zur politischen Parole gemacht worden sein. Indem man ihn, den Komponisten, hochleben ließ und »Viva Verdi« an Hauswände malte, meinte man »V.E.R.D.I. – Vit-

torio Emanuele Rè d'Italia«: Der auf dem Turiner Thron solle König von ganz Italien werden.

In den ersten Maitagen war Verdi dann wieder in der besonders während der neapolitanischen Strapazen sehnlich vermissten Abgeschiedenheit von Sant' Agata, »wo man niemals Uniformen irgendeiner Farbe sieht«, wie er an Clara Maffei schrieb. Er bat sie zu berichten, »was in Mailand los ist und wie man jetzt dort lebt. Seit zehn Jahren habe ich die Stadt nicht gesehen, die ich so sehr geliebt, in der ich meine Jugend verbracht und meine Karriere begonnen habe!… Wer weiß, wann ich sie wiedersehe!«[66] In diesem Brief vom 12. Mai 1858 ist von den besagten sechzehn Jahren Zwangsarbeit[67] die Rede. Diese Fron war allerdings reichlich entlohnt worden. Giuseppe Verdi aus Le Roncole war als

Neapel, vom Hafen aus gesehen

Komponist von drei unbestritten populären Opern weltbekannt geworden. Einen vergleichbaren Erfolg in so kurzer Zeit auf allen Kontinenten hatte kein Musiker vor ihm erleben dürfen. Ein neues Werk hatte er vor sich liegen, auf das man in Rom wartete, und er konnte hoffen, dass seine ambitionierteste Arbeit im Herbst in Neapel im zweiten Anlauf an einem großen Theater die Öffentlichkeit überzeugen werde. Er war ein wohlhabender Gutsherr geworden, dem auch die einfachen Landleute aufrichtigen Respekt zeigten, die nie ein Opernhaus betreten hatten. Giuseppe Verdi lebte mit der Frau zusammen, die er liebte, die ihm eine selbstbewusste und selbständige Partnerin war und genauso wenig auf die Anerkennung ihrer Gemeinschaft durch Staat und Kirche gab.

Bald kamen aber schlechte Nachrichten von Jacovacci: Auch die römische Zensur machte Schwierigkeiten. Verdi schlug die Verlegung des Schauplatzes ins britisch regierte Nordamerika vor und fuhr nach Venedig zu Antonio Somma, der damit einverstanden war, jetzt aber nicht einmal mehr als anagrammatischer »Tommaso Annoni« genannt werden wollte.

Im Juli trafen sich im Vogesenkurort Plombières der französische Kaiser und Minister Graf Cavour aus Turin und ersannen einen Plan: Es müsste ein Krieg gegen die Österreicher geführt werden, den Sardinien-Piemont mit französischer Hilfe gewinnen könnte. Vittorio Emanuele würde dann König von Oberitalien werden, dem Papst sollte nur Rom bleiben und in Mittelitalien ein Königreich entstehen, auf dessen Thron Napoleon III. den jüngsten Sohn seines Onkels Jérôme, den Prinz Jérôme genannten und ihm sehr ergebenen Napoléon Joseph Charles Bonaparte, sehen wollte, nachdem dieser eine Tochter Vittorio Emanueles geheiratet hätte. Als Gegenleistung wollte Frankreich von Piemont nicht nur Nizza abgetreten bekommen, sondern auch Savoyen, das Stammland des Turiner Herrscherhauses. Cavour konnte seinen König von diesem sehr kühnen Plan überzeugen, so dass gegen Jahresende ein entsprechender Geheimvertrag geschlossen wurde. Sardinien-Piemont rüstete auf und rekrutierte, was Österreich wie erwartet provozierte.

Über Escudier war die Opéra in diesem Sommer wieder an Verdi herangetreten, aber Verdi lehnte ab, eine Oper für Paris zu komponieren, weil er »weder reich noch arm genug« sei, das unbedingt tun zu müssen. »Ich finde…«, schrieb er an seinen französischen Verleger, »mit großer Leichtigkeit Melodien, doch das scheint keine Handelsware für die Opéra zu sein.«[68] Außerdem war er Escudier böse, weil man am Théâtre Italien den *Macbeth* nachlässig aufgeführt hatte, weshalb

Verdi dem Haus gern weitere Aufführungen verboten hätte, was natürlich nicht im Sinne des Verlags war.

Emanuele Muzio setzte seine Dirigentenkarriere jetzt in England und Irland vor allem mit Opern seines *Signor maestro* erfolgreich fort und wurde sogar Erster Dirigent am Her Majesty's Theatre in London. Verdi wird die Herrschaften von der Bussetaner Società Filarmonica dies mit Genugtuung haben wissen lassen. Am 20. Oktober brach er mit Giuseppina nach Neapel auf, und sie besuchten Angelo Mariani in Genua, bevor sie sich einschifften.

Außer während ein paar Urlaubstagen im zwanzig Kilometer von Sant' Agata entfernten Tabiano beim Thermalbadeort Salsomaggiore war Verdi seit dem letzten Neapel-Aufenthalt immer am Arbeiten gewesen, vor allem als *padrone*. Die Herbsttage im sonnigeren Süden sollten auch ein wenig der Entspannung dienen.

Napoleon III.

Freunde empfingen das Paar am Hafen. Bei De Sanctis sollte die Taufe des jüngsten Sohns stattfinden, und Verdi stand Pate bei Giuseppe De Sanctis. Vor allem aber erfüllte sich die Hoffnung des Komponisten: *Simon Boccanegra* fand am San Carlo lebhafte Zustimmung.

Ende des Jahres war auch festgelegt, dass Gustav III. von Schweden nun ein Graf von Warwick namens Riccardo sein würde und Amélie Gräfin Anckarström nur noch eine einfache Amelia ohne Nachnamen. Ihr gräflicher Gemahl wurde in der neuen Fassung nun Renato genannt und – warum auch immer – zum Kreolen. Titel der Oper wurde der Untertitel des Scribeschen Originals: *Un ballo in maschera*; Schauplatz war nun Neu-England.

Anfang Januar 1859 – nach Rom fuhr noch immer keine Eisenbahn – bestiegen Giuseppina Strepponi und Giuseppe Verdi in Genua ein Dampfschiff, um dann nach fast einem vollen Tag auf stürmischer See Civitavecchia zu erreichen. Sogar Loulou, der Malteser-Spaniel Giuseppinas, soll sich übergeben haben.

UN BALLO IN MASSACHUSETTS

Eine »Komödie mit schwarzem Rand« –
Rom vor dem Krieg

Seit der *Battaglia di Legnano* waren zehn Jahre vergangen, und im päpstlichen Rom waren die politischen Verhältnisse zumindest an der Oberfläche wie ehedem. Im März war der aus der Romagna stammende Mazziniander Felice Orsini in Paris enthauptet worden, der mit seinem Attentat vor der Opéra nicht Napoleon III., wohl aber mehrere andere Menschen getötet hatte. Der französische Kaiser, der mit Cavour paktierte, wurde nämlich zugleich als Haupt-Verhinderer von »Roma capitale« gesehen. Die Uneinigkeit unter denen, die ein geeintes Italien wollten, verstand der von Frankreich gestützte Papst selbstverständlich zu nutzen.

Verdis neue Oper war von jeglicher politischen Bezugsmöglichkeit bereinigt. Die Verschwörer Graf Horn und Graf Ribbing waren zu »Samuel und Tom« geworden, die aus rein persönlichen Motiven Graf Riccardo feindlich gesonnen sind. Der einzige hymnenhafte Moment, der kollektiven Affekt hätte unterstützen können, war eine ganz unzweideutig ehrliche Ehrung Riccardos durch das Volk am Ende des ersten Aktes. Auch stirbt er als gütig Vergebender, so dass er beim besten Willen nicht als böser Kolonialherr gesehen werden kann, zumal in der endgültigen Version des Librettos auch nie klar wird, was mit »patria« gemeint ist, Neu-England oder das alte. Das martialische Racheensemble (»*Dunque l'onta di tutti sol una*«) wird sofort durch einen musikalischen Tonfall neutralisiert, der in *Un ballo in maschera* zum ersten

Rom um 1870

Male zu hören ist, den einer eleganten Leichtigkeit mit humorvollen Wendungen nicht nur bei den Szenen des Pagen Oscar, sondern auch beim Finale des ersten Bildes (»*Ogni cura si doni al diletto*«) oder im zweiten nach der Wahrsagung (»*È scherzo od è follia*«) bei Riccardo.

Es ist evident, dass Verdi sich vor allem deshalb wehrte, aus dem Pagen, wie in Neapel zuvor gefordert, einen Soldaten zu machen, weil dann gerade diese hellen Komponenten zu alberner Travestie geworden wären, da Oscar ja von einer Sopranistin zu singen war. Diese Figur wäre dann verloren gewesen, auch wenn sie weder zum Originalschauplatz noch ins puritanische Boston passte und eher mit der höfischen Welt zu tun hat, die Scribe in seinem *Bal masqué* meinte.

Die Heiterkeit, die Verdi hier komponiert, ist wahrhaftig und nicht Sarkasmus wie in den tragikomischen Momenten des *Rigoletto* oder Divertissement wie in *La traviata*. Zu Recht nennt Julian Budden *Un ballo in maschera* eine »Komödie mit schwarzem Rand«. Dieser ist freilich kräftig und klar gezogen. Der unbeschwerten *legerezza* steht *vigore* gegenüber, brutale und aggressive Stärke, wie etwa in der vehementen Orchestereinleitung des zweiten Aktes.

Wenn auch Vorgeschichte, Nebenhandlungen und Identitäten, etwa der Wahrsagerin Ulrica (vorher Madame Arvedson), kaum leichter begreiflich sind als in *Il trovatore*, wird doch die Dreiecksbeziehung von Amelia, Renato und Riccardo so plastisch geschildert wie keine andere Personenkonstellation zuvor. Der Bariton Renato ist der einzige, dessen beide Arien mit markantem Rhythmus vorbereitet werden. Sonst gibt es keinerlei »Hm-ta-ta«-Floskeln mehr. Es ist aber dies auch nicht Konvention, sondern Konzept, denn Renato ist der Mann konservativer Werte in Familie und Staat.

Mit Amelia und Riccardo gestaltet Giuseppe Verdi – während in Deutschland Richard Wagner an *Tristan und Isolde* arbeitete –, ein romantisches Liebespaar, das in nächtlicher Dunkelheit, alle Normen der Gesellschaft hinter sich lassend, in Ekstase zueinander findet. Zentrum ihres zehnminütigen Duetts sind die vier Takte, die von Riccardos drängendem Werben in C-Dur zu Amelias erregtem Aufschrei »*Si, t'amo*« überleitet, einem nach E-Dur führenden Dominantseptnonakkord, und das Orchester spielt »tutta forza«. Im Gegensatz dazu ist der Gefühlsausbruch der Kurtisane Violetta Valéry »*Amami Alfredo, quant'io t'amo*« im zweiten Akt der *Traviata* von vornehmer Zurückhaltung; hier ist es nun eine ehrbare Bürgersfrau beim heimlichen Rendezvous mit dem Vorgesetzten und Freund ihres Mannes!

Die aus Frankreich stammende Sopranistin Eugenia Ju-

Illustration aus dem ersten Klavierauszug von Un ballo in maschera

lienne-Dejean tat sich anfangs mit dieser Amelia schwer, es kam zum Streit mit Verdi, den Giuseppina beilegen half. Die Julienne-Dejean verhalf dann aber der Partie der Amelia zu einem Erfolg, der dem der ganzen Oper ebenbürtig war. Amelia war Verdis erste »donna di forza«, eine hochdramatisch heroische Sopranpartie. Fraschini war ihr Partner, und seine Qualitäten hatten wiederum Verdis Anlage des Riccardo beeinflusst. Anders als der *Rigoletto*-Duca liebt dieser reflektierende, melancholische Liebhaber nur eine und bezahlt dafür mit dem Leben.

Es ist aber die Gesamtanlage, die *Un ballo in maschera* über alle bisherigen Partituren heraushebt. Der Orchester- und Stimmensatz wird bisweilen polyphon verdichtet, die Instrumentation unterstützt Zusammenhang und Kontrastschärfe zugleich, vom ersten Akt mit den körperlosen Pizzicati des Vorspiels oder dem Sotto-voce-Eingangschor bis hin zum aggressiv-mitreißenden Tutti »*teco sarem di subito*«, mit dem das erste Bild schließt. Das melodische Potential ist vor allem bei den beiden Sopranstimmen in beide Richtungen eindrucksvoll erweitert: die nachdrücklichen und weitgespannten Kantilenen Amelias und die federnden feingegliederten Oscars.

Angesichts der Misere mit dem Libretto ist Verdis kunstvolle musikalische Verflechtung von Text und Handlung mit Stimmen und Orchester zugunsten einer eminenten Theaterwirkung in keiner anderen Oper so bewundernswert. Selbst die Einbeziehung des Tanzes, die in *Traviata* und *Rigoletto* zwar musikalisch gelungen, dramaturgisch aber nur dekorativ war, hat im *Maskenball* szenische Relevanz: Das von einem Streichquartett gespielte Menuett ist in der Sterbeszene Riccardos makabrer Kontrast und zeigt den doppelten Boden dieser Tragödie mit so vielen Zügen einer eigentlich komischen Oper. Als »unmittelbare Auseinandersetzung mit dem in die Jahre gekommenen Modell der ›Grand Opéra‹ der 1830er Jahre«[69] steht *Un ballo in maschera* nicht zufällig in der Mitte zwischen zwei entgegengesetzten Polen: Wagners *Tristan* auf der einen, Jacques Offenbachs 1858 in Paris uraufgeführtem *Orphée aux enfers* auf der anderen Seite.

Für seine jüngste Oper legte Verdi erstmals nach dem Pariser Vorbild der *mise en scène* eine »Disposizione scenica« an, die die von ihm gewünschten Grundzüge der Bühnenrealisation bei allen weiteren Aufführungen sicherstellen sollte.

In den Tagen nach der *Maskenball*-Premiere vom 17. Februar 1859 wurde Verdi wie damals im Triumviratsjahr in Rom gefeiert, auch »Viva V.E.R.D.I.« war zu lesen und zu hören. In Turin ging unterdessen alles nach dem Plan Cavours. Der Papst baute auf den Beistand Frankreichs als »der Kirche ältesten Tochter«. Eine Zeit lang sah es jedoch so aus, als ob der französische Kaiser dem Druck aus England nachgeben und ein klärender Kongress einberufen würde. Cavour malte deshalb einen wahrscheinlichen Sieg Mazzinis und der Republikaner an die Wand und wollte sogar den Geheimvertrag veröffentlichen. Doch da präsentierte Österreich sich als Angreifer, und die Dinge nahmen den vorausgesehenen Lauf. Am 23. April stellte Österreich Vittorio Emanuele ein Abrüstungsultimatum, das dieser verstreichen ließ, so dass im Mai 1859 der »zweite Unabhängigkeitskrieg« begann.

Ob es wahr ist, dass Graf Cavour, als er von der Kriegserklärung erfuhr, Manricos Kampfruf »*Di quella pira l'orrendo fuoco*« aus dem offenen Fenster schmetterte[70], ist gewiss weniger wichtig, als dass Verdi der populärste italienische Künstler dieser Tage war. Seine Musik sprach die Gefühle seiner Landsleute an und war geeignet, zum Kampf einzustimmen wie auch zu trösten. Anfang Juni war Mailand eingenommen, gut zwei Wochen später erlitten die Österreicher bei Solferino eine der blutigsten Niederlagen der Militärgeschichte (sie führte zur Gründung des Roten Kreuzes); sie waren aber in Italien damit nicht am Ende, weil sie sich noch in das »Festungsviereck« (Mantua, Peschiera, Verona und Legnago) zurückziehen konnten.

Auch weil Russland und das immer selbstbewusstere Preußen sich zu Wort meldeten, kam es in Villafranca (Villefranche) im Juli zu einem Friedensangebot Napoleons III., das Franz Joseph I., der seit 1848 österreichischer Kaiser war, bereitwillig und schnell akzeptierte, da er nur auf die Lombardei, die ja schon tatsächlich verloren war, verzichten sollte, nicht aber auf Venetien und seinen Einfluss auf übrige italienische Territorien. Seine inzwischen gestürzten Satelliten-Regenten in der Toskana und in Modena sollten wieder eingesetzt werden. Als dies alles dann im November in Zürich vertraglich fixiert wurde, ließ es die Wirklichkeit der politischen Verhältnisse jedoch nicht mehr zu.

In Mittelitalien wehrten sich die Bürger gegen die Wiederherstellung der alten Verhältnisse und forderten Anschluss an Sardinien-Piemont; weiter im Süden organisierten Garibaldi und Mazzini den Widerstand gegen die weltliche Macht des Vatikans und die Bourbonen. Napoleon III. hatte nun das Problem, dort dem Kirchenstaat beizustehen, ohne aber im Norden alles das erreicht zu haben, was als Preis für die territorialen Abtretungen an Frankreich ausgemacht war.

»JOSEPH ET JOSEPHINE VERDI«

Der Krieg geht weiter – Hochzeit in Savoyen – Königswahl in Turin

Strepponi und Verdi waren nach einer diesmal ruhigeren Schiffspassage nach Genua zurückgekommen, wo er die *Ballo in maschera*-Partitur per Schnellpost an Ricordi aufgab, das Werk war ja noch nicht gedruckt. Den Josephstag verbrachten sie in Piacenza, wo ein Cousin Verdis das Lehrerseminar leitete. Die strategisch wichtige Stadt an der Grenze Parmas zur Lombardei am Ufer des Po war voller österreichischer Soldaten. Ein Vierteljahr später hatten diese Piacenza nach Zerstörung aller Anlagen dann aufgegeben. Die Großherzogin Marie-Louise aus dem Hause Bourbon-Berry, die nach dem Attentat auf ihren Mann anstelle des noch unmündigen Thronfolgers regiert hatte, war in ein Hotel nach Mantua geflüchtet, am 9. Juni dankte sie offiziell ab, ebenso wie der Herzog von Modena und der Legat und Statthalter des Papstes in Bologna.

Diesen Krieg erlebte Giuseppe Verdi nun in Sant' Agata, das glücklicherweise von den Kämpfen verschont blieb, die nur wenige Kilometer entfernt viele Tote forderten; Unsicherheit und Angst waren gleichwohl groß, weil die Kommunikation per Post kaum funktionierte. Mailand oder Genua, von wo Freunde Nachrichten über den Gang der Dinge hätten übermitteln können, waren umkämpft oder lagen in »Feindesland«. In dieser Zeit unfreiwilliger Klausur, wo am besten noch die Korrespondenz mit Neapel und dem Kirchenstaat möglich war, sorgte sich Verdi um das weitere Schicksal seiner Opern. Es schien so, als ob auch in Neapel bald *Un ballo in maschera* aufgeführt werden könnte. Am 30. April hatte er schon De Sanctis bekannt: »Eine neue Oper schreiben, denkt nicht daran!!!«[71]

Vittorio Emanuele II.

Keiner wusste, was für Bedingungen der Ausgang des Kriegs für Sant' Agata bringen würde. Es stand viel auf dem Spiel, anderswo waren schon genug ansehnliche Höfe ruiniert worden, nicht nur durch militärische Aktionen, sondern auch durch Enteignung. Giuseppe Verdi war glücklich und dankbar, als er von Vittorio Emanueles und den französischen Erfolgen hörte. Er versicherte Clarina Maffei in einem Brief vom 23. Juni sogar, angesichts ihres Blutvergießens für die italienische Sache den Franzosen alle ihre kulturelle Arroganz vergeben zu wollen. Auch er ist aber mit dem Frieden von Villafranca nicht einverstanden: »Ist Venedig etwa nicht Italien?«[72]

Als Geld für Angehörige von Gefallenen gesammelt wurde,

Giuseppina Verdi-Strepponi

stand Verdis Name mit einer ansehnlichen Spende ganz oben auf der Liste, etwas weiter unten hatte sich »Giuseppina Verdi« mit einer eigenen Spende eingetragen. Der alte Barezzi war auch dabei. In Busseto hatte man derzeit auch andere Sorgen, alles war im Umbruch, so dass man die Frau an Verdis Seite allmählich doch als Signora Verdi respektierte. Ende Mai hatte Giuseppina schon an De Sanctis geschrieben, dass er, seine Frau Caterina und vor allem das Patenkind Peppino doch lernen sollten, vom Herbst an »Peppina Verdi« zu sagen…

Die Reise in den Norden des nur noch für ein paar Monate piemontesischen Savoyen, an die Schweizer Grenze vor die Tore der Stadt Genf, war da wohl schon geplant gewesen.

Dort wurde nun am 29. August 1859 im Dorf Collonges am Fuße des Mont Salève – auf Französisch wie schon die Geburt – aktenkundig gemacht, dass »Joseph Verdi, agé de quarant-cinq ans« und »Josephine Strepponi«, zwei Jahre jünger als der Bräutigam, nun Mann und Frau waren: Nach am Ort geltendem Recht vor Kirche und Staat zugleich. Letzteres war der Grund für die weite Reise, denn anderswo ging dies nicht, oder es wurde von den Behörden zu Hause nicht anerkannt.

Statt des Dorfpriesters hatte Verdi sich des Abbé Gaspard Mermillod aus Genf versichert, eines wegen seiner unangepassten Haltung bekannten brillanten jungen Theologen; er wurde später Kardinal. Trauzeugen der Verdis waren der Kutscher, der sie gefahren hatte, und der Glöckner von Collonges. Sie machten dann natürlich zu Hause kein großes Aufheben um ihre Reise, die ja als solche auch keine auffällige Besonderheit war. Ihr näherer Kreis war sicherlich im Bilde, auch Camillo, der inzwischen 21-jährige in Florenz lebende Sohn Giuseppinas. Seine Volljährigkeit konnte auch ein Grund für die Eheschließung gewesen sein, denn er hätte gegenüber seiner ledigen Mutter nach damaligem Recht jetzt eine stärkere Position gehabt, was Giuseppinas Vermögen wegen zu beachten war.

In das Kirchenbuch von Collonges war eingetragen worden, dass Verdi »natif« und »demeurant à Busseto« war, denn Carlo Verdi und sein Sohn hatten nach wie vor Bussetaner Bürgerrechte, wenn sie auch schon lange nicht mehr dort wohnten. Dieses Bürgerrecht bekam bald folgenreiche Bedeutung. Denn im September wurden in der Toskana und der Emilia, die aus Parma, Modena und dem abgefallenen Bologneser Teil des Kirchenstaats bestand, Parlamente gewählt, um den Anschluss an Sardinien-Piemont vorzubereiten. Irgendjemand kam auf die Idee, dass der berühmte Giuseppe Verdi den Wahlkreis Busseto der Provinz Borgo S. Donnino in der neuen Provinzialversammlung von Parma vertreten müsste. Verdi erklärte seine Bereitschaft zu kandidieren, allerdings kaum aus Liebe zu den Bussetanern, sondern weil es um die italienische Sache ging. Man musste verhindern, dass der unbefriedigende Kompromiss von Villafranca politische Wirklichkeit würde – und vielleicht ein kleinstädtischer Spießbürger Abgeordneter.

Als Verdi dann am Wahltag, dem 4. September 1859, mit der Kutsche in die Stadt einfuhr, wo man ihn und seine Frau schon so geärgert hatte, nun aber alle jubelten und die Blasmusik dazu spielte, dachte er sich sicherlich seinen Teil. Natürlich wurde er gewählt und war dann auch einer der Abgeordneten, die elf Tage später nach Turin entsandt wurden, um Vittorio Emanuele den durch ein Plebiszit noch zu bestätigenden Beitrittswillen Parmas zu seinem Königreich zu erklären. Bei diesem Besuch in der Hauptstadt Piemonts lernte Giuseppe Verdi auch, wie er sich es gewünscht hatte, Camillo Graf Cavour persönlich kennen: aber nicht in der Stadt, sondern draußen auf dem Land, denn Cavour war aus Ärger über den Villafranca-Frieden zurückgetreten und hatte sich auf sein Gut bei Vercelli zurückgezogen; er war aber die zentrale politische Figur geblieben und verweilte nur kurz im Hintergrund. Mit großem Interesse ließ Verdi sich von Cavour die agrartechnischen Errungenschaften und wissenschaftlich fundierten Anbaumethoden auf dem Anwesen des Grafen erläutern.

Der Opernkomponist war nun mitten im politischen Geschehen. Das war nicht ohne Delikatesse, weil er als aufrechter Italiener nun gegen Frankreich sein musste, da Napoleon die bourbonische Herzogin von Parma wieder einsetzen wollte; andererseits spielte in Paris – für ihn im ganz wörtlichen Sinne – die europäische Musik, und er wurde Ende des

Jahres zum Mitglied des Institut de France berufen. Diese Berufung soll Prinz Jérôme veranlasst haben, der tatsächlich Clotilda, eine Tochter Vittorio Emanueles II. geheiratet und französische Truppen in Italien befehligt hatte. – In Parma hatte man den reaktionären Polizeichef der Herzogin in einem Café erkannt und brutal umgebracht. Das hatte Irritationen in Paris zur Folge und Aufruhr auch in Parmas Provinzen, so dass Verdi sich um die Bewaffnung einer Bürgerwehr von Busseto bemühte.

De Sanctis gegenüber klagte er eine Woche vor Weihnachten in einem Brief über den diesmal extrem kalten Winter, und dass er sich kaum noch an seine letzte Oper erinnere – und schon gar nicht an eine neue denke. Bald danach mieteten sich die Verdis für einige Wochen in einem Hotel im milderen Genua ein.

Cavour war Anfang 1860 wieder Ministerpräsident geworden und sorgte für die Durchführung der Plebiszite, und er stärkte, was nicht so sehr im Sinne seines Königs war, den zwischenzeitlich weitestgehend wieder suspendierten Parlamentarismus. Dies bewirkte den Erfolg einer starken nationalen und liberalen Mitte, schwächte die Extreme auf beiden Seiten. Zur Volksabstimmung war das Ehepaar Verdi selbstverständlich zu Hause. Nur ein Prozentbruchteil der Stimmberechtigten war nicht für den Anschluss. Im April 1860 war der Plan von Plombières dann verwirklicht, Jérôme bekam zwar keine italienische Krone, Frankreich erhielt aber Savoyen und Nizza, was den in dieser Stadt geborenen Garibaldi tief schmerzte; er versuchte sogar aufzubegehren, der geschickte Cavour lenkte dessen Energien aber um: Denn südlich der Toskana gab es nach wie vor den Kirchenstaat und das Königreich beider Sizilien. Napoleon III. befürwortete seit einigen Monaten eine Beschränkung des Heiligen Stuhls auf seine geistliche Macht, was Verdi selbstverständlich begrüßte, nachdem zuvor auch schon von einem päpstlich geführten Staat Mittelitalien die Rede gewesen war.

Am 5. Mai 1860 legten die Schiffe mit den legendären »Tausend« unter Garibaldis Kommando in Genua ab, zehn Tage später wurden die Bourbonen beim sizilianischen Calatafimi besiegt; auf der Insel hatten zahlreiche Unruhen den Sturz Francescos II. eingeleitet, Ferdinandos Sohn hatte gerade einmal ein Jahr die Krone getragen. Bis Garibaldi allerdings auf das Festland gelangte und Neapel einnahm, sollte es noch ein Vierteljahr dauern. Cavour schaltete sich ein, und bei Castelfidardo (Marche) besiegten piemontesische Truppen im September die des Kirchenstaats und rückten vor. Im Oktober erreichte so auch der Süden Italiens den Anschluss an das Königreich Vittorio Emanueles, der mit Giuseppe Garibaldi am 26. Oktober 1860 in Caserta zusammentraf. Dies alles war zustande gekommen, weil Garibaldi, der am liebsten alle Großgrundbesitzer enteignet hätte und Cavour misstraute, die nationale Einheit als Priorität nie infrage stellte. Dem Papst blieben freilich immer noch Rom und Latium.

Verdi hatte es deshalb ausdrücklich begrüßt, dass die Stadt Busseto dem König im April 1860 eine Kanone zum Geschenk gemacht hatte. Waffen seien nötig, meinte er, denn der Kampf gehe noch weiter. Er selbst blieb den Rest des aufregenden Jahres, mit Ausnahme eines kurzen Erholungsaufenthalts in Tabiano und ein paar für den Betrieb von Sant' Agata notwendigen Abstechern, mit Giuseppina auf dem Gut. Ricordi bat er um Geld, das er der gut gehenden Geschäfte wegen auch erwarten durfte. Mit seiner typischen Tiefstapelei schrieb Verdi dem Verleger, wie bescheiden ja sein Wohnhaus sei, das er nun endlich etwas komfortabler gestalten wolle. So ganz entsprach das sicherlich nicht den Tatsachen, denn die Verdis hatten immerhin dort zwei Bedienstete nur für ihren Privatbereich. Aber so wie man die »Villa

Verdi« heute noch sehen kann, war das Haus natürlich noch lange nicht.

Wie gewohnt bat Verdi die Freunde, die er bei sich zu Hause empfing, ihm aus der Stadt dieses und jenes für Haus und Hof mitzubringen. Aus der Korrespondenz mit dem inzwischen zu diesem kleinen Kreis gehörigen Angelo Mariani geht hervor, dass Verdi massive eiserne Fenstergitter benötigte. Vor Einbrechern war auch er nicht sicher. Es war ja nicht nur Geld im Hause, das mit den Opern verdient und privat ausgegeben wurde; das Gut hatte Einnahmen und musste Löhne bezahlen. Etliche Kunstwerke sowie eine ansehnliche Bibliothek und Instrumente waren überdies vorhanden. Der Garten war noch kein Park, aber schon eine beschauliche Insel inmitten der weiten Felder und Weiden. Den Palazzo Orlandi besaß Verdi auch noch, dort wohnten meist seine Gäste.

Im Dezember kam überraschende Post aus Russland. Absender des Briefes war Enrico Tamberlik, der nicht erst seit der Londoner Erstaufführung des *Trovatore* im Mai 1855 ein renommierter Verdi-Tenor war. Obwohl von Geburt Römer, war er wenig in Italien aufgetreten, in den letzten Jahren aber regelmäßig am Hoftheater des russischen Zaren. Mit gedrechselten Worten der Bewunderung und ausdrücklich auf dem pluralis majestatis bei Anrede des Maestro Verdi bestehend, berief er sich nun auf Mauro Corticelli, einen Freund Giuseppinas, und bat »um einen Funken Eures Genies«, um eine neue Oper – vor allem natürlich mit einer Rolle für sich selbst – und vergaß dabei nicht zu erwähnen, dass er soeben ein Angebot der Pariser Opéra ausgeschlagen habe; dass das bei Verdi gut ankam, wusste er wohl. Auch sei das Klima in Russland »keineswegs zum Fürchten… Die Karossen und Pelze bieten einen phantastischen Schutz gegen die Unbilden der Außentemperaturen«.[73]

Giuseppina hatte schon früher gemeint, Verdi wolle »keinen Eid darauf ablegen, dass er nie mehr zur Feder greift; denn in diesem Falle würde er, der seine Unabhängigkeit so liebt, zum Sklaven seines eigenen Schwures«.[74] Sie kannte ihren Giuseppe gut genug und hatte Recht: er sagte nicht Nein, auch weil sie, wie sie Corticelli in einem Brief gestand, ihn durch beständiges Zureden herumgekriegt hatte. Bald sah es aber so aus, als ob es doch nichts würde mit der neuen Oper, denn Verdis Vorschlag war *Ruy Blas* gewesen, wo immerhin ein Lakai erst Liebhaber einer von ihrem schwachsinnigen Mann vernachlässigten Königin und dann Minister wird. Natürlich lehnte die Zensur dies ab. Verdi ließ daraufhin wissen, dass etwas anderes aber für ihn nicht in Frage käme. Die erstaunliche Reaktion aus Sankt Petersburg war dann ein umgehendes Einlenken: Er könne selbstverständlich vertonen, was er wolle, solange Verdi – wie Giuseppina es wiedergab – den Zaren nicht zwänge, Russland zur Republik zu machen. Aber da hatte er schon längst an einem anderen Sujet Gefallen gefunden, das ihm schon einmal nach *Il trovatore* durch den Kopf gegangen war: Ein vielgestaltiges wie eines von Shakespeare, »comico e terribile«, schrieb er an Piave.

EINE OPER FÜR DEN ZAREN
Nach drei Jahren Pause La forza del destino –
»Tod den Deutschen«

Nur dank der klar charakterisierten Hauptgestalten nicht völlig verworren«[75] ist das fünfaktige in Prosa und Reimen verfasste Drama *Don Álvaro o la fuerza del sino* (Don Álvaro oder Die Macht des Schicksals) von Ángel de Saavedra y Ramírez de Baquedano, Herzog von Rivas. Obgleich eine Generation älter als García Gutiérrez, steht sein Stück aus dem Jahre 1835 nicht nur in zeitlich engem Zusammenhang zu dessen *El Trovador*. Da Rivas zeitweise in französischem Exil lebte, ist auch hier der Einfluss Victor Hugos stark; die Urfassung des *Don Álvaro* wurde in französischer Übersetzung erstveröffentlicht: Don Álvaro darf seine geliebte Leonor nicht heiraten, weil er als Sohn einer Inkaprinzessin nicht standesgemäß ist. Durch die »fuerza del sino«, eine Verkettung von unglaublichen Zufällen, wird er zum Mörder von Leonors Vater sowie ihrer zwei Brüder, nachdem deren einer Leonor getötet hat; am Schluss begeht Álvaro Selbstmord.

Nachdem Verdi noch einmal grundsätzliche Bedenken äußerte, überhaupt wieder zu komponieren, es sich als schwierig erwies, ein Exemplar der italienischen Übersetzung des *Álvaro* aufzutreiben, schickte Tamberlik dann seinen Bruder nach Turin, wo Verdi seit Februar nunmehr den Wahlkreis Borgo S. Donnino als Abgeordneter im ersten italienischen Parlament vertrat. – Man hätte eigentlich erwarten können, dass ein »patriotischer Komponist« nun ein Werk für das Theater der Hauptstadt des neuen Italien schreiben würde.

Achille Tamberlik machte auf das Ehepaar Verdi einen so guten, höflichen und gebildeten Eindruck und war offenbar von unendlicher Geduld, so dass Giuseppina an Corticelli berichten konnte, dass es nun zu neunzig Prozent sicher sei, dass Verdi doch komponieren werde. Sie wolle jedenfalls schon einmal für Sankt Petersburg »Kleider, Unterröcke, Leibchen und Hemden füttern, ausstaffieren und mit Pelz besetzen lassen«.[76]

Im Juni 1861 war der Vertrag mit dem Kaiserlich-Russischen Theater dann unter Dach und Fach. Verdis Konditionen, unter anderem eine vollständige Generalprobe zu Aufführungsbedingungen, wurden erfüllt und als Honorar sechzigtausend Goldfranken vereinbart; Piave wurde mit dem Libretto beauftragt (für »zwei- bis dreitausend Franken«). Kein italienisches Theater hätte in diesen Tagen so viel bezahlen können. Außer für das Russische Reich sollten Verdi alle Rechte am Werk bleiben, das Geschäft mit Ricordi und den

Verdi in Russland

anderen Ländern war also noch ein weiteres. Die Premiere sollte Anfang Januar kommenden Jahres stattfinden. Geplant war ein mindestens dreimonatiger Aufenthalt in Russland.

Verdis Laufbahn als Politiker war mit dieser Entscheidung praktisch beendet. Er hatte seine charismatische Persönlichkeit und sein hohes Ansehen, seine Popularität zur Verfügung gestellt. Vittorio Emanuele war mit seiner Stimme zum König gewählt worden, und der Abgeordnete Verdi hatte dafür gestimmt, dass Rom Hauptstadt Italiens werden müsse. Manchen Gedanken zur Kulturpolitik, über Theater und musische Volksbildung hatte er auch in seine parlamentarische Arbeit einfließen lassen. Aber ebenso war ihm rasch klar geworden, dass erst einmal andere Aufgaben zu lösen waren: es musste aus Sardinien-Piemont und den Beitrittsgebieten ein Staatswesen mit einheitlicher Gesetzgebung, Verwaltung und Schulen geschaffen werden, die Verkehrswege mussten dem Standard der anderen europäischen Länder angenähert werden, und überhaupt war das Risorgimento, solange Rom und Venedig nicht dazugehörten, noch nicht vollzogen. Ein Opernkomponist konnte dazu wenig beitragen, und ein persönliches materielles Interesse, sich an politischen Entscheidungen zu beteiligen, hatte er auch nicht, denn seine Heimat – Le Roncole, Busseto und Sant' Agata – lag nun in der friedlichen und fruchtbaren Emilia, einem »compartimento« des »Regno d'Italia«. Zwar erschütterte der plötzliche Tod Cavours im Juni 1861 das Land, aber die Grundsätze seiner Politik wurden weiterverfolgt. Giuseppe Verdi ging der Verlust des erfolgreichen Staatsmanns, der nur drei Jahre älter gewesen war als er selbst, sehr nahe.

Dass Verdi sein Abgeordnetenmandat beibehielt, wo er doch wusste, dass er bald wieder fern der Heimat ganz in seiner künstlerischen Arbeit aufgehen würde, wirkt nur auf den allerersten Blick und aus heutiger Perspektive unlauter. Er war als Persönlichkeit gewählt worden, es gab keine Parteien, keine Fraktionen im Turiner Parlament, also keine Instanz, die es ihm hätte verübeln können. Er brauchte sich auch nicht vor seinen Wählern in dem Maße verantwortlich fühlen wie in einer modernen Demokratie: im Februar 1861 waren durch das Zensus-Wahlrecht nur etwa zwei Prozent der Bevölkerung Italiens überhaupt stimmberechtigt gewesen. Außerdem missfiel ihm bald die Diskontinuität häufiger Regierungswechsel, die auf Cavours Tod folgten und seither signifikante Lebenszeichen italienischer Politik sind.

Francesco Maria Piave war inzwischen, enttäuscht über die neuerliche Restauration österreichischer Herrschaft über Venetien, schweren Herzens mit Frau und Kind nach Mailand

Plakat zur Uraufführung von
La forza del destino

übersiedelt. Selbstverständlich half Verdi ihm durch seine Beziehungen, dort Fuß zu fassen. Auch Temistocle Solera meldete sich hilfsbedürftig. Der Partner des ersten großen Erfolgs *Nabucco* war auf seinem abenteuerlichen Lebensweg wieder nach Italien gelangt; Verdi hatte aber das Zerwürfnis von damals nicht vergessen, half nur ein wenig und anonym.

Der Herzog von Rivas, dem Verdi vielleicht in dessen Zeit als spanischer Botschafter in Neapel begegnet war, war jetzt in gleicher Funktion in Paris und wurde bald darauf zum Präsidenten des Staatsrats in Madrid berufen. Sein *Álvaro* wurde von seinen Landsleuten nicht nur mit Victor Hugo, sondern auch mit Schillers *Wallenstein* verglichen. Es war also kein Zufall, dass Verdi Piave darum bat, im Feldlager des dritten

Akts der neuen Oper für den skurrilen Franziskanerpater Melitone die »Kapuzinerpredigt« aus *Wallensteins Lager* zu verwenden. Er hatte sie in Maffeis Übersetzung vorliegen. *La forza del destino* wollten sie das neue Werk nennen.

Im September begann Giuseppe Verdi nun wieder zu komponieren, nach einer Pause von mehr als drei Jahren. Mitte November war seine bisher umfangreichste Oper fertig. Sie enthielt – selbst wenn man das Ballett mitrechnete – mehr Musik als die *Vêpres siciliennes* und war dabei genauso subtil gearbeitet wie *Un ballo in maschera*. Eine Besonderheit teilte er der Petersburger Theaterdirektion sogleich mit, damit es keine bösen Überraschungen bei Probenbeginn gäbe: *La forza del destino* hatte außer der typischen Trias des Sopran-Tenor-Paares und eines Mittelpunktbaritons noch weitere anspruchsvolle Rollen: der Padre Guardiano war bei weitem wichtiger als frühere Basspartien, die Sopranistin (!) für die Wahrsagerin Preziosilla sollte einer Partie mit der Bedeutung des Oscar im *Maskenball* gerecht werden können, – und es sollte noch einen zweiten »glänzenden Bariton« für den Fra Melitone geben, wofür Verdi schon Achille de Bassini, den Pascha Seid der *Corsaro*-Uraufführung im Auge hatte. Piave hatte noch Noten spanischer Lieder als Anregung für die Gestaltung der Preziosilla besorgen wollen, aber Verdi wehrte ab, er brauchte kein Assoziationsmaterial, es war alles farbig genug in Piaves Textbuch, wenn er auch unterm Komponieren wie immer viele Änderungswünsche vorbrachte.

Preziosilla ist nun überraschenderweise die erste Bühnenfigur Verdis, die – sieht man von der *Battaglia* ab – eine musikalisch sehr markant gestaltete und leicht zu entziffernde politische Botschaft auf die Bühne bringt: »*Correte allor soldati in Italia, dov'è rotta la guerra contro i Tedeschi*« – die Spanier, die in einer Schenke des Dorfs Hornachuelos, westlich von Córdoba über dem Guadalquivir sitzen, sollen sich für den Krieg gegen die Deutschen anwerben lassen. Die »Tedeschi« sind in diesem Falle jene Österreicher, die in der ersten Hälfte des 18. Jahrhunderts in Mittel- und Süditalien den spanisch-neapolitanischen Bourbonen gegenüberstanden. Wie ein Mann antwortet der Chor unisono auf diese Aufforderung: »Tod den Deutschen!« Im dritten Akt, der Don Alvaro als spanischen Offizier in der Schlacht von Velletri (im Kirchenstaat) des Jahres 1744 gegen die Truppen des Feldherrn Johann Gg. Chr. von Lobkowitz zeigt, heißt es dann in der dritten Szene: »Die Deutschen sind in die Flucht geschlagen… Viva Italia!« Woran Piave dabei gedacht hatte, ist unschwer zu erraten. In Petersburg würde das freilich niemand merken, dachte man dort bei »Tedeschi« am ehesten an die Preußen und nicht an die Österreicher in Venedig und auch nicht an den 1849 bei Velletri tapferen Garibaldi.

»DER ESCORIAL GEFÄLLT MIR NICHT«

*Berlin, Warschau, Moskau und Madrid –
Verdi auf Reisen*

Nachdem man Corticelli instruiert hatte, welche Sorten französischen Weins, Pasta und anderer Lebensmittel zu beschaffen seien, die man für in Russland unerhältlich oder unerschwinglich hielt, brachen die Verdis in der letzten Novemberwoche nach Russland auf, über Paris, wo man nicht nur Léon Escudier traf, sondern auch festliche Garderobe für die bekanntermaßen prunkvollen Empfänge am Hof des Zaren einkaufte. Der Weg über Triest und Österreich wäre natürlich viel kürzer gewesen, aber mit noch mehr Zoll- und Passformalitäten und insgesamt schlechteren Verkehrswegen verbunden als die lange Bahnfahrt von Frankreich durch die

Länder des Deutschen Bundes, über Berlin und das schon zum Machtbereich des Zaren gehörende Warschau – insgesamt fast dreitausend Reisekilometer. Zwei Wochen später erreichten sie ihr Ziel.

Von Land und Leuten waren sie sehr beeindruckt – wie von der Kälte, die man dank der bewundernswert solide gebauten Wohnungen nur sehe, aber nicht spüre, wie Giuseppina an Opprandino Graf Arrivabene schrieb, den Kritiker aus Rom, der jetzt auch im Parlament saß und enger Freund der Verdis geworden war. Giuseppina entging aber auch nicht das Leid der einfachen Leute, und dass es vorkam, dass ein Kutscher erfror, der vor einem prächtigen Palais auf seinen Herrn wartete.

Im Lauf der Proben stellte sich dann jedoch heraus, dass die als Leonora vorgesehene Emma La Grua der anspruchsvollen Partie, einer neuerlichen »donna di forza«, nicht mehr gewachsen war. Ersatz zu Verdis Zufriedenheit war natürlich weit und breit nicht zu finden. Da er zwei Drittel des Honorars bereits erhalten hatte, konnte er ohne großes Risiko auf einer Verschiebung der Premiere bestehen und zeigte sich einverstanden, die weite Reise im Herbst noch einmal zu machen, falls die Theaterdirektion für die Unkosten aufkäme. Der blieb nichts anderes übrig, und Geld spielte keine Rolle; Verdi machte noch einen Ausflug nach Moskau und war dann Mitte Februar 1862 wieder in Paris.

Für die bevorstehende Eröffnung der Londoner Weltausstellung hatten vier Komponisten festliche Musik schreiben sollen: William Sterndale Bennett für England, Auber für Frankreich, Meyerbeer und Rossini für Preußen und Italien, wobei diese beiden gleichermaßen auch als Pariser gesehen werden konnten, was den kulturellen Nimbus Frankreichs dieser Tage noch betonte. Der siebzigjährige Rossini mochte nun aber nicht mehr, so dass Verdis unerwarteter Aufenthalt in Paris willkommene Gelegenheit war, stattdessen ihn anzusprechen. Zum ersten Male war er bereit, eine größere Gelegenheitskomposition zu schreiben. *Suona la tromba* und die mysteriöse neapolitanische Königshymne waren ja nur Kleinigkeiten gewesen, die auf ein einzelnes Notenblatt passten. Ein Instrumentalwerk, wie es eigentlich erbeten war, mochte er natürlich nicht schreiben, so dass er sich für eine traditionelle Kantate entschied, die neben dem Chor einen dankbaren Part für Enrico Tamberlik haben sollte, der zur fraglichen Zeit ohnehin in London gastierte.

Arrigo Boito

Den Text des *Inno delle nazioni* hatte ein gerade zwanzigjähriger wortgewandter Musiker aus Padua geschrieben, der in Mailand Examen gemacht hatte und nun mit einem Stipendium und einer Empfehlung Clarina Maffeis nach Paris gekommen war. Statt seines Taufnamens Enrico (Heinrich) führte er seit dem Vorjahr stolz dessen altitalienische Form Arrigo; auch Henri aus den *Vêpres* hieß natürlich in der italienischen Fassung Arrigo wie der Held der *Battaglia di Legnano*. Arrigo Boito hatte auch schon den Text zu *Le sorelle d'Italia*, einer Kantate seines Freundes Franco Faccio geschrieben, der mit ihm in Frankreich war. Der junge Mann kannte die Sprache der Opern Verdis schon und hatte seine Verse in Ehrfurcht vor dem Meister verfasst. Hinter nationalem Pathos und romantischem Gestus ist ein sicheres Gefühl für den Zusammenhalt von Musik und Sprache erkennbar. Boito lässt das Volk und einen Barden singen, was der hymnischen Statik einen etwas dramatischen Anstrich gibt.

Verdis in Paris komponierte »Hymne der Nationen« erwies sich dann aber als zu schwierig, um rechtzeitig mit den anderen Stücken am 1. Mai 1862 in London aufgeführt zu werden. Sie war erst drei Wochen später zum ersten Mal zu hören, mit der prominenten deutschen Opernprimadonna Therese Tietjens an Tamberliks Stelle. Auf Arrivabenes Bedauern, dass neben den Stücken Englands, Frankreichs und Preußens bei der Ausstellungseröffnung Italien ja nun gefehlt habe, entgegnete Verdi, dass Italien und seine Musik solche Anlässe gar nicht nötig hätten, denn es gebe mittlerweile »kein Fleckchen auf der Erde, auf dem es ein Theater oder zwei Instrumente gibt, wo nicht die italienische Oper gesungen wird. Wenn Du nach Indien oder ins Innere Afrika fährst, wirst Du *Il trovatore* hören«[77]. Dem war nicht zu widersprechen.

Der *Inno delle nazioni* des weltbekannten Opernkomponisten verfehlte nicht seine Wirkung, zumindest als »event« für das Weltausstellungspublikum: Es mussten zusätzliche Aufführungen angesetzt werden, und manchmal war der Applaus so groß, dass das knapp viertelstündige Opus im Ganzen wiederholt wurde. Als die Weltausstellung vorbei war, redete aber schon niemand mehr von dieser *pièce de circonstance*. –

Verdi brauchte, um seine Musik zu finden, Personen mit einer Geschichte, mit einem Gegenüber und mit individuellen Gefühlen. Manchen Zeitgenossen war auch der ungewohnte italienische Stolz des *Inno* suspekt, in dem Verdi *God save the King* und die *Marseillaise* verarbeitet hatte, und dann den *Canto degli Italiani* zitierte, der allerdings erst 1946 mit dem Ende der italienischen Monarchie Nationalhymne wurde; bis dahin spielte man die savoyische »Marcia reale d'ordinanza«, die König Carlo Alberto 1830 in Auftrag gegeben hatte. Sein Enkel Vittorio Emanuele hatte gerade in diesen Wochen besondere Mühe, das Einvernehmen mit Frankreich zu erhalten, weil Garibaldi an den Grenzen des Kirchenstaats nicht stillhielt.

Erst 1943 wurde der *Inno delle nazioni* von Arturo Toscanini wieder für einen Propagandafilm des amerikanischen »Office of War Information« hervorgeholt und noch um *The Star-spangled Banner* und die *Internationale* in eigener Instrumentation ergänzt, wodurch das Werk natürlich auch nicht gewann. Im Hinblick auf das, was Mussolini in Italien angerichtet hatte, änderte Toscanini überdies den Text, der eigentlich froh die gewonnene Nationalität Italiens feierte, und ließ vom »verratenen Vaterland« singen.[78]

Es war Juni geworden, als Giuseppe und Giuseppina Verdi zurück nach Sant' Agata kamen. Bis zur neuerlichen Abreise nach Russland ging es nun um alles Mögliche, aber nicht um Kunst. Manchmal fuhr Verdi auch noch nach Turin ins Parlament. Giuseppina nahm ihre tuberkulosekranke Schwester Barberina im Haus auf, das nun immer mehr eine wirkliche Villa wurde. Es wurde ein Glockenturm auf dem Dach errichtet – Verdis Landarbeiter hatten ja noch keine Uhren. Alle waren betrübt, als in diesem Sommer 1862 in einem noch heute von den Erben des Komponisten gepflegten denkmalgezierten Grab der Hund Loulou im Garten der Villa begraben wurde. Ohne diesen treuen Begleiter ging es dann im September – auf dem gleichen Wege – wieder nach Sankt Petersburg.

Bei Ricordi war schon Aufführungsmaterial der neuen Oper in Vorbereitung, nachdem dasjenige für *Un ballo in maschera* gerade erst mit Angelo Marianis Hilfe fertiggestellt worden war. Der *Ballo* sollte noch vor *La forza del destino* in Sankt Petersburg aufgeführt werden, mit Caroline Douvry Barbot als Amelia, die damit ihre Bewährungsprobe für die Leonora in der neuen Oper ablegen konnte. Während der Petersburger Probenwochen besuchten die Verdis unter Ovationen am Moskauer Bolschoi-Theater eine Vorstellung des *Trovatore*.

Die erste *Forza del destino* am 29. Oktober alten Kalenders, also dem 10. November, war dann der von allen erwartete Erfolg, wenn auch mit der Einschränkung, dass die Oper als ein wenig zu lang und zu düster empfunden wurde. Im *Journal de St. Pétersbourg* wurde dieser Einwand allerdings zurückgewiesen, denn auch Meyerbeers Opern oder Mercadantes *Giuramento* sowie Verdis *Trovatore* und der *Otello* Rossinis seien keine »Vaudevilles von ausgelassener Heiterkeit«. Dabei hatte Piave dem Opernpublikum ja schon eine Leiche erspart, indem er aus den zwei rächenden Brüdern Leonoras einen einzigen gemacht hatte.

Die toten Geschwister Leonora und Carlo und der Selbstmord Alvaros vor den Augen entsetzter Mönche waren natürlich ein drastischer Schluss, der die im Gesamtgefüge der Oper nahezu gleichgewichtigen beschaulichen Momente der Chöre und Tänze, der Szenen der Marketenderinnen oder des Fra Melitone überschattete. Anders als der in die Handlung tragisch involvierte Page in *Un ballo in maschera* ist Fra Melitone tatsächlich eine komische Figur, ohne allerdings »typisch« im Sinne der *opera buffa* zu sein.

Das Liebesduett ist in *La forza del destino* nicht Zentrum, sondern wird im ersten Bild zwischen Tür und Angel gesungen, weil die gemeinsame Flucht auch ohne den schicksalhaften Mord an Leonoras Vater bevorstand. Die großen farben- und personenreichen Panoramen, das »Feldlager« und die fromme ebenso wie die burleske Chorszene im Kloster, sind die Schwerpunkte dieser Oper. Die Protagonisten gewinnen nur vor diesem Hintergrund dramatische Kontur.

Signifikant für diese Konzeption ist der erste Teil des zweiten Akts in der Schenke von Hornachuelos. In die doppelchörige *preghiera* (»*Su noi prostrati e supplici stendi la man, Sig-*

nore«) sind dort die als Mann verkleidete Leonora und der sie vergebens suchende Bruder Carlo gleichermaßen eingebunden wie individuell herausmodelliert. Dieses andächtige *concertato* ist mit den anderen vielgestaltigen Teilen – einschließlich eines Bauerntanzes – zu einem Ensemble-Bild verfugt, das in knapp zwanzig Minuten alle Dimensionen von Verdis Musiktheater vorführt. In Carlo ließ Francesco Maria Piave auch noch Züge einer dritten Figur aus dem Theaterstück des Herzog von Rivas aufgehen, eines »Studenten«, der sich als »Pereda« ausgibt. Mit diesem Namen führt sich Carlo als Handlungserzeuger in einer »con eleganza« zu singenden Ballade ein, nachdem er wegen seines schlechten Benehmens vom Alkalden aufgefordert wird zu sagen, wer er sei.

Dass Carlo eine Lügengeschichte erzählt, macht Verdi auf entwaffnend simple Art klar: Er lässt ihn einen Takt später zu singen beginnen, als man es erwarten würde. Dieser überstehende Takt wurde später sogar bei vielen Schallplattenaufnahmen gestrichen, weil man ihn wohl für einen Druckfehler hielt. Das ist symptomatisch für die Geringschätzung gerade der scheinbar nur atmosphärischen, anekdotischen und illustrativen Momente von *La forza del destino*, die immer etwas im Hintergrund ihrer Vorgänger- und Folgewerke steht, weil sie selten genug mit dem gleichen Aufwand und Ernst auf die Bühne gebracht wird wie *Tannhäuser* oder *Boris Godunow*, Werke gleichen Formats.

Wenn auch die Verdi-Uraufführung durch ein italienisches Ensemble an der Hofoper des Zaren zur Zeit des sich formenden musikalischen Nationalismus in Russland ein sozusagen exterritoriales Ereignis war, kann man doch den Einfluss der *Forza* gerade auf Modest Mussorgsky und seinen in den Folgejahren entstandenen *Boris* nicht leugnen.

Während Verdi noch weitere Vorstellungen in Petersburg erlebte, kümmerte sich Jacovacci schon um die erste Produktion in Italien; sie sollte am Teatro Apollo allerdings unter dem für einprägsamer gehaltenen Titel »Don Alvaro« herauskommen. Die römische Zensur stellte allerdings fest, dass die Oper »unmoralisch, unpolitisch (sic) und ein schmutziges Machwerk moderner Korruption« sei, und schlug vor: »Alle Bettelszenen können, da sie simple Episoden außerhalb beziehungsweise unabhängig vom scheußlichen Inhalt sind, weggelassen werden.«[79] Hungernde und Kriegsopfer auf der Bühne gefielen der päpstlichen Behörde nicht.

Brieflich und telegrafisch ließ Verdi sich vom weiteren Gang der Dinge in Rom auf dem Laufenden halten. Mitte Dezember war er wieder in Paris und feierte mit Giuseppina dort auch Weihnachten und das Neue Jahr. Verhandlungen mit der Opéra und anderen Bühnen wurden geführt, und Verdi vereinbarte mit Léon Carvalho, dem Impresario des Théâtre-Lyrique, eine französische Fassung des *Macbeth*. Carvalhos Theater war in den letzten Jahren nicht nur durch die Erfolge Gounods eine ernst zu nehmende Konkurrenz der Rue Le Peletier geworden; im folgenden Herbst sollten dort die *Perlenfischer* des jungen Georges Bizet und Hector Berlioz' *Trojaner* herauskommen. Obwohl es am Théâtre-Lyrique keine *conditio sine qua non* war, wollte Verdi aber doch ein – freilich handlungstragendes – Ballett für die zweite Hexenszene komponieren. Das hatte er schon für die Uraufführung 1847 erwogen.

Am 5. Januar 1863 verließ das Ehepaar Paris in Richtung Spanien, wo Verdi am Königlichen Theater von Madrid *La forza del destino* persönlich einstudieren und in Szene setzen sollte. Dafür hatte sich Fraschini stark gemacht, der in Madrid den Alvaro sang, der wieder eine Partie nach seinen Vorlieben geworden war. Nachdem drei seiner Opern in diesem Land spielten, sah Giuseppe Verdi Spanien nun zum ersten Mal mit eigenen Augen. Alle großen Sehenswürdigkeiten wurden besucht. »Der Escorial (man verzeihe mir die Blasphemie) gefällt mir nicht. Er ist eine Anhäufung von Marmor«, schrieb er an Arrivabene[80].

ALTES UND NEUES

Der Maestro wird fünfzig –
Der zweite Macbeth *und Großes für die Opéra*

Nachdem man aus Spanien zurückgekehrt abermals einige Wochen in Paris verbracht hatte, ging es dann im Juli wieder nach Hause, gleich am Tag nach der ersten Aufführung einer Neueinstudierung der *Vêpres siciliennes* an der Opéra, bei der Verdi sich wieder hatte ärgern müssen, diesmal vor allem über den Dirigenten Louis Dietsch, über den sich auch schon Richard Wagner zwei Jahre zuvor bei der spektakulären Pariser *Tannhäuser*-Premiere so beklagt hatte. Nach zehn Monaten des Reisens und der Großstadtaufenthalte blieb Giuseppe Verdi nun zwei Jahre zu Hause, fuhr nur zu einigen Parlamentssitzungen nach Turin oder im Winter nach Genua. Im Haupthaus von Sant' Agata wurde eine kleine Kapelle eingerichtet. Den Klerus und die Kirchenfrommen konnte Verdi nicht ausstehen; er war ein gläubiger Mensch, aber auch in seinem Verhältnis zu Gott auf Eigenständigkeit bedacht.

Im Oktober 1863 wurde er fünfzig Jahre alt. Ricordi in Mailand, Escudier in Paris und andere Verleger auf der ganzen Welt machten gute Geschäfte mit seinen Opern, und es war sichergestellt, dass ihr Komponist gerechten Teil an den Einnahmen hatte. An neue Opern dachte er nicht im mindesten, nur immer wieder an *Macbeth*, der für ihn immer noch eine ganz besondere der inzwischen mehr als zwanzig Opern

Giuseppe Verdi um 1860

war. In Mailand, nun eine italienische Stadt, die sich allmählich zum wirtschaftlichen und kulturellen Zentrum des Königreichs entwickelte, gab es immer noch den Salon von Clarina Maffei, in dem junge Künstler ein und aus gingen. Es waren jetzt Leute Anfang zwanzig, die ganz andere Ziele, eine ganz andere Ästhetik hatten als zu Verdis eigenen Mailänder Zeiten. Die Österreicher, die alle unterschiedlichen Strömungen gegen sich vereinenden Besatzer, waren fort. Boito und sein Freund Faccio waren in einem Alter schon in Paris gewesen, als Verdi zum ersten Mal überhaupt über die Grenze Parmas gekommen war.

Giulio Ricordi

Auch Richard Wagner hatte in diesem Jahr seinen fünfzigsten Geburtstag gefeiert, in einer Wiener Mietwohnung, die er nur mit geborgtem Geld so pompös ausstaffieren konnte, wie er es für sich angemessen hielt. Von seinen Opern war zwar noch keine in Italien aufgeführt worden, viele jüngere italienische Musiker kannten aber die Klavierauszüge und Partituren. Faccio und Boito gehörten zu den Wagner-Bewunderern und arbeiteten nun an einer gemeinsamen Oper: nach Shakespeares *Hamlet*! »Nichts Schlimmes, solange die Bewunderung nicht in Nachahmung entartet. Wagner ist wer, und es ist sinnlos, ihn nachzumachen. Wagner ist weder ein wildes Tier, wie die Puristen meinen, noch ein Prophet, wie ihn seine Jünger möchten. Er ist ein geistreicher Mann, der sich in krummen Wegen gefällt«[81], beschwichtigte Verdi und entzog sich dem emotionalisierten Für und Wider, das sein sächsischer Kollege entfachte.

Faccio und Boito tönten von einer Reform der italienischen

Oper. Boito hielt Faccio für den Retter, der »die Kunst wieder sittsam und rein auf den wie eine Bordellmauer verschandelten Altar heben«[82] sollte, was auf *La forza del destino* gemünzt verstanden wurde. Sie hatten sich in Mailand auch mit einer Streichquartett-Gesellschaft hervorgetan, und Gräfin Maffei förderte sie. Verdi winkte ab, als er davon erfuhr, er sei »ein Esel in Musik«, der nichts verstünde von dem, »was die Gelehrten Klassik getauft haben.«[83]

Franco Faccios *I profughi fiamminghi* wurden zwar im November 1863 immerhin an der Scala uraufgeführt, aber die weitere Entwicklung der italienischen Oper sollte doch erst einmal weiter durch Giuseppe Verdi und keinen anderen bestimmt werden, – und die beiden Hitzköpfe Faccio, ein Gastwirtssohn wie er selbst, und Boito, der Sohn einer polnischen Gräfin und eines Malers, sollten dabei eines Tages seine dankbaren Helfer sein. Dass er ganz nebenbei vielleicht sogar der einzige in Italien war, der ein Streichquartett von klassischem Format hätte komponieren können, wusste er natürlich auch.

Dafür zu sorgen, dass die jungen Bäume im Park von Sant' Agata gediehen, war Verdi jetzt aber wichtiger.

In der »Septemberkonvention« von 1864 vereinbarte der inzwischen vierte Nachfolger Cavours im Geheimen, dass Florenz Sitz der italienischen Regierung werden und jeder Angriff auf Rom unterbleiben würde, um eine Entspannung mit Frankreich des ständig bedrohten Kirchenstaats wegen zu erreichen. Die französischen Truppen sollten dafür aus Rom abziehen. Auch diese Regierung musste dann bald zurücktreten, als deren Quasi-Verzicht auf »Roma Capitale« bekannt geworden war.

Verdi begann in diesen Tagen mit der Komposition des *Macbeth*-Balletts, da Carvalho die Premiere noch für die laufende Saison geplant hatte. Der Anfang des dritten Akts sollte damit erweitert und wirkungsvoller werden, der Tanz nicht der Konvention, sondern dem Geist Shakespeares folgen. Bei ihm fand Verdi auch die Anregung für den – nicht getanzten, sondern pantomimischen – Auftritt Hekates, der Göttin »alles nächtlichen Unwesens, der Zauberei und Giftmischerei«[84], die den Hexen Anweisungen gibt. »Die Hexen beherrschen das Drama... Sie bilden wirklich eine Persönlichkeit«, schrieb er an Escudier[85]. Er machte einerseits eine Konzession und verwirklichte andererseits seine Idee des agierenden Chores. Er wollte auch die umfassendere theatrale und musikalische Wirkung, die er schon 1847 im Sinn hatte, in Paris weiter verfolgt wissen und forderte, dass die elfköpfige Bläsergruppe, die die Erscheinung der Könige begleitet, »unter der Bühne postiert« sein solle, »in der Nähe einer offenen und genügend großen Versenkung, damit der Ton herausdringen und sich im Theater ausweiten kann, aber mysteriös wie aus der Ferne.«[86]

Selbstverständlich hatte er die ganze Florentiner Partitur noch einmal sorgfältig durchgesehen und festgestellt, dass er nach achtzehn Jahren nicht mehr mit allem einverstanden war, dass er verbessern konnte, erneuern mußte. Piave wurde verständigt, die dafür nötigen Texte zu dichten. Unversehens war die einfache Ergänzung zum umfassenden *rifacimento* geworden, und Verdi war noch nicht damit fertig, als er Anfang Februar, mit Giuseppina vor dem nebligen Winter der Po-Ebene fliehend, zu einem längeren Aufenthalt nach Genua aufbrach.

Als Léon Escudier die Noten zugeschickt bekam und die neuen Teile in letzter Minute ins Französische übersetzen lassen musste, hatte Giuseppe Verdi nicht nur den vierten Akt zur Hälfte neu komponiert. Macbeth starb nun hinter der Bühne, und Verdi schrieb über den neuen Schluss: »Ihr werdet lachen, wenn ihr merkt, dass ich für die Schlacht eine

Fuge geschrieben habe!!!«[87] Der Titelheld und Lady Macbeth bekamen auch neue Arien; die alte Form in Cabaletta-Manier war nach den beiden letzten Opern endgültig von einer auch im Orchester differenzierteren Form überholt.

Natürlich hatte das Werk 1847 nicht einen solchen Erfolg gehabt wie *Rigoletto*, aber eine durchaus respektable Zahl von Bühnen in Italien und anderswo, selbst in Warschau, Konstantinopel und New York, hatten den *Macbeth* damals schon nachgespielt. Umso enttäuschender war, dass die Premiere der Neufassung am 21. April 1865 dann konsequenzlos blieb. Verdi war nicht nach Paris gefahren, bekam zwar begeisterte Telegramme Escudiers, die die Lektüre der Zeitungskritiken aber relativierte. Für den neuen *Macbeth* schien sich niemand zu interessieren, vielleicht auch weil das Théâtre Lyrique sich bisher mit Opern ganz anderer Art profiliert hatte. Von dort aus entwickelte sich das »drame lyrique«. Charles Gounods *Mireille* war einer der jüngsten Erfolge gewesen.

Eine Woche nach *Macbeth* war außerdem an der Opéra das letzte Werk des im Mai des Vorjahres verstorbenen Meyerbeer uraufgeführt worden: *L'Africaine*, der Text von Scribe, der schon 1861 verstorben war. Die beiden Meister der *Grand Opéra* standen postum noch einmal im Mittelpunkt. Das Aufsehen war groß und band alle Aufmerksamkeit des musikalischen Paris; alles, was Rang und Namen hatte, einschließlich des Kaiserpaars, war zugegen; eine Meyerbeer-Büste wurde enthüllt. – Trotzdem wollte Escudier Verdi dazu bewegen, auch *La forza del destino* in französischer Sprache zu bearbeiten; Leonora und Alvaro könnten ja heiraten, um den Schluss gefälliger zu machen. Das kam natürlich nicht infrage.

In Busseto hatte sich im Frühjahr 1865 eine »Società Operaia« gegründet, die sich um die Bedürfnisse von Lohn- und Industriearbeitern kümmerte, die fernab der traditionellen Großfamilie oft in Not gerieten, da es noch keinerlei soziale

Absicherung gab. Giuseppe Verdi zögerte nicht, die Ehrenpräsidentschaft zu übernehmen. Ihm war klar, dass das neue geeinte Italien, von dessen 26 Millionen Einwohnern drei Viertel nicht lesen und schreiben konnten, von gravierenden sozialen Gegensätzen gezeichnet war. Deren Ausgleich hatte für die rechtsliberale Politik, die von Florenz betrieben wurde, nicht gerade vorderste Priorität. Besser als vorher ging es durch die nun freizügigere Teilnahme am Welthandel und die entstehenden Verkehrswege vor allem Unternehmern, den ohnehin schon wohlhabenden Bürgern und Adligen – und den Großbauern.

Auch mit seiner nur mehr nominellen Teilnahme an der Politik wollte Verdi abschließen und hatte Piave schon im Februar gestanden, die 450 Abgeordneten wären »in Wirklichkeit nur 449, weil es Verdi als Abgeordneten nicht gibt.«[88] Einer neuerlichen Kandidatur, die man ihm antrug, verweigerte er sich. Das belastete sein gespanntes Verhältnis zur katholischen Bourgeoisie Bussetos gerade in diesen Monaten noch mehr, da das neue Stadttheater seiner Fertigstellung entgegensah; den Bau hatte man 1859 begonnen, als ganz Italien eigentlich andere Sorgen hatte. Verdi war von vornherein dagegen gewesen und wollte sich auch jetzt nicht instrumentalisieren lassen. Die Bussetaner hofften nämlich, dass er ihnen prominente Künstler für wenig Geld herlocken würde. Er hielt das ganze Unternehmen für kleinstädtischen Größenwahn, weil der Zuschauerraum wie die Stadt selbst viel zu klein waren, um in wirtschaftlich vertretbarem Rahmen dort Opern aufzuführen. Die Eintrittspreise hätten so enorm hoch sein müssen, dass nur eine kleine Elite sich den Theaterbesuch hätte leisten können. Ungeschickterweise erinnerten ihn die Honoratioren auch noch an das Stipendium, mit dem er seinen Weg hatte beginnen können, was Verdi als Erpressung empfand.

Giuseppe Verdi aus »Sant' Agata di Villanova«, wie er in offizieller Korrespondenz hervorhob, also aus dem Nachbarort, sah dann aber ein, dass sein Wohlstand zu offenkundig war, und spendete für die Theatereröffnung eine respektable Summe. Es wurde sogar nach ihm benannt, doch setzte er nie einen Fuß hinein.

Als ihn der Journalist Filippo Filippi im September 1865 besuchen wollte, warnte Verdi, er werde nichts von den »Wundern St. Agatas« erleben: »Vier Mauern, um sich gegen die Sonne und die Unbilden der Witterung zu schützen… Piave und Mariani werden Ihnen schon gesagt haben, dass man in St. Agata keine Musik macht und auch nicht von ihr spricht; und Sie laufen Gefahr, dort vielleicht ein nicht nur verstimmtes, sondern sogar saitenloses Klavier zu finden.«[89] Das war natürlich nicht die Wahrheit.

Im Juli war Léon Escudier zu Besuch dagewesen. Es ging zum einen wieder um die französische Fassung der *Forza*, zum anderen darum, davon zu überzeugen, dass der neue Direktor Émile Perrin die Opéra gut in den Griff bekomme und Verdi es sich doch noch einmal überlegen solle, trotz der jüngsten Malaise mit den *Vêpres* wieder etwas für die Rue Le Peletier zu schreiben. Librettovorschläge gab es mehrere, und Verdis Interesse konzentrierte sich schnell auf Schillers *Don Karlos, Infant von Spanien*. Der Stoff wäre in Italien keinesfalls neu für die Opernbühne gewesen; Philipp II. von Spanien und seine dritte Frau Elisabeth von Valois waren ja auch schon mit Piave vor dem *Rigoletto* im Gespräch gewesen, anders in Frankreich. Ein Szenarium lag schon vor, wie üblich von einem Duo konzipiert. Der eine war Perrins Schwiegersohn Camille Du Locle, der andere der alte Joseph Méry, Autor der *Bataille de Toulouse*.

Escudier wusste nach den Unzulänglichkeiten des *Macbeth* am Théâtre Lyrique, dass die Opéra die einzige Bühne war, auf der Verdis Ideen vom Theater im richtigen Maßstab realisiert werden konnte. Vielleicht war der zu Meyerbeers Lebzeiten nicht gelungene große Erfolg jetzt zu erreichen, da Verdi mittlerweile auch dessen Platz in der Académie Française eingenommen hatte. Beschlossene Sache war die neue

Der Palazzo Sauli auf dem Carignano-Hügel über Genua

Oper aber noch nicht, als Verdi und seine Frau Ende November nach Paris fuhren.

Sie sahen sich wie Touristen in der Metropole um, deren Einwohnerzahl sich langsam der zweiten Million näherte. Die nächstgrößte Stadt auf dem Kontinent war Berlin mit nicht einmal einem Drittel davon! Rom war noch mehr vom Barock und der Antike als vom 19. Jahrhundert geprägt und hatte weniger Einwohner als Neapel. Die Pracht der Pariser Avenues und Boulevards, die in den letzten zwanzig Jahren durch die Stadt gezogen worden waren, war der größtmögliche Kontrast zu Sant' Agata und Busseto und eine willkommene Ablenkung. An Arrivabene schrieb Verdi: »Schade, dass die Sonne nicht öfter scheint! Ich bin viermal in der Opéra gewesen!!! Ein- oder zweimal in allen Musiktheatern und habe mich überall gelangweilt. *L'Africaine* ist gewiss nicht Meyerbeers beste Oper. Ich habe auch die Ouvertüre zum *Tannhäuser* von Wagner gehört. Er ist verrückt!!!«[90] Erstaunlicherweise äußerte sich Verdi mit keinem Wort über die gerade bei diesem Stück Wagners so auffällige Anlehnung an Meyerbeer, der für den Sachsen wie für Verdi Vorbild und Konkurrent gewesen war. Beide durften aber doch noch erleben, wie ihre eigenen Werke diejenigen Meyerbeers anhaltend in den Schatten stellten.

Immerhin hatte Jean-Pierre Dantan, der Schöpfer der Meyerbeer-Büste im Foyer der Opéra, inzwischen den Auftrag bekommen, eine solche von Verdi zu gestalten, auf dessen Kosten.

Im Brief an Arrivabene vom Silvestertag des Jahres 1865 ist dann die Rede davon, dass *Don Carlos* nun in Angriff genommen werde, für die *Forza*-Revision, die ursprünglich Vorrang haben sollte, aber keine Zeit mehr sei.

Nach einem Jahr hatte Giuseppe Verdi dann eine Oper vollendet, die doppelt so viel Musik enthielt wie *Rigoletto;* über hundert Jahre sollte es allerdings dauern, bis alles davon erklungen war.

Die ersten zweieinhalb Monate war man noch in Paris geblieben, dann kehrte er mit Giuseppina nach Sant' Agata zurück. Im Sommer arbeitete Verdi drei Wochen in Genua, wo er im Palazzo, in dem auch Angelo Mariani wohnte, nun einen dauerhaften pied-à-terre gemietet hatte. Ganz nah an der spanischen Grenze, im Pyrenäenkurort Cauterets, dreißig Kilometer südlich von Lourdes, wurde dann im September 1866 der fünfte Akt der neuen Oper vollendet. Drüben in Spanien hatte sich der kriegerische Konflikt zwischen Königin Isabella und einem aktuellen Thronprätendenten namens Carlos gerade für eine Weile beruhigt.

In Paris begannen sogleich erste Proben, während Verdi instrumentierte. Camille Du Locle hatte das Textbuch nach dem Tod Mérys allein fertig gestellt.

KRIEG IN ITALIEN, WELTAUSSTELLUNG IN PARIS

Don Carlos, *Verdis französische Oper*

Verdi hatte sich gewiss eine ungestörte Arbeit an *Don Carlos* im Schatten der schon ansehnlichen Bäume im Park der Villa gewünscht, aber Sant' Agatas Umgebung wäre in diesen Wochen beinahe wieder zum Kriegsschauplatz geworden: Es gab Truppenbewegungen und Rückzugsgefechte in der Po-Ebene, nachdem italienische Soldaten – wiederum bei Custoza südlich des Gardasees – vernichtend von den Österreichern geschlagen worden waren. Die neue Regierung hatte nämlich versucht, Venetien von Österreich auf politischem Wege zu erhandeln. Dessen strikte Weigerung war dann von Alfonso Graf La Marmora, dem sechsten Cavour-Nachfolger in fünf Jahren, am 19. Juni 1866 mit einer Kriegserklärung und der Annäherung an das mit Österreich rivalisierende Preußen beantwortet worden. Deren »Deutscher Krieg«, der in Königgrätz am 3. Juli zugunsten Preußens entschieden wurde, brachte Venetien aber nun in französischen Besitz.

Zwar war Garibaldi ins Trentino eingedrungen, aber auch nach dem Wiener Frieden vom Oktober blieb dies wie Triest weiterhin bei Österreich. Verdi fand La Marmoras Vorgehen töricht und hatte in Genua gewartet, bis geklärt war, dass Napoleon III. Venetien an Italien weitergeben würde. Innenpolitisch führte dieser zweitklassige Kriegsgewinn zu einer

Stärkung nationalistischer Ressentiments, die ins nächste Jahrhundert ragen sollten. Perrin und Escudier hatten dieser Tage Mühe, Verdi an der Auflösung des Vertrages für *Don Carlos* zu hindern.

Baustelle der neuen Opéra (Palais Garnier) in Paris

Indisponierte Sängerinnen und eitle Sänger machten dann die Probenarbeit noch beschwerlicher als in der Rue Le Peletier gewohnt. Jean-Baptiste Faure, der Sänger des Rodrigue Marquis de Posa, wollte nach seinem Bühnentod nicht, wie das Stück es verlangte, als Leiche auf der Szene liegen; die Partie des Mönchs musste umbesetzt werden, weil man den Sänger glauben gemacht hatte, sie sei so umfangreich wie die des Philippe oder des Grand Inquisiteur, woraufhin er sie sogar von Ambroise Thomas als Gutachter überprüfen lassen wollte. Der für den Großinquisitor vorgesehene Sänger weigerte sich wiederum, in einer kleineren Partie aufzutreten als sein Kollege als Philippe. Drei Basspartien von Bedeutung waren etwas Ungewohntes. Dem Tenor Jean Morère musste

Verdi zahlreiche Klippen der Titelpartie erleichtern. – So wurde sie die am wenigsten auftrumpfende Tenorpartie Verdis, was der Charakterisierung des Don Carlos sogar zugute kam.

Intrigen wie bei Hofe waren an der Tagesordnung und blieben nicht intra muros der Opéra, weil die Pariser Musikszene ja ein unentwirrbares Geflecht von Zusammenhängen war: Der junge Leo Délibes, der gerade begann, sich als Ballettkomponist zu profilieren, war für die Einstudierung der Bühnenmusik verantwortlich, und Chordirektor Victor Massé komponierte ebenfalls und lehrte am Conservatoire; beide redeten schlecht über Verdis neue Oper und konnten draußen mit detaillierten Berichten von der anstrengenden Probenarbeit aufwarten. Der Choreograph kam nicht rechtzeitig von einem Gastspiel in Sankt Petersburg zurück, so dass wieder wie schon bei den *Vêpres siciliennes* und *Le trouvère* Lucien Petipa diese Aufgabe übernahm, der aber Änderungen wollte, die Verdi erst in letzter Minute verwirklichen konnte.

Das große Ballett im dritten Akt hat den Titel *La Peregrina*; diese berühmte taubeneigroße Perle war tatsächlich im Besitz Philipps II. von Spanien gewesen und gehörte später Napoleon III. (1969 kam La Peregrina in den Besitz der Schauspielerin Elizabeth Taylor[91]). Am Schluss dieses Divertissements erscheint aus einer Muschel die als Elisabeth verkleidete Prinzessin Eboli, was die sich in der Oper anschließende Verwechslungsszene erklärt. Mit Zitaten der spanischen Hymne wird der Huldigungscharakter dieses Balletts unterstrichen, das mit exotischen Perlenfischern am Indischen Ozean aber auch eine Konzession Verdis an den orientalistischen Pariser Zeitgeschmack ist, der in *Don Carlos* ansonsten nur beim *Chanson du voile*, dem »maurischen« *Lied vom Schleier* der Eboli, befriedigt wird.

Wenn auch das Libretto angibt, Méry und Du Locle hätten es »d'après Friedrich von Schiller« verfasst, so sind doch die weit von der deutschen Vorlage abweichenden Züge schon bei anderen französischen Autoren der 1840er Jahre zu finden[92]: die Begegnung des Infanten Don Carlos mit Elisabeth von Valois als der Braut seines Vaters im ersten Akt, wie auch die Figur des Mönches, der eigentlich Carlos' Großvater Charles V. ist, der aus *Ernani* bekannte »Carlo Quinto«. Er hat zwei wirkungsvolle Auftritte zu Beginn des zweiten Akts und schließlich am Ende der Oper, ist aber in der Tat eine Nebenrolle.

Die Mittelpunktsszene der Ketzerverbrennung im Autodafé (Glaubensakt), ein *Grand Opéra*-Panorama comme il faut mit Mönchen, Soldaten, Volk, Kirchenglocken und Lichteffekten, ist zwar historisch authentisch; ansonsten waren Méry und Du Locle aber mit der geschichtlichen Wahrheit noch großzügiger umgegangen als Schiller: Don Carlos, der Infant von Spanien, war ja ein behinderter Heranwachsender gewesen, als sein Vater Elisabeth zur Frau nahm, und Philipp II. war erst 33 Jahre alt und herrschte nicht *»sous les voutes de pierre des caveaux de l'Escurial«*, wie er nun zu singen hatte, denn die »Anhäufung von Marmor« gab es da noch gar nicht.

Wie schon bei den *Vêpres siciliennes* zwölf Jahre zuvor bewirkte die nach Giuseppina Verdis Urteil »schildkrötenhafte« Schwerfälligkeit der Opéra, dass der größte Teil der Aufführungen wieder mit einer Weltausstellung zusammenfiel. Für diese hatte man ungefähr dort, wo später der Eiffelturm errichtet wurde, ein gigantisches verglastes Kolosseum mit sieben Etagen gebaut, das Tausenden Ausstellern Platz bot und in dessen Mitte ein »exotischer« Garten angelegt war. Das *second empire* war auf dem Höhepunkt seiner Selbstdarstellung als führende Nation Europas, was nach »Sadowa«, wie man in Frankreich den kleinen Ort der Schlacht bei Königgrätz nannte, nun umso wichtiger war. Napoleon III. agierte, sich für österreichische Interessen verwendend, gegen Preußen. Ein Höhepunkt des Pariser gesellschaftlichen Lebens war dann Ende Mai auch der Auftritt von Johann Strauß (Sohn), der seinen neuen Walzer *An der schönen blauen Donau* vorstellte. Aus den preußischen Rheinprovinzen wurde nicht nur Wein ausgeschenkt; man zeigte dem Ausstellungspublikum auch die konkurrenzlosen Kanonen der Firma Krupp.

Napoleon III. und Kaiserin Eugénie waren bei der Premiere des *Don Carlos* am 11. März 1867 zugegen gewesen. Verdi hatte kurz zuvor noch zwanzig Minuten der Partitur kürzen müssen. Nicht nur Eugénie, die sich über die kirchenkritischen Momente des Werks mokierte, sondern auch die Opernfreunde und Fachleute waren erstaunt über Anlage und Ästhetik der neuen Verdi-Oper. Manche warfen ihm sogar eine Anpassung an Wagner vor. Mit Schillers idealistischem Drama um private und öffentliche Verpflichtung, um irdische und geistliche Machtausübung hatte Verdi aber versucht, wie schon beim revidierten *Macbeth* seine fortentwickelte stimmzentrierte italienische Oper und die *Grand Opéra* zusammenzuführen, namentlich deren charakteristischen Wechsel von intimen Situationen und aufwendig veräußerlichter Aktion beizubehalten.

Es war die »tinta«, die jeweils individuelle Färbung, die Verdis Opern seit *Rigoletto* hatten, und das große Format, die überraschten. Dunkle Töne und weite melancholische Kantilenen auch bei den hellen Stimmen der Elisabeth und der Voix d'en Haut überwogen. Diese »Stimme von oben« relativiert den antiklerikalen Zug des *Don Carlos*; sie verkündet, dass die Ketzerverbrennung auf Erden nicht von Gott gewollt ist. Und dass der Titelheld am Schluss von einem christlichen Deus ex machina gerettet wurde, war Eugénie auch nicht aufgefallen. Wagners *Lohengrin* tatsächlich nicht unähnlich ist allerdings das Gegenüber zweier großer Frauenpartien, einer lyrischen und einer hochdramatischen, die gleichberechtigt sind und nicht in anderen Welten leben wie diejenigen in *Il trovatore*.

Seinen charakteristischen Baritonprotagonisten spaltete Verdi in dieser Oper nun auf in den lyrischen Rodrigue und in Philippe II., Roi d'Espagne, den heldenbaritonalen Bass der Vater- und Majestätsfigur. Der eine ist der ethisch motivierte Handlungserzeuger, der andere agiert aus Machtbewusstsein. Verdis Philippe stammt nicht nur historisch, sondern auch in der vokalen Geste von dem Carlo des *Ernani* ab, wenn er in seinem Monolog singt: »*Si la Royauté nous donnait le pouvoir de lire au fond des cœurs*« (Wenn uns das Königsein die Macht gäbe, im Grunde der Herzen zu lesen). Er hat im Quartett auch wieder eine »lange«, sich weit wölbende Melodie: »*Non! La fierté de cette femme n'est pas le crime audacieux!*«

Jean-Baptiste Faure, der Rodrigue, war kein typischer »Verdi-Bariton« und auch nicht in *Nabucco* oder *Rigoletto* berühmt geworden, sondern als Rossini-Interpret und in »Baryton-Martin«-Partien. Außerdem hatte er den Wolfram im *Tannhäuser* gesungen und – was nach damaliger Besetzungspraxis nicht so ungewöhnlich war – auch den *Freischütz*-Kaspar und Méphistophélès in Gounods *Faust*. Seine Stärke waren nicht die lauten, strahlenden Spitzentöne, sondern dunkeltimbrierte Eleganz.

Entgegen der später weitverbreiteten Legende von einem Misserfolg erlebte *Don Carlos* in der Rue Le Peletier 43 Aufführungen, bis das Theater im Oktober 1873 abbrannte. Das neue Opernhaus war schon im Bau, und Verdi wurde um eine Oper für diesen »Palais Garnier« angegangen. Die jüngsten Erfahrungen mit der »grande boutique« waren ihm aber genug, er war es leid, dort nie etwas organisch Ganzes zustande bringen zu können, sondern nur ein allenfalls gelungenes »Mosaik«[93]. Er reiste auch gleich am Tag nach der Premiere ab, denn es belastete ihn sehr, am 14. Januar nicht bei seinem sterbenden Vater in Vidalenzo gewesen zu sein.

Um die Beerdigung Carlo Verdis hatte sich Giuseppe Verdi, der namensgleiche Vetter aus Le Roncole gekümmert; dessen siebenjährige Tochter Filomena hatte bei Carlo Verdi und seiner Schwester Francesca gelebt. Das Mädchen, dessen Wohlergehen sie immer im Auge gehabt hatten, wurde wenige Wochen später, als auch Francesca verstarb, von Giuseppe Verdi und Giuseppina Verdi-Streppони, die nun in einem Alter waren, in dem andere Ehepaare längst Großeltern waren, an Kindes Statt angenommen. Verdi nannte die kleine Fifao aber doch immer »nipote«, was Nichte und zugleich Enkelin bedeutete.

Don Carlos wurde dann schon im Juni 1867 in London in einer italienischen Fassung gespielt, bei der der ganze erste Akt und das Ballett gestrichen waren. Spätere Versionen, die Verdi selbst autorisierte, gingen im Hinblick auf die Möglichkeiten und Gewohnheiten an italienischen Theatern in den Kürzungen noch weiter. Der vieraktige italienische *Don Carlo* ging um die Welt und nicht das Original. Erst im letzten Drittel des 20. Jahrhunderts konnte man durch Aufführungen und Aufnahmen einen Eindruck gewinnen, wie Giuseppe Verdi diese Oper ursprünglich gedacht hatte.

Der »Marchese di Posa« war inzwischen stets mit dem gleichen vokalen Zugriff gesungen worden wie Rigoletto oder Nabucco, und die absichtsvolle Kombination unterschiedlicher tiefer Männerstimmen des *Don Carlos* hatte man nivelliert. Am folgenreichsten war dies bei der Partie »Filippo II., Rè di Spagna«, der ähnlich alt wie sein Vater Karl V. oder der neunzigjährige Großinquisitor dargestellt wurde, besonders auch auf deutschen Bühnen. Die deutschen Übersetzungen folgten nämlich der italienischen Version, die schon viele Nuancen des Französischen aufgegeben hatte: König Philipp beginnt seinen Monolog bei Méry und Du Locle im vierten Akt mit der Einsicht, dass seine Frau ihn nicht liebt, und nur ein einziges Mal vor dem Beginn der Arie vermutet er, dass sie ihn vielleicht nie geliebt habe.

Weil man das originale »*Elle ne m'aime pas*« im Italienischen aber mit den Worten »Ella giammai m'amò« auf die entsprechenden Noten gebracht hatte, wurde dann auch im Deutschen von vornherein daraus »Sie hat mich nie geliebt«, was zum Ende der Szene dann noch einmal bekräftigt wird. Im Französischen redet Philipp aber auch da wieder im Präsens. So wurde aus dem historischen 33-jährigen König und Liebhaber, der ja auch ein Verhältnis mit Prinzessin Eboli hatte, im Lauf der Aufführungsgeschichte ein Greis, der von Liebe nur als Reminiszenz spricht.

Im Frühsommer 1867 kümmerte sich Giuseppina Verdi um die weitere Einrichtung der Genueser Wohnung. Zum Möbelkaufen fuhr sie nach Mailand, wo sie – sicherheitshalber mit einem Foto ihres Mannes in der Hand, um auch tatsächlich von den Dienern vorgelassen zu werden –, am Hause der Gräfin Maffei läutete, bei der alten Freundin Giuseppe Verdis, die sie endlich selbst kennenlernen wollte. Beide Frauen verstanden sich auf Anhieb. Sie besuchten gemeinsam den 82jährigen Alessandro Manzoni. Der berühmte Dichter gab eine Fotografie von sich mit anerkennender Widmung für den ihm persönlich nicht bekannten, aber längst hochgeschätzten Komponisten mit. Verdi war währenddessen zu Hause mit einer dampfbetriebenen Bewässerungsanlage für seine Landwirtschaft beschäftigt.

Am 21. Juli 1867 verlor Giuseppe Verdi auch seinen »zweiten Vater«. Er war mit Giuseppina bei Antonio Barezzi in der Stunde seines Todes: »Sein hohes Alter vermag nicht den Schmerz zu lindern… Wenn es ein zweites Leben gibt, wird er sehen, wie sehr ich ihn geliebt habe«[94].

Im August fuhren sie dann beide nach Genua und von dort mit Angelo Mariani nach Paris, ganz privat, um die Weltausstellung zu sehen und einige Opernaufführungen, unter anderem die neueste Oper nach Shakespeare: Gounods *Roméo et Juliette*. – Cauterets hatte ihnen im Vorjahr so gut gefallen, dass sie neuerlich dort kurten, ohne dass Verdi dabei arbeiten

Die Weltausstellung 1867 in Paris

mußte. Mariani bereitete im Herbst in Bologna dann den ersten *Don Carlo* in Italien vor. Die böhmische Sopranistin Teresa Stolz sang die »Elisabetta«, während ihre Kollegin Antonietta Fricci-Beraldi, die Mariani eigentlich in dieser Partie haben wollte, die »Principessa Eboli« übernahm. Verdi kam, um sich einige Proben anzuhören, blieb aber nicht zur – umjubelten – Premiere und fuhr wieder nach Sant' Agata.

Schon Mitte November verabschiedeten sich die Verdis dort vom Personal und von Mauro Corticelli, den sie als Gutsverwalter eingestellt hatten. Diesmal wollten sie den Winter von Anfang an im Palazzo Sauli Pallavicino[95] auf dem Carignano-Hügel oberhalb Genuas verbringen. Verdi legte selbst Hand an beim Ausbau der Wohnung, man war viel mit

Mariani und anderen Genueser Freunden und Bekannten zusammen.

Eine traurige Nachricht kam bald aus Mailand: Francesco Maria Piave hatte einen Schlaganfall erlitten, war gelähmt und konnte nicht mehr sprechen. Seine Frau und Tochter versicherte Verdi sofort seiner Hilfe und initiierte die Edition eines Benefiz-Liedalbums bei Ricordi, zu dem er selbst das Lied *Stornello* beisteuerte. Auber, Mercadante und Thomas beteiligten sich ebenfalls.

Giuseppina Verdis Tagebuch der ersten Tage des Jahres 1868 ist beredtes Zeugnis davon, wie viel sie aufbot, mit dem eigensinnigen Komponisten eine dauerhafte Partnerschaft zu leben. Ihr Giuseppe ist da am Neujahrstag »ein Grandseigneur und großzügig«, am 3. Januar findet sie mit Ausrufezeichen erwähnenswert, dass er einmal »nichts zu beanstanden und zu nörgeln gefunden« habe und fragt »Warum ist er nicht immer so?«, um schließlich am Tag darauf festzustellen, ihm fehle, »um vollkommen zu sein, nur ein wenig Sanftmut und Charme«.[96]

Im März wurde an der Scala *Mefistofele*, die ambitionierte Faust-Oper Boitos, uraufgeführt. Verdi bekam durch Erzählungen Ricordis, der das Werk verlegt hatte, und durch Presseberichte Kenntnis vom katastrophalen Misserfolg des jungen Kollegen. Er hatte seit mehr als zwanzig Jahren keinen Fuß mehr in das Mailänder Opernhaus gesetzt. Giuseppina allerdings sah sich in diesem Frühjahr dort eine *Don Carlo*-Aufführung mit der Stolz an. Zwischen dem nun weniger vorlauten Boito und Verdi kam es in diesen Tagen dann zu einer – wenn auch noch indirekten – Annäherung, weil sie beide gleichermaßen empört waren: Emilio Broglio, der Erziehungsminister im Kabinett des derzeitigen Ministerpräsidenten Graf Menabrèa, hatte einen offenen Brief an Rossini geschrieben, um ihn zur Galionsfigur eines Musik-Fördervereins zu machen, weil es nach Broglios Meinung seit den Tagen des Altmeisters mit der italienischen Musik nur noch bergab gegangen sei. Das war weniger Ausdruck minderen Kunstverstands des Ministers als ein leicht durchschaubarer politischer Trick, denn der Staat war nach dem Krieg vollkommen pleite.

Nach außen hin hatte man sich als neue europäische Großmacht geriert, während die soziale Kluft im Lande immer größer wurde; manche wollten gar die alten Verhältnisse wiederhaben. Broglio wollte nun die Musikerausbildung »privatisieren«. Boito schrieb dem Minister einen offenen Brief, in dem er darauf verwies, dass es nach Rossini sehr wohl noch bedeutende Musik – unter anderem von Giuseppe Verdi! – gegeben habe, und Verdi lehnte seinerseits die Annahme des neuen Ordens der Corona d'Italia ab.

Rossini hatte – wahrscheinlich ironisch gemeint – dem Minister zugesagt und eine kleine Komposition mit dem Titel »Titanengesang« zugesandt, denn Broglio hatte über das »Mastodontische« in der gegenwärtigen Oper geklagt, womit er Verdi meinte, und über das »Mephisthophelische«, das auf Boito zielte. Der Minister musste allerdings gewußt haben, dass er nicht im Ernst auf irgendeine nennenswerte Hilfe des 76jährigen Rossini rechnen konnte, außer dass er vielleicht die Verwendung seines Namens gestattet hätte.

Im November starb der Meister des *Guillaume Tell* und des *Barbiere di Siviglia*, und Verdi machte Ricordi den Vorschlag, dass mehrere italienische Komponisten gemeinsam ein Requiem schreiben und es zum Jahrestag von Rossinis Tod aufführen sollten. Dazu kam es genauso wenig wie zu Broglios Vorhaben. – Als die *Messa per Rossini* zum ersten Male aufgeführt wurde[97], war auch Pietro Platania, der jüngste der dreizehn beteiligten Komponisten, schon über achtzig Jahre tot.

RÜCKKEHR AN DIE SCALA
Die zweite Forza *mit Antonio Ghislanzoni*

Im Frühsommer 1868, als der Po Teile von Verdis Besitz überschwemmt hatte, und im Herbst zur Ernte war das Ehepaar Verdi wieder in Sant' Agata, dazwischen einige Wochen in Tabiano Bagni. Im Winter ging Maria Verdi, wie Filomena Maria Christina nun genannt wurde, mit ihren Eltern nach Genua und besuchte ab Januar 1869 in Turin eine bessere höhere Schule, als es sie in der Nähe von Sant' Agata gab; Giuseppe Verdi widmete sich wieder einem *rifacimento*. Womöglich war der überraschende erste Besuch von Clarina Maffei auf Sant' Agata im vergangenen Mai ausschlaggebend dafür gewesen, dass Verdi einen seiner so lange eisern befolgten Grundsätze aufgab und tatsächlich wieder für die Scala arbeiten wollte: Er hatte ohnehin vorgehabt, die auch ihm bewussten Mängel an *La forza del destino* zu korrigieren.

Dazu hatte er sich, da Piave nicht mehr arbeiten konnte, der Mitarbeit von Antonio Ghislanzoni versichert, der 1862 den Text zu Giovanni Bottesinis Hugo-Oper *Marion Delorme* und gerade ein Libretto für Lauro Rossi[98], einen der Rossini-Requiem-Beteiligten, geschrieben hatte, und auch schon ein Buch über seine Theaterjahre. Der 44-jährige war Opernbariton gewesen und hatte an kleineren Bühnen auch Verdi-Partien gesungen. Wie der junge Boito des *Inno delle nazioni* wusste Ghislanzoni schon von vornherein um die spezifische Beziehung zwischen Wort und Musik in Verdis Opern und hatte dazu auch noch eigene Bühnenerfahrung.

Im Spätjahr 1868 war Ghislanzoni zum ersten Mal nach Sant' Agata gekommen und war von den »weiten Besitzungen des Maestro« beeindruckt. Die romantische Anlage des Parks gebe »das leidenschaftliche Naturell des Künstlers« Giuseppe Verdis wieder, während »die Bodennutzung dieser weiten Felder den klaren Verstand des Menschen, jenen praktischen und positiven Zug widerspiegeln… gepaart mit einer blühenden Phantasie, mit einem lebhaften und leicht reizbaren Temperament«. Seine Beschreibung[99] ist aber vor allem in ihrer Einschätzung des reifen, nun 56-jährigen Verdi im Gegensatz zu dem der ersten Mailänder Jahre aufschlussreich, wo Ghislanzoni ihm schon einmal kurz begegnet war: »Ich habe Künstler gekannt, die ihre Jugend gedankenlos verschwendeten… und später unter der Tünche des Ruhms und der Ehrungen abstrus und beinahe unzugänglich wurden. Man möchte sagen, dass Verdi beim Durchlaufen seiner triumphalen Karriere bei jeder Etappe einen Teil jener rauhen Schale abgeworfen hat, die ihm in jungen Jahren eigen war.«

Teresa Stolz

Die »weiten Besitzungen« blieben im darauf folgenden Frühjahr glücklicherweise von den Verwüstungen verschont, die aufgebrachte Landleute aus Protest gegen eine Mühlensteuer, die sich die Regierung zur Füllung ihrer Haushaltslöcher hatte einfallen lassen, auch um Busseto herum angerichtet hatten. Die Staatsgewalt reagierte mit bewaffneten Soldaten. Dass ihm dieser Staat bald den »Bürgerverdienstorden« des Hauses Savoyen verlieh, lehnte Verdi nun aber nicht ab, denn er war mit einem regelmäßigen Ehrensold verbunden, den er zwei jungen Leuten aus Busseto für deren Berufsausbildung abtrat.

Statt des aufwühlenden »*Miserere mei deus*«-Schlusses der Petersburger Erstfassung endete *La forza del destino* nun mit einem anrührenden Terzett der sterbenden Leonora mit dem tröstenden Padre Guardiano und einem verlassen überlebenden Don Alvaro: »*Non imprecare umiliati a Lui*«. Die letzten Töne sind nicht mehr dumpfe Schläge, sondern entschwebende pianissimi geteilter Violinen. Ganz neuen Text von Ghislanzoni hatte Verdi außerdem nur für die »Ronda« der Wachsoldaten (»*Compagni sostiamo*«) gebraucht, ein behutsamer Chor von reizvoller Einfachheit. – Federico Fellini machte ihn 1983 zum »Leitmotiv« seines Films *E la nave và*. – Des Weiteren passte der neue Mitarbeiter einige Stellen des Piaveschen Texts musikalischen Änderungswünschen Verdis an. Auch das effektvoll zur sinfonischen Ouvertüre ausgebaute *preludio* wurde vom Mailänder Publikum am Abend des 27. Februar 1869 enthusiastisch aufgenommen; und sogar Verdi selbst war – mit Einschränkungen natürlich – diesmal mit der Arbeit der Scala zufrieden.

Antonio Ghislanzoni

Auch die Stolz als Leonora und Mario Tiberini als Alvaro hatten ihm gut gefallen; die Stolz vielleicht sogar ein bisschen mehr. Terezie Stolzová, wie sie eigentlich hieß, galt als Verlobte Angelo Marianis, der dann in Vicenza die zweite Einstudierung der überarbeiteten *Forza* betreute. Vielleicht war Verdi eifersüchtig auf den jüngeren Mariani; vielleicht lag es aber auch daran, dass in Bologna die erste Oper Richard Wagners auf italienischem Boden unter Marianis Leitung annonciert worden war. Es fällt jedenfalls schwer zu glauben, dass es tatsächlich nur an den organisatorischen Problemen der *Messa per Rossini* gelegen haben soll, die für den November in Bologna geplant war, dass die seit *Aroldo* währende Freundschaft Verdis mit dem Dirigenten zerbrach.

Verdi hatte den Schlussteil dieses Requiems geschrieben.

Mariani wollte in Pesaro, dem Geburtsort Rossinis, seinerseits ein Gedenkkonzert veranstalten; er hatte dort einen Chor, den man für die *Messa* gern ausgeliehen hätte. Mariani zierte sich aber, vielleicht auch, weil er nicht unter den ausgewählten *Messa*-Komponisten war. Der Briefwechsel der beiden gibt nur preis, dass beide beleidigt waren, Verdi eher vorwurfsvoll im Ton, Mariani eingeschnappt.

Den Kommunalpolitikern in Bologna kam der Streit durchaus gelegen, sie sagten die ganze teure Rossini-Ehrung einfach ab. »Ach, die talentierten Menschen sind fast immer große Kinder«[100], schrieb Verdi am vorletzten Tag des Jahres an Arrivabene und meinte natürlich Mariani.

Schon im August hatte Verdi eine Anfrage aus Kairo wie zu erwarten negativ beantwortet: Es ging wieder einmal um eine *pièce de circonstance*. Das neue Opernhaus und der Suezkanal sollten festlich eingeweiht werden, und man brauchte eine Hymne. Der Kanal war von einer französischen Gesellschaft gebaut worden, die auch Miteigentümerin war. An Bord des ersten Schiffs, das ihn dann im November durchfuhr, war Kaiserin Eugénie. Das technologisch beachtliche Riesenprojekt diente auch dem Prestige Frankreichs. In Kairo regierte ein türkischer Vizekönig. Das Opernhaus wurde mit *Rigoletto* eröffnet, den Emanuele Muzio dirigierte. Verdi wurde abermals gebeten, wollte aber auch keine neue Oper für die folgende Saison in Kairo schreiben, obwohl man ihm in jeder Hinsicht freie Hand gelassen hätte.

Camille Du Locle war inzwischen einer der beiden Direktoren der Opéra Comique geworden und machte sich ebenfalls Hoffnungen auf eine Verdi-Oper für sein Haus, das zwar nicht die opulenten Möglichkeiten der Rue Le Peletier, jedoch größeren künstlerischen Spielraum und flexiblere Arbeitsbedingungen bot. Aber er konnte Verdi nicht überreden, als dieser mit Giuseppina im März für einige Wochen nach

Paris kam: Adelina Patti trat als Gilda und Violetta Valéry am Théâtre Italien auf. Du Locle versuchte, Verdi den Auftrag aus Kairo doch noch schmackhaft zu machen, er sei nämlich die erste Wahl; wenn er aber nicht wolle, dann würde Gounod für Ägypten schreiben – oder Wagner! Die Partitur des *Tannhäuser* und die theoretischen Schriften Wagners hatte Verdi sich – in französischer Übersetzung – kurz zuvor von Ricordi nach Genua schicken lassen.

Ausschlaggebend für seinen Sinneswandel war aber wohl Muzio, der gerade von Kairo nach Paris gekommen war und Gutes berichtete: Dort in Ägypten war alles noch nicht so starr und eingefahren, und außerdem war dem Vizekönig Ismail Pascha das Teuerste gerade gut genug. Verdi verlangte 150.000 Francs, das Dreifache des *Don-Carlos*-Honorars. Außerdem wollte er Dirigenten und Besetzung bestimmen, aber auf keinen Fall selbst nach Afrika reisen. Die Forderungen wurden akzeptiert, und Anfang Mai 1870 war Verdi entschlossen zu komponieren.

»ROMA CAPITALE«

Rom ist Hauptstadt –
Verdi komponiert für Ägypten: Aida

Als Verdi am 29. Juli in Sant' Agata den Vertrag mit Kairo unterschrieb, war seit zehn Tagen Krieg zwischen Frankreich und Deutschland. Einen guten Monat später gab es keinen französischen Kaiser mehr, aber auch die neue Republik unterlag dem von Bismarck geführten Preußen; und schließlich sollte dessen König Wilhelm in Versailles Deutscher Kaiser werden. Es gab Italiener, die sich nun freuten, denn ohne Napoleon III. im Rücken war Rom leicht zu nehmen. Giuseppe Garibaldi wiederum kämpfte mit den französischen Republikanern gegen die Preußen. Pius IX. hatte sich durch seine dogmatische Haltung ohnehin isoliert, sogar Österreich wandte sich von ihm ab.

Am 20. September 1870 marschierten italienische Truppen

Italienische Soldaten an der Porta Pia
(nachgestelltes zeitgenössisches Foto)

durch die römische Porta Pia; der Rest – ein zustimmendes Plebiszit – war nur noch Routine: Rom war Hauptstadt Italiens. Vittorio Emanuele war neutral geblieben und profitierte abermals von der preußischen Überlegenheit. Bismarck stärkte allerdings eher der Linken in Italien den Rücken, was Verdi einerseits missfiel, andererseits hätte er die antiklerikale Haltung des deutschen Reichskanzlers sicherlich geteilt. Auch »Roma capitale«, für das er sich ja selbst einmal eingesetzt hatte, sah er nun mit gemischten Gefühlen: »schon morgen kann ein verschlagener, arglistiger Papst kommen, ein regelrechter Schurke, wie Rom schon viele gehabt hat… Papst und König von Italien – ich kann sie nicht beisammen sehen«.[101]

Du Locle hatte von dem in ägyptischen Diensten stehenden französischen Archäologen Auguste Mariette ein 23-seitiges Prosakonzept einer Opernhandlung erhalten, so wie sie sich Ismael Pascha wünschte und wie sie nicht ganz zufällig auch in den Pariser Geschmack der Zeit passte: mit ägyptischem Lokalkolorit. Giuseppina half, es ins Italienische zu übersetzen, und als Du Locle nach Sant' Agata kam, schufen Verdi und er ein Szenarium, das den dramaturgischen Konditionen des Komponisten entsprach.

Mariettes Geschichte hatte mythische Motive mit frei Erfundenem verbunden; Verdi und Du Locle änderten nur an Strukturen. Die wichtigste Aufgabe, aus diesen Vorarbeiten ein lebendiges effektvolles Libretto zu machen, wurde dann Antonio Ghislanzoni anvertraut. Ihm gelang es in gemeinsamer dreimonatiger Arbeit mit Verdi, einen Text zu gestalten, der wie kein anderer zuvor Verdis Forderungen nach *parole sceniche*, nach sangbaren »szenischen Worten« mit der Wirkung einer unmittelbaren Bühnengeste erfüllte, wie sie auch Piave immer gefunden hatte, ohne dass sie diesen Begriff schon geprägt hatten. Ghislanzonis »*Ritorna vincitor*« (Kehre als Sieger zurück) ist die vielleicht plakativste *parola scenica* im Textbuch der *Aida*, als deren Librettist dann später auch nur er genannt wurde.

Der dritte Akt wurde noch in Sant' Agata fertig. Als es noch vor dem zweiten Adventssonntag wieder nach Genua ging, stand aber schon fest, dass die Premiere nicht im Januar 1871 stattfinden konnte. Die preußische Belagerung von Paris verhinderte den Transport der dort gefertigten Dekorationen und Kostüme nach Ägypten. Den Angriff auf die so schöne »Hauptstadt der modernen Welt« verübelte Verdi dem preußischen König, gegen den Attila ein Missionar gewesen sei, am meisten. Zum Jahreswechsel beendete Verdi auch die Komposition des vierten und letzten Akts. Parallel zu den

Vorbereitungen für Kairo kümmerte er sich um die europäische Erstaufführung der *Aida* an der Scala, die nun auch aufgeschoben werden mußte, weil Kairo das Vorrecht hatte.

Giulio Ricordi wollte die für den Meister unerwartete Ruhepause ausnutzen und schickte Verdi Libretti aus der Feder Arrigo Boitos; Verdi fand diese zwar nicht uninteressant, ging aber auf die eindeutigen Absichten des Verlegers nicht ein, obgleich ihn der Nero-Stoff, den Boito dann später selbst komponierte, zugegebenermaßen interessierte.

Selbstverständlich lehnte er auch ab, des verstorbenen Mercadantes Nachfolger am Konservatorium von Neapel zu werden. Francesco Florimo, der Bibliothekar des Konservatoriums, hatte Verdi diese Bitte übermittelt, und in dessen ausführlichem Antwortschreiben, das natürlich an die Öffentlichkeit drang, wurde bald ein Satz Giuseppe Verdis vollkommen aus dem Zusammenhang gerissen zu einem »geflügelten Wort des großen Komponisten«. Er hatte nämlich im Hinblick auf seine musikpädagogischen Maximen geschrieben: »Regellosigkeiten und Fehler im Kontrapunkt kann man im Theater hingehen lassen, und da sind sie ab und zu sogar schön. Nicht im Konservatorium.«[102] Und er schloss mit den Worten: »Torniamo all'antico e sarà un progresso« – wenden wir uns dem Alten zu und es wird ein Fortschritt sein. Aus dieser Forderung, sich gerade an Ort und Stelle der alten Meister Neapels, Alessandro Scarlatti, Durante und Leo auch in der gegenwärtigen Musikerausbildung zu besinnen, wurde die Legende eines in seinen späten Jahren konservativen Giuseppe Verdi.

Auch eine Totenmesse wollte er nicht komponieren; es gäbe schon »viele, viele, viele!!! Es ist sinnlos, noch eine hinzuzufügen«, schrieb er Anfang Februar an Alberto Mazzucato, der das »*Libera me, Domine*« aus der *Messa per Rossini* bei Ricordi hatte näher ansehen können und es großartig fand.

Dort in Mailand übergab Verdi im September dann dem Direktor der Kairoer Oper Paul Draneth eine Abschrift der vollständig instrumentierten Aida-Partitur.

Im Vorjahr hatte Verdi durch den Zukauf weiterer Bauernhöfe seinen Besitz abermals erweitert, und bei allen Verwaltern und Helfern, die er hatte, war ihm die eigene Aufsicht doch sicherste Gewähr für einen guten Gang der Geschäfte.

Von Sant' Agata aus reiste er Mitte November nach Bologna, wo es zu zwei kurzen Begegnungen kam, deren eine trauriges Zeichen einer beendeten Künstlerfreundschaft war, die andere ein kleiner weiterer Schritt zu einer dereinst ergebnisreichen Zusammenarbeit: Auf dem Bologneser Bahnhof traf Verdi auf Mariani, der eigentlich jemand anderen abholen wollte. Der Dirigent war höflich, wollte sogar das Gepäck Verdis tragen, der aber nur das Allernötigste mit ihm redete, vor allem, dass niemand erfahren solle, dass er in der Stadt sei, und schon gar nicht, dass er sich den Wagnerschen *Lohengrin* am Teatro Comunale anhören wollte, den Mariani dirigierte. Verdis Inkognito blieb natürlich nicht gewahrt; wie sollte auch der womöglich derzeit prominenteste Italiener unerkannt von dreizehnhundert Zuschauern in einem Opernhaus sitzen. Es gab Ovationen, denen Verdi sich so gut wie eben möglich entzog. Aber er hatte die Oper des Deutschen hören wollen, wissen wollen, wie die Noten tatsächlich klingen, die er natürlich längst gelesen und auf dem Klavier gespielt hatte. Bevor er den Zug nach Hause bestieg, begegnete er auf dem Bahnsteig Boito.

Die Kairoer Gesellschaft – dazu reiche Orientreisende, internationale Geschäftsleute und Diplomaten – waren natürlich von *Aida* einhellig begeistert. Unter den wenigen fachkundigen Europäern, die sich wegen einer Opernuraufführung der weiten Reise unterzogen hatten und deshalb Weihnachten 1871 am Nil verbrachten, war auch der Komponist

Ernest Reyer, der wie die meisten seiner Pariser Kollegen auch Kritiker war. Reyers Bericht über die Premiere vom 24. Dezember, die Giovanni Bottesini dirigierte, erschien in der

Aida-Kostümentwürfe von Auguste Mariette: Radamès

letzten Ausgabe des *Journal des débats* des Jahres: »Ich bin völlig sicher, dass ihm die Werke Wagners vertraut sind und die von Berlioz ebenso. Er muss sogar die Partituren Meyerbeers ein wenig studiert und sich Gedanken über die Methoden von Monsieur Gounod gemacht haben… Und wenn Maestro Verdi in seiner neuen Art fortfährt, wird er… viele Anhänger gewinnen, selbst in Kreisen, in denen er bisher nicht zugelassen war«. Verständlich, dass Reyer Neues erst einmal als Imitation oder Abweichung zu klassifizieren suchte; heute empfindet man das, was Verdi bei *Aida* an Einflüssen auf sich zuließ, als gelungene Synthese und somit originäre Kreation, genauso wenig wie man Wagners *Fliegendem Holländer* die Entlehnungen bei Bellini oder Marschner ankreidet. Außerdem übersah Reyer den schöpferischen Zusammenhang, da er nur den aufgeführten *Don Carlos*, also bloß einen Teil der Oper, und die revidierte *Forza del destino* noch überhaupt nicht kannte.

Reyer schrieb 1889 dann selbst eine in Nordafrika spielende Oper nach Gustave Flauberts *Salammbô* (auf ein Libretto Du Locles), die sich in ihrer Klangsprache der französisch-orientalistischen *couleur locale* bedient. Eine solche Einfärbung hat zwar auch die Musik der *Aida*, wo die Melismen der Priesterin, der formelhafte Gesang der Priester und die Schilderung des nächtlichen Nilufers mit einem »exotischen« Oboensolo eindeutig mit Ort und Stelle des Bühnen-Geschehens zu tun haben. Genauso wenig wie die charakteristische Musik von Richard Strauss' *Salome* aber einen morgenländischen Tonfall hat, der mit irgendeiner anderen Komposition korrespondiert, ist auch die Klangfarbe von Verdis Ägypten-Oper eine vollkommen individuelle »tinta«.

Ein äthiopischer Gefangener

Aida ist die Vollendung der französischen Großen Oper auf Italienisch, gleich dem *Don Carlos* vom Kontrast des personenreichen Tableaus zum Kammerspiel gekennzeichnet. Bei *Aida* ist das Intime sogar noch ausgeprägter: neben den populären spektakulären Szenen gibt es eine Mehrzahl von Arien und Duetten, daneben nur ein einziges Terzett sowie das knappe dritte Finalensemble. Die Tanzszenen lassen dem klassischen Opernballett sein Recht, sind in Dramaturgie und musikalischem Gewicht aber vollkommen integriert. Man kann nichts weglassen.

Als Verdi für Mailand dann außer einer Veränderung im Duett des zweiten Akts das knappe, direkt in die erste Szene überleitende Orchestervorspiel durch eine große Ouvertüre im Stile der *Forza* ersetzen wollte, zog er die Noten schnell wieder zurück, nachdem er sie sich im Theater hatte vorspielen lassen. Bei *Aida* ist auch kein Takt mehr zu ergänzen. Die handelnden Personen haben scharfen und einfachen Umriss, zugleich aber auch tiefe individuelle Emotion; dies verdankt sich nicht zuletzt der Wortkunst Ghislanzonis. Man achte allein auf die sich spontan erklärenden Epitheta der Titelheldin wie »*celeste Aida*«, »*rea schiava*«, »*l'aborrita rival*« oder »*mia figlia…dei faraoni la schiava*«.

Wenn auch ein wesentlicher Aspekt der Oper des 19. Jahrhunderts in *Aida* entfällt, der Reflex auf die Historie ihres bürgerlichen Publikums, so ist die erste vollkommen »geschichtslose« Oper Verdis doch ein ungemein politisches Stück. Aida und Radamès sind den brutalen geistlichen und weltlichen Machthaber beistandslos ausgeliefert wie die Menschen den diktatorischen Verbrechen des 20. Jahrhunderts. Im Staatsakt des Pharaonenregimes mit den »ägyptischen« Spezialtrompeten des Triumphmarschs zeigt Verdi bei allem musikalischen Glanz und satztechnischem Effekt auch sein Misstrauen gegenüber lautem Nationalismus, der Menschen zerstört. Gerade war ja der Pomp des dritten Napoleon zusammengebrochen, und in seinem Italien erkannte er eine bedenkliche Entwicklung, die mit noch größerer Dynamik auch in Berlin in Gang gekommen war und zu kolonialistischer Expansion führte.

In dieses *Grand-Opéra*-Prunkbild lässt er einen gefesselten farbigen Gefangenen hereinführen, Aidas Vater Amonasro: die wirkungsvollste und kürzeste handlungserzeugende Baritonpartie, die er je schrieb. Er ist der König eines besiegten Volks und, wie Verdi in seiner »disposizione scenica« für die

Mailänder Inszenierung festhielt, ein »unbeugsamer Krieger, voll Vaterlandsliebe: stark und ungestüm«. Die beiden anderen Führergestalten, der König und der Oberpriester Ramfis, sind beide »von majestätischer Haltung«, der eine »gebieterisch«, der andere »unbeugsam, selbstherrlich und grausam«.

Wo Verdis Sympathien lagen, ist klar. Amonasro hat keine eigentliche Arie, wird aber durch signifikante Melodien zur Schlüsselfigur. Wie Germont-Vater beschwört er in Des-Dur vor seinem Kind die Heimat (»*Rivedrai le foreste imbalsamate*«), und mit einer an die erste Arie der Leonora in der *Forza* (»*Ah, non m'abbandonar, pietà di me Signore*«) erinnernden »langen« Melodie zu den Worten »*pensa che un popolo vinto straziato per te soltanto risorger può*« (Bedenke, dass ein besiegtes und erniedrigtes Volk nur durch dich auferstehen kann) appelliert er an Aida; er löst damit die Katastrophe aus: sie bringt Radamès zum Verrat. Schließlich steht nichts anderes als einfache Melodie beim trostlosen Liebestod Aidas und Radamès. Zu Ghislanzonis Worten »*O terra, addio; addio, valle di pianti/Sogno di gaudio che in dolor svanì*« (O Erde, lebe wohl; lebe wohl, Tal der Tränen/Traum von Freude, der in Schmerz vergeht) erfand Verdi ein zweitaktiges, von einer großen Septime geprägtes Weltabschiedsmotiv, das ohne Abwandlung zehnmal hintereinander zu hören ist! – Das »Verklärteste, Bewundernswürdigste«, wie Thomas Mann es Hans Castorp im *Zauberberg* beschreiben lässt.

ERFOLG UND WOHLSTAND IN SCHLECHTEN ZEITEN

*Ein Streichquartett, das Requiem –
Wiederbegegnung mit Boito*

Die Nachrichten aus Kairo hatte Verdi wohl zur Kenntnis genommen, an den Erfolg seiner *Aida* glaubte er aber erst wirklich, als er nach der Mailänder Premiere 32 Mal vor den Vorhang gerufen wurde. Teresa Stolz hatte die Titelrolle gesungen. Sie war inzwischen nicht mehr mit Mariani liiert. Anfangs war es wieder nicht klar gewesen, ob die Stolz nicht vielleicht besser die Amneris, die im Grunde auch attraktivere, weil sich entwickelnde der beiden weiblichen Hauptpartien, hätte singen sollen. Die Pharaonentochter hatte aber dann die Wienerin Maria Waldmann übernommen; beide Frauen trugen in den nächsten Monaten und Jahren nicht wenig zum Erfolg der *Aida* auch an anderen Theatern bei.

Der Dirigent an diesem 8. Februar 1872 war Franco Faccio gewesen; der jetzt 31-jährige gab das Komponieren bald ganz auf. In Padua leitete er ein paar Wochen später gleich die nächste *Aida*-Einstudierung. Verdi selbst betreute dann – mit der Stolz – sogleich am Teatro Regio von Parma eine weitere Inszenierung, dreißig Jahre nach dem *Nabucco* mit der Strepponi. Ob Verdis Affinität zu Teresa Stolz je eine »Affäre« geworden war, weiß kein Mensch. Die Stolz war weder schön noch schlank und soll auch nicht klug gewesen sein. Jedenfalls muss sie Verdis Partien so gesungen haben, wie Verdi sie sich vorstellte.

Das Orchester und der junge Dirigent in Parma waren nicht besonders gut. Hatte es in der Vergangenheit in den kleineren italienischen Residenzstädten doch dann und wann glanzvolle Opernspielzeiten gegeben, so war daran derzeit nicht zu denken. Die noch immer landwirtschaftlich geprägte Region war in tiefer Rezession, die öffentlichen Kassen waren leer, vielen Bauern auch um Busseto ging es miserabel; sie mussten ihren Besitz verkaufen und in den entstehenden industriellen Zentren Arbeit suchen. Die verbesserten Verkehrsverbindungen ließen die Erzeugerpreise sinken.

Mit einem Bauernhof in Fiorenzuola sull'Arda kaufte Verdi jetzt noch ein weiteres Objekt hinzu, das etliche Kilometer von Sant'Agata entfernt war, und entwickelte sich immer mehr zum Großgrundbesitzer und Agrar-Unternehmer. Er verließ sich dabei auf die Sachkompetenz seiner angestellten Verwalter und Fachleute, was ihm nicht immer leicht fiel, wie er in einem Brief an Clarina Maffei vom Mai dieses Jahres bekannte: »Ich liebe die Blumen sehr, aber um schöne zu haben, brauchst man einen guten Gärtner. Nun

Franco Faccio

sind die guten Gärtner, die guten Köche, die guten Kutscher, die wahren Tyrannen des Hauses. Mit ihnen ist man nicht mehr sein eigener Herr… Nein, nein, an Tyrannen im Hause genüge ich allein, und ich kenne sehr wohl die Mühe, die ich mir koste!!! Nebenbei bin ich ein Tyrann, der immer das tut, was ich nicht will«[103].

Olivier Halanzier, Perrins Nachfolger an der Pariser Opéra, hatte sich natürlich sofort gemeldet, um *Aida* für sein Haus zu reklamieren. Er mußte noch lange warten. In wohlgesetztem Französisch dankte Verdi »für die freundliche Art, in der Sie mit mir in geschäftliche Verbindungen treten wollen…, aber jetzt hätte ich nicht den Mut, mich noch einmal all den Plackereien und der versteckten Gegnerschaft auszusetzen, die bei diesem Theater herrschen und die mir noch in peinlicher Erinnerung sind.«[104] Anfang November wurden dann die Koffer gepackt, und die Verdis machten sich auf den nun endlich nicht mehr so anstrengenden Weg nach Neapel, dem »von Dieben bewohnten Paradies auf Erden«, wie es Giuseppina nannte. Verdi hatte Torelli, der die Jahre des Umbruchs am Teatro San Carlo überstanden hatte, erst seine beiden jüngsten Opern verweigern wollen; man sei dort immer noch so altmodisch, und *Don Carlo* und *Aida* wären einfach zu anspruchsvoll für neapolitanische Verhältnisse. Diese Opern seien »opere d'intenzioni«, Werke, die eine Absicht hätten, einen Inhalt, der sich mitteilen wolle, nicht nur Noten und Worte mit Szenenanweisungen zum unreflektierten Aufführen. Freund De Sanctis hatte das Seine getan, Verdi umzustimmen. Als man dann sogar bereit war, die Waldmann als Eboli und Amneris zu engagieren und Teresa Stolz als Elisabetta und Aida, lenkte er dann doch ein, zumal Giuseppina und er den milden Winter am Golf schätzen gelernt hatten. Dass die Sympathie des nun 59-jährigen Komponisten für die zwanzig Jahre jüngere Stolz – und deren Bewunderung für den Maestro – in den folgenden Monaten die Ehe Verdis belastet hat, ist denkbar. Gewiss ist aber, dass Giuseppina, »eine Partnerin von seltenem Format« (Hans Busch), stets mit Klugheit, Würde und sehr freundschaftlich mit Teresa Stolz umging, was bei allem Klatsch, der im Theatermilieu gedieh, bewundernswert war.

Den Spätherbst, die Weihnachtszeit und bis kurz vor Ostern auch den vielleicht reizvollsten ersten Teil des neapolitanischen Frühlings verbrachten die Verdis in entspanntem Wechsel von Arbeit, Erholung, Festen und Ausflügen. Wegen Krankheit mussten die *Aida*-Aufführungen verschoben werden und der Aufenthalt verlängert. So nahmen sie für die letzten Wochen Quartier in einem Hotel, weil der Mietvertrag für ihre Wohnung nicht verlängert werden konnte. Am Abend des 1. April 1873, dem Tag nach der *Aida*-Premiere, war dann dort ein Abendessen mit ein paar Freunden aus der Stadt und vom Theater vorgesehen. Zum großen Erstaunen standen zwei Doppelnotenständer im Foyer. Wo Verdi wohnte, war eigentlich nie Musik zu hören, am allerwenigsten seine eigene.

In der Nacht zuvor hatte schon ein Fackelzug den Komponisten auf dem ganzen Weg vom Opernhaus zum Hotel in der Via Crocelle geleitet; Blaskapellen hatten dazu Melodien aus seinen Opern gespielt, was ihm sicherlich eine genauso große Ehre wie Ohrenpein gewesen war. Umso größer war das Erstaunen, als nun vier Musiker des San-Carlo-Orchesters kamen, ihre Instrumente stimmten und den zum Essen Geladenen ein Streichquartett spielten, mit dessen Komposition sich Verdi die unvorhergesehene Freizeit der letzten Wochen vertrieben hatte. Boito und Faccio hatten längst anderes im Sinn als solche Musik; Verdi hatte das prätentiöse Getue um die »Società del quartetto« bei der Gräfin Maffei aber nicht vergessen und zeigte nun ganz diskret, wer der Meister war.

Er hatte vor allem Joseph Haydns Quartette schon in jungen Jahren genau studiert, und mit seiner nun vier Jahrzehnte langen Erfahrung als Komponist war es keine Überraschung, dass er ein Streichquartett schreiben konnte; nur dass er es wirklich tat, nahm auch seine Freunde wunder, hatte er doch in den letzten Jahren immer vorgegeben, Komponieren sei harte Arbeit und kein Plaisir.

Mit dem galant stilisierten Quartett im letzten Akt des *Ballo in maschera* hat diese Musik nichts zu tun. Ihre Klangsprache ist im ersten Satz unverkennbar die der *Aida*; opernhaft ist aber nur im dritten Satz eine *Don-Carlos*-nahe Cellokantilene und die scherzohafte Motorik in ihrer auch tonartlichen Verwandtschaft zum ersten Bild von *Il trovatore*. Dieses Prestissimo hat auch ein klein wenig südlichen, neapolitanischen Gestus, auch wenn ein Streichquartett eine »pianta fuori clima« war, wie Verdi meinte, ein in diesen Breiten nicht gedeihendes Gewächs. Das eigentliche Scherzo ist aber die Fuge des vierten Satzes.

Verdi blieb dann auch nicht so restriktiv, wie es zuerst hatte scheinen mögen, und ließ schon drei Jahre später zu, dass man sein ganz privates *Quartetto in mi minore* auch öffentlich aufführte. Der »Tyrann« tat wieder das, was er nicht wollte. Eine Woche nach dem überraschenden »Hauskonzert« brach er mit Giuseppina auf und war am 10. April nach viereinhalbmonatiger Abwesenheit wieder in Sant' Agata.

Von einem kurzen Besuch in Parma zurückgekommen, wo man *La forza del destino* aufgeführt hatte, erreichte Verdi ein Telegramm Clarina Maffeis mit der Nachricht vom Tode Alessandro Manzonis. Der Achtundachtzigjährige war am 22. Mai auf einer Kirchentreppe gestürzt. Nach langer Zurückgezogenheit hatte sich Manzoni in den letzten Jahren noch einmal der Öffentlichkeit zur Verfügung gestellt. Der Dichter war von Vittorio Emanuele zum Senator berufen worden und wurde über sein Werk hinaus zur Integrationsfigur vor allem bei der Förderung einer einheitlichen Kultursprache im Lande, was angesichts der vielen Analphabeten eine zentrale sozialpolitische Aufgabe war. Fünf Jahre zuvor war Verdi Alessandro Manzoni ein einziges Mal persönlich begegnet. In seinen frühen Mailänder Jahren hätte er wohl nie, wie viele andere es taten, dem größten italienischen

Alessandro Manzoni

Dichter seine Aufwartung gemacht; er hatte mit seiner Verehrung nicht lästig sein wollen.

»Tausend Mal gesegnet der Bauer, der geboren wird, isst und stirbt, ohne dass sich jemand um seine Angelegenheiten kümmert! Und wir erzdummen Zigeuner können keinen Schritt tun, ohne dass er auf tausenderlei Art kommentiert wird«, beschreibt er in einem Brief an Giulio Ricordi[105] den Preis dafür, ein bekannter Künstler zu sein. Da ging es schon wieder um ihn selbst, seinen Entschluss, Manzonis Tod mit einer Messa da Requiem zu gedenken. Das Werk, so hatte Verdi es dem Verlag und dieser dann der Stadt Mailand vorgeschlagen, solle am Jahrestag von Manzonis Tod dort aufgeführt werden. Das »*Libera me, Domine*« einschließlich der Grundzüge des »*Dies irae*« waren ja schon fertig.

Zur Beerdigung des Dichters war Kronprinz Umberto nach Mailand gekommen, Verdi fehlte bei der Beisetzung. Ganz allein ging er am 2. Juni zum Grab Manzonis.

Mit der Komposition seiner »Totenmesse zum Gedenken an den Jahrestag des Todes von Alessandro Manzoni« begann er dann in Paris, wo er sich mit Giuseppina mehrere Wochen im Sommer aufhielt, um Verhandlungen mit Verlegern und internationalen Impresarios zu führen. Wie üblich im Herbst nach Sant' Agata zurückgekehrt, wurde die Arbeit neben den dortigen Verpflichtungen in der Villa fortgesetzt. Verdis 60. Geburtstag war zu feiern, und erst am Tag vor Silvester 1873 ging es diesmal nach Genua in den Palazzo Sauli Pallavicino, wo Angelo Mariani im Juni seinem Krebsleiden erlegen war. Erst Jahre später erwähnte Verdi, ohne ihn beim Namen zu nennen, sein Bedauern über den Verlust eines kompetenten Interpreten.

Macbeth an der Scala zu inszenieren, lehnte Verdi ab; als er an der neuen Fassung arbeitete, hatte das Theater nämlich zu seinem Missfallen noch einmal die Version von 1847 wiederaufgenommen, die es in fünf Spielzeiten auf insgesamt 72 Vorstellungen gebracht hatte. Der Pariser *Macbeth* hatte am 28. Januar 1874 mit dem originalen italienischen Text Piaves aber nun in Mailand den erwünschten Erfolg und wurde mehr als hundert Jahre lang nur in dieser Gestalt aufgeführt, bis historisches Interesse an der Originalversion erwachte.

Die Partitur der *Messa da Requiem* wurde im April in Sant' Agata vollendet. Nördlich der Alpen nahm man dieses Werk jahrzehntelang mit großem Vorbehalt auf. Der Aufführung in der Mailänder San-Marco-Kirche, die auch dank der Unterstützung des Stadtrats Arrigo Boito tatsächlich am 22. Mai 1874 zustande gekommen war, hatte der Dirigent Hans von Bülow beigewohnt, der sofort über die deutsche Presse alle denkbaren Ressentiments gegen diese Totenmesse, die eigentlich eine Oper sei, in Umlauf brachte. Natürlich waren Melodik und Affekte keine anderen als in Verdis Opern, es sangen ja Menschen um die letzten Dinge, und die »Sprengschläge« und »bodenlos stürzenden Schreie« (Ernst Bloch)[106] des »*Dies irae*« waren zweifelsohne theatralisch. Aber die Mittel weltlicher Kunst in die Kirchenmusik zu bringen, war auch in früheren Epochen gang und gäbe gewesen und eigentlich plausibler als das Umgekehrte, das Richard Wagner bald tat, der sich christlicher Liturgie für sein Theater bediente.

Die Wagnerianer in Deutschland fanden wohl auch etwas ganz anderes viel empörender, dass nämlich Giuseppe Verdi die erste internationale »Vermarktung« eines neuen Werks ernster Musik in großem Stil gelang. Das Verdi-Requiem wurde zunächst in Mailand mehrere Male an der Scala wiederholt, dann bei Du Locle an der Opéra Comique in Paris, im Jahr darauf dann abermals dort sieben und je weitere vier Mal in der Londoner Royal Albert Hall und an der Wiener Hofoper, meistens mit Stolz und Waldmann, die schon in der Uraufführung gesungen hatten, und mit Giuseppe Verdi am Dirigentenpult.

Nur die Londoner Aufführungen waren mäßig besucht und die Publikumsreaktion reserviert. In Wien war die Begeisterung dagegen groß. Auch noch bei einer Aufführung unter Hans Richter am 1. November 1875, als das Ehepaar Wagner zugegen war. Über das Werk sei »nicht zu sprechen entschieden das beste«, schrieb Cosima Wagner ins Tagebuch. Richter hatte ja sogar einmal gewagt, Wagner gegenüber zu behaupten, Verdi sei nicht schlechter als Donizetti. »Physisch übel« war Cosima deshalb geworden: »ich nehme einen Band Goethe (Paralipomena zu »Faust«) und suche Rettung. Doch nichts hilft, ich leide, leide. R. wird es auch zu arg und bittet Richter aufzuhören«[107].

Andererseits gab es auch viele Aufführungen des Requiems, an denen Verdi nichts verdiente. Muzio schrieb aus den USA, dass man es dort in Kirchen aufführe bei natürlich freiem Eintritt und die Priester sich über volle Klingelbeutel freuten. Auch gegen unkünstlerischen kommerziellen Umgang mit dem Requiem konnte der Komponist sich wegen des immer noch rudimentären italienischen Urheberrechts nicht wehren, etwa gegen die Aufführung in einer Sportarena mit begleitendem Blasorchester.

Von der »Requiem-Tournée« hatte Verdi auch den jetzt von der französischen Republik verliehenen Rang eines Commandeur der Ehrenlegion sowie einen in Privataudienz vom österreichischen Kaiser (!) erhaltenen Orden mitgebracht. Im Dezember 1875 fuhr er nach Rom, wo ihn der König zum Senator ernannte. Böse Zungen meinten, dass ihm diese Ehre nur wegen seiner hohen Steuerzahlungen zuteil geworden sei. – In Deutschland war es in diesen Tagen genau umgekehrt, da wurde der Kaiser vom bedeutendsten Komponisten seines Reichs um Geld für dessen hochfliegende Festspielpläne angegangen. Wilhelm I. besann sich ausgerechnet da seines Parlaments und verwies Richard Wagner zuständigkeitshalber an den Reichstag, worauf der Komponist sein Ersuchen zurückzog.

Das viele Geld, das er in letzter Zeit verdient hatte, mußte angelegt werden, und so erfuhr Verdis Besitz Ende 1875 seine entscheidendste Erweiterung. Außer vier Bauernhöfen und

Einer der Bauernhöfe Giuseppe Verdis

Parzellen, die an Sant' Agata grenzten, erwarb er noch zwei weitere Güter und eine Mühle im benachbarten Cortemaggiore. Den sich über Jahre erstreckenden systematischen Erwerb von Heimat dokumentierte die amerikanische Verdi-Forscherin Mary Jane Phillips-Matz erst gegen Ende des 20. Jahrhunderts in seinem vollen Umfang.

Dass es im März des neuen Jahres schon wieder eine neue Regierung in Italien gab, war insofern von Bedeutung, als es sich diesmal tatsächlich um einen Machtwechsel handelte. Die bisherige linke Opposition unter Agostino Depretis kam ans Ruder. Sie war erstaunlicherweise strikt gegen eine Verstaatlichung der Eisenbahnen, die die Rechte aus strategischen Gründen hatte vornehmen wollen, weil die norditalienischen Bahngesellschaften unter anderem vom Pariser Bankhaus Rothschild kontrolliert wurden. Depretis wollte das Geld eher für den Ausgleich des sozialen und sich immer deutlicher abzeichnenden Nord-Süd-Gefälles verwendet wissen. Eine Abkehr von Frankreich, wie sie nach der Wahl des konservativen Generals MacMahon zum Präsidenten der Republik begonnen hatte, begrüßte Depretis.

Im vergangenen Jahr waren zwei hochrangige Staatsbesucher in Italien gewesen: Wilhelm I. traf Vittorio Emanuele in Mailand, und der österreichische Kaiser Franz Joseph begegnete dem italienischen König in Venedig, was besonderen Symbolwert hatte. Diese neue Orientierung überdeckte, dass italienische Nationalisten die Trentino-Triest-Frage stark emotionalisierten und von diesen Gebieten als »irredente«, unerlöst, sprachen.

An Clarina Maffei schrieb Verdi, als Piave von seinem Leiden in Lähmung und Sprachlosigkeit am 5. März 1876 erlöst worden war: »verlasst Euch darauf, dass er bei weitem der beste war«, weil die Gräfin wieder einmal von neuen Strömungen im Theater geschwärmt hatte. Verdi fuhr fort, dass das Wahre zu kopieren zwar gut sein könne, »das Wahre zu erfinden« aber entschieden besser, womit er Shakespeare meinte[108]. Der sei vielleicht tatsächlich einem dicken Sir John Falstaff begegnet, kaum aber einem so wahrhaftig böse von ihm dargestellten Jago oder engelsgleichen Frauen wie Desdemona. – Die Kosten für die Beerdigung Francesco Maria Piaves übernahm Verdi, wie er auch dessen Witwe und Tochter weiter unterstützte.

Auf ein Libretto von Arrigo Boito – nach Victor Hugos *Angelo, tyran de Padoue* – wurde am 8. April 1876 an der Scala *La Gioconda* von Amilcare Ponchielli uraufgeführt. Der 1834 geborene Ponchielli sollte der einzige italienische Opernkomponist dieser Generation sein, der zu Verdis Lebzeiten neben diesem einen erwähnenswerten Erfolg hatte, beschränkt allerdings auf die *Gioconda*, denn seine früheren Werke wie *I promessi sposi* oder *I Lituani* (nach Mickiewicz auf einen Text Ghislanzonis) setzten sich genauso wenig durch wie die bis zu seinem Tod 1886 noch folgenden. Ironischerweise wurde die Ballettmusik der *Gioconda*, der »Tanz der Stunden«, am populärsten, obwohl das venezianische Sujet und die Gesamtanlage dieser Oper eine dezidierte Besinnung auf die Wurzeln der italienischen Oper war.

Boito, der sich hier hinter dem Pseudonym Tobia Gorrio verborgen hatte, hatte daran nicht geringen Anteil gehabt. Verdi war aber noch nicht bereit, das anzuerkennen.

Léon Escudier hatte neben seiner verlegerischen Tätigkeit nun die Leitung des Théâtre Italien übernommen. »Tout Paris« wartete auf *Aida*, die an seinem Haus am 22. April herauskommen sollte. Giuseppe Verdi hatte zugesagt, die ersten Vorstellungen selbst zu dirigieren und seit Jahresbeginn von Genua aus mitverfolgt, wie Escudier optimale Aufführungsbedingungen und großes Aufsehen zu gewährleisten versuchte, nicht zuletzt, um Halanzier zu ärgern. An Arrivabene schrieb Verdi am 5. Februar, dass an der Opéra die Inszenierungen und Kostüme ausgezeichnet seien: »aber der musikalische Teil ist abscheulich. Immer höchst mittelmäßige Sänger (seit ein paar Jahren mit Ausnahme von Faure), Orchester träge und disziplinlos… Aber in einer Stadt mit drei Millionen Einwohnern finden sich immer zweitausend, die das Haus auch bei einer schlechten Aufführung füllen.«[109] Beim Théâtre Italien bestand eher die Gefahr, dass es umgekehrt werden könnte, aber Escudier tat sein Bestes. Er hatte auch Stolz und Waldmann gewinnen können, die beiden Favoritinterpretinnen, die ihre Partien inzwischen auch schon oft in ihrer deutschen Muttersprache gesungen hatten und sie kaum für Halanzier auch noch auf Französisch, wie für der Opéra erforderlich, einstudiert hätten. Jeden Abend wurden etwa 18.000 Francs eingenommen. Nur wegen der vielen Freikarten für die Presse wären es nicht zwanzigtausend gewesen, meinte Verdi.

Nach den *Aida*-Vorstellungen, die dann Emanuele Muzio übernahm, dirigierte Verdi auch noch mehrere Male die *Messa da Requiem* ebenfalls in Escudiers Theater. Eigentlich waren diese Aufführungen in der Opéra Comique geplant gewesen, doch die war derart in finanzielle Schwierigkeiten geraten, dass sie vorübergehend schließen mußte und Direktor Du Locle untertauchte. Das war für Verdi auch deshalb eine unangenehme Überraschung, weil er ihm Geld geliehen hatte. Er setzte alle Hebel in Bewegung, es zurückzubekommen, und schrieb sogar einen Brief an Du Locles Erbtante, den dessen Frau allerdings abfing, weil die Familie dann vollends ruiniert gewesen wäre.

Teresa Stolz hatte selbstverständlich auch hier im *Requiem* den Sopranpart gesungen. Anfang Juni feierte sie ihren 42. Geburtstag und wollte sich nach dieser Saison ins Privatleben zurückziehen; ein Gastspiel-Angebot aus St. Petersburg war aber so hochdotiert, dass sie es sich noch einmal überlegte und ihren Bühnenabschied erst ein Jahr später zu nehmen beschloss. Im Sommer kurte sie dann in Tabiano, in der Nähe der Verdis; das hieß natürlich vor allem in Giuseppes Nähe, der den privaten Umgang mit ihr nach wie vor ebenso schätzte wie ihre sängerischen Qualitäten. Giuseppina war gekränkt, weil Verdi der Stolz so viel Aufmerksamkeit entgegenbrachte.

Auch wenn es sogar durch die Klatschspalten der Zeitungen gegangen war, dass auf einem Sofa in der Hotelsuite der Stolz die Brieftasche Verdis gefunden worden war, bestand zwischen dem Ehepaar Verdi, die beide inzwischen über sechzig waren, und der böhmischen Sängerin aber eine aufrichtige und tragfähige Freundschaft: von Frau zu Frau, wenn die jüngere in Paris von einem Geschäft zum anderen ging, um mit einem Muster in der Hand einen bestimmten mokkafarbenen Kleiderstoff für Giuseppina zu besorgen, und von Teresa zu Verdi als einer charismatischen Vaterfigur.

Maria Filomena machte in diesem Sommer im Turiner Internat ihr Abitur, kam nach Sant' Agata zurück und fuhr anschließend mit Giuseppina nach Tabiano, von wo sie dann Teresa Stolz in die Villa Verdi begleiteten. Nach einigen Spätsommertagen zu dritt fuhr die Stolz nach Russland. Maria Filomena verlobte sich im Herbst mit einem jungen Mann aus Busseto: Alberto Carrara war ein Enkel von Verdis Schulfreund Giuseppe Demaldè, der auch in der Società Filarmonica gespielt hatte, und Sohn von Notar Angiolo Carrara, Verdis Geschäfts-Bevollmächtigtem. Gegen Ende des Jahres hatte dieser auch wieder den Erwerb zweier Liegenschaften zu beurkunden, die eine unmittelbar in Sant' Agata, die andere sechs Kilometer westlich gelegen in San Martino in Olza.

Giuseppe Verdi konnte seinen Besitz und den Betrieb von Sant' Agata dennoch nicht in gelassenem Ruhestand erleben, denn die Not der Landbevölkerung prägte den Alltag ebenso wie politische Unruhe, da die Irredentisten – von der extremen Linken her – den nationalen Diskurs verschärften. Die neue Regierung bemühte sich zwar um die Befolgung einer wenigstens zweijährigen Schulpflicht im Lande und verabschiedete ein wesentlich erweitertes Wahlrecht; weil aber auch der Papst seine Opposition zu König und Staat nicht verhehlte, war innere Einheit in Italien noch nicht hergestellt. Ohne auf den Gedanken zu kommen, irgendeine Note zu Papier zu bringen, verbrachte Verdi den Winter in Genua und kehrte wie üblich im Frühjahr aufs Land zurück. Im Januar war ein Brief mit einer Einladung eingetroffen, neuerlich auswärts das Requiem zu dirigieren.

Diese nächste große Reise führte Verdi nun in ein Land, das wie Italien spät seine Nationalstaatlichkeit errungen hatte, sich darüber hinaus aber nach dem Krieg gegen Frankreich auch noch als Sieger-Nation fühlte. Dieses Deutschland erlebte Verdi allerdings nicht in seiner preußisch-protestantischen Gründerzeitattitüde, sondern in der vor ihrem römischen und katholischen Hintergrund sinnenfrohen Rheinprovinz. Ferdinand Hiller, Sohn eines jüdischen Frankfurter Kaufmanns, Pianist und Komponist, einst Freund Mendelssohns und Düsseldorfer Vorgänger Robert Schumanns, richtete als städtischer Kölner Kapellmeister das Niederrheinische Musikfest aus und hatte seinen bewunderten italienischen Kollegen eingeladen. Giuseppina frischte sogar ihre Deutschkenntnisse auf, bevor es im Mai auf die Reise ging.

Auf dem Weg nach Russland waren sie zwar schon durch dieses Land gekommen, hatten auch in Berlin Station gemacht und dort einige Aufführungen gesehen, aber mit der bürgerlichen deutschen Musikpflege waren sie noch nicht in Berührung gekommen. Abgesehen von den professionellen Institutionen prägten die großen Laienchöre und die schon vor der Reichsgründung etablierten Musikfeste das Konzertleben. Von Köln kannte Verdi immerhin schon den Bahnhof von der nun dreißig Jahre zurückliegenden Fahrt nach London via Paris mit Muzio, der jetzt von Paris in die Domstadt kam, um bei den Vorbereitungen zu helfen.

Der Empfang war herzlich, ja überschwänglich, und der Komponist überrascht von der kölnischen Geselligkeit, denn jede Aufführung müsse dort, »sonst ginge die Welt unter – um zehn Uhr abends beendet sein, damit man in die Restaurants gehen kann, wo sich niemals eine Flasche Wasser findet, aber Bier, Bordeaux, Rheinwein, Champagner und viel zu essen.«[110] Am 20. Mai 1877, dem Pfingstsonntag, spielte die Freilicht-Sommeroper in der Kölner Flora den *Troubadour* in der deutschen Übersetzung von Heinrich Proch – mit Ballett! Tags darauf fand im Gürzenich die Aufführung der *Messa da Requiem* mit dreihundertköpfigem Chor statt und mit zweihundert Instrumentalisten, allesamt Berufsmusiker, wie Verdi in einem Brief an Gräfin Maffei hervorhob. Beginn war schon um 18 Uhr, denn unter Hillers Leitung gab es eingangs die *Zauberflöten*-Ouvertüre und nach dem *Requiem* Beethovens *Neunte*.

»Ein schlanker, mittelgroßer und bereits graubärtiger Mann von bescheidenem, freundlichen Gesichtsausdruck, aber feurigen Augen, die namentlich Orchester und Sängern gegenüber eine sehr beredte Sprache führten; ein Mann, dessen Name jedes Kind kennt – Giuseppe Verdi«, schrieb die *Kölnische Zeitung*. »Verdi wählte zuvörderst die Nuancen viel schärfer, greller als in Deutschland üblich… Noch sei die Lehre für uns Deutsche angefügt, dass Verdi seine Fermaten möglichst kurz macht und nie das rhythmische Gefühl verletzt.« Abgesehen von den Solisten – Lili Lehmann von der Berliner Hofoper sang die Sopransoli – war Verdi von der Qualität der rheinischen Musiker begeistert. Damen der Kölner Gesellschaft schenkten ihm einen silbernen Lorbeerkranz, in dessen Blätter je ein Honoratiorinnen-Name eingraviert war, und der bedeutende Landschaftsmaler Caspar Scheuren überreichte Verdi ein Album mit Rheinansichten und Motiven aus dessen Opern; das Orchester dankte mehrmals mit einem Tusch. Hiller ließ die künstlerische und nationale deutsch-italienische Freundschaft unter tosendem Hurra hochleben, und Giuseppe Verdi stimmte ein: »möge es jetzt und immer so sein, denn das wünsche ich mir von ganzem Herzen«[111]. Tatsächlich blieb er auch mit Hiller bis zu dessen Tod 1885 in herzlichem Kontakt. – Köln verabschiedete Verdi am 24. Mai 1877 mit einem großen nachmittäglichen Promenadenkonzert in der Flora, bei dem nicht nur seine beliebtesten Ouvertüren von Militärkapellen dargeboten wurden, sondern auch das Streichquartett in Orchesterbesetzung.

Nach der Rückkehr über Holland und Paris tat Verdi nichts anderes als »den Maurermeister zu mimen«, wie er am 16. Oktober Maria Waldmann antwortete, die entweder tatsächlich ein Gerücht gehört oder nur hatte auf den Busch klopfen wollen: »erst seit wenigen Tagen lege ich die Hände vor dem Zu-Bett-Gehen auf das Cembalo und klimpere für eine Viertelstunde. Ihr werdet sehen, dass das *on dit* ein Hirngespinst ist.«[112] – Er komponierte tatsächlich nicht.

Anfang 1878 verlor Italien seine beiden antagonistischen Führungspersönlichkeiten: am 9. Januar starb Vittorio Emanuele II. im Alter von 57 Jahren, keinen Monat später der 85-jährige Papst. Dies hatte zwei grundsätzliche Konsequenzen: unter ihren Nachfolgern König Umberto I. und Papst Leo XIII. näherte sich Italien zum einen noch weiter an Bismarcks Deutschland, dessen vom Kulturkampf beschädigtes Verhältnis zum Heiligen Stuhl sich entspannte; zum anderen wurde »Roma capitale« von der Verfassungstheorie zur lebendigen politischen, gesellschaftlichen und kulturellen Realität: Rom wurde eine moderne europäische Stadt, wie es London, Paris und Berlin schon waren. Aber auch zur Jahrhundertwende sollte es noch keine halbe Million Einwohner haben. Draußen im Land standen die Dinge aber immer noch nicht besser.

Giuseppe Verdi, der sogar gegen alte Freunde gerichtlich vorzugehen bereit war, wenn sie geliehenes Geld nicht zurückzahlten, mußte gerade in diesen Monaten mit einer Vielzahl von kleinen und größeren Geldbeträgen Freunde und Bekannte unterstützen, junge Künstler wie Ruggero Leoncavallo oder auch ganz einfach fremde Bittsteller, von deren Not er erfuhr. Er war mitfühlend und großzügig; wenn allerdings jemand nicht Wort hielt oder sich aus Verpflichtungen herauszulavieren suchte, er sich also getäuscht fühlen mußte, konnte er stur und kleinlich werden. Dass gerade er, der außer beim gelegentlichen Billard alles andere war als ein Spieler, sich hinreißen ließ, im Frühjahr bei einem Besuch vom Genueser Winterquartier in Monte Carlo auch die Spielbank zu betreten und fünfzehn Napoleondor zu verspielen – und Giuseppina deren fünf –, muss ihn sehr geärgert haben.

In kleinem Kreise wurden im Oktober Maria Filomena und der junge Carrara in der Hauskapelle von Sant' Agata getraut. Im Spätherbst fuhren die Verdis dann zum zweiten Mal in diesem Jahr nach Paris. Im Frühjahr war es nur um Geschäftliches gegangen, jetzt wurde wieder die Weltausstellung besucht, bei der Faccio mit dem Orchester der Scala den akklamiertesten Beitrag Italiens geleistet hatte: ein Verdi-Konzert in der Orangerie der Tuilerien.

Zu Jahresende leitete Faccio erfolgreich den *Don Carlo* – fünfaktig mit Ballett – an der Scala, was Giuseppe Verdi aber nicht die seiner Ansicht nach tiefe Krise der italienischen Opernhäuser und ihres Publikums übersehen ließ. Er schrieb dem Dirigenten, die Theater seien »todkrank und müssen um jeden Preis am Leben erhalten werden... Finden Sie Opern, gute oder schlechte (für den Augenblick, versteht sich), solange sie nur Menschen anziehen.« Um des Weiterbestehens der Kunstform und ihrer Institutionen willen könne man ruhig – wenn es die wirtschaftliche Situation erfordere – statt des *Don Carlo* auch Jules Massenets *Le Roi de Lahore* spielen, »eine Oper mit vielen Vorzügen, eine aktuelle Oper ohne menschliches Anliegen, außerordentlich geeignet für dieses Zeitalter des *verismo*, in dem man nichts Wahres macht«[113]. In diesen Monaten stand des Ungarn Karl Goldmarks *Königin von Saba* auf ein Libretto des »deutschen Scribe« Salomon Hermann Mosenthal, eines österreichischen Beamten, der auch Nicolais *Lustige Weiber* geschrieben hatte, hoch in der Gunst des italienischen Publikums.

Immerhin besuchte Verdi im März 1879 in Genua eine Vorstellung von *Mefistofele* und traf Boito. Verdi stand dessen Musik nach wie vor beziehungslos gegenüber. Vom Librettisten Boito hatte er von jeher eine höhere Meinung als vom Komponisten; aber hinsichtlich einer Zusammenarbeit an einer neuen Verdi-Oper, wie sie Giulio Ricordi immer noch einfädeln wollte, blieb das Treffen ohne Folgen. Erst nach einer Aufführung des Requiems am 29. Juni – mit der eigentlich schon retirierten Stolz und Waldmann – kam der Verleger einen Schritt weiter. Es war eine Benefizveranstaltung im Mailänder Teatro dal Verme zugunsten von Überschwemmungsopfern.

Beim Abendessen mit Faccio, der dirigiert hatte, brachte dieser das Gespräch auf Boito; Ricordi brachte Shakespeare in die Diskussion: Boito hätte schon Skizzen zu einem *Othello*-Libretto. Diesen Stoff hätte Verdi von selbst vielleicht am allerwenigsten erwogen; denn wenn er auch schon Vorlagen genommen hatte, die andere vor ihm vertont hatten, waren es doch nie die von ganz großen Kollegen. Die Oper *Otello*[114] galt als Meisterwerk von Rossini, war aber in den letzten zwei Jahrzehnten immer seltener aufgeführt worden, an der Scala nur noch einmal im September 1870 als Wohltätigkeitsaufführung für Opfer des französisch-deutschen Krieges. Verdi wurde neugierig und gestattete, dass Faccio und Boito ihn am nächsten Tag besuchten, wo er einen Blick auf die Skizzen des Shakespeare-Librettos warf. Für einen ersten Anfang wären sie nicht schlecht, meinte er schließlich, und Boito solle sie doch zu einem richtigen Textbuch ausarbeiten. Irgendjemand, wenn nicht Boito selbst, würde sich dann sicherlich freuen, es komponieren zu dürfen.

Ricordi hatte zuvor schon ein *rifacimento* des *Simon Bocca-*

negra angeregt und Verdi die Partitur von 1857 nach Sant' Agata geschickt. Der wollte das Paket nicht einmal aufschnüren und hatte zurückgeschrieben, es sei »besser, mit der Aida und der Messa zu enden«. Auch Ricordi wusste nicht, dass Verdi unterdessen doch wieder ein wenig komponiert hatte: ein *Pater noster* und ein *Ave Maria* auf Textfassungen Dantes.

Arrigo Boito machte sich sofort an die *Otello*-Arbeit, und Verdi fuhr nach Sant' Agata, wo er einen längeren Besuch Muzios erwartete. Es ging um alles Mögliche, aber es fiel kein Wort von einer Oper über den Mohren von Venedig: Die französische *Aida*-Version mußte durchgesehen werden, denn Auguste Emmanuel Vaucorbeil, der weniger als Komponist denn als Kulturpolitiker erfolgreich gewesen und nun neuer Direktor der Opéra war, hatte Verdi überreden können; unverhohlen hatte er allerdings vorgeschlagen, da die Spieldauer mit knapp zweieinhalb Stunden für Opéra-Verhältnisse viel zu kurz sei, dass Verdi doch noch einige Ballettnummern hinzukomponieren solle, damit er zugunsten eines noch glanzvolleren *spectacle* auch wirklich alle seine Tänzer auftreten lassen könne[115]. Dann widmete Verdi sich dem Studium einiger ihm noch nicht bekannter Werke von Johann Sebastian Bach, die Muzio nach Sant' Agata mitgebracht hatte; und beide beschäftigte die im Bau befindliche Bahnlinie von Borgo S. Donnino nach Cremona, die zwangsläufig über Verdischen Grund führen mußte, aber einen weiten Bogen um die Villa machen sollte. Am 8. Oktober gebar Maria Filomena eine kleine Giuseppina, der zwei Jahre später noch ein Sohn folgen sollte.

DER ZWEITE SIMON BOCCANEGRA

Auf neuen Wegen mit Boito – Zurück zu Shakespeare!

Ausdrücklich hatte sich Verdi einen Besuch Boitos verbeten, weil er nicht in die peinliche Lage kommen wollte, ihm sagen zu müssen, wie schlecht er das *Othello*-Textbuch fände. Vielleicht hatte er es aber auch von vornherein für wahrscheinlicher gehalten, dass das Textbuch im Gegenteil genau seinen Vorstellungen entsprechen könnte, wie das Theater des William Shakespeare mit der Musik Giuseppe Verdis zur italienischen Oper der Gegenwart werden könnte. Das Boito eingestehen zu müssen, wäre ihm genauso schwer gefallen. Nur ein paar Tage, nachdem im November die Post Boitos vorläufig vollständigen Text gebracht hatte, erwarb Verdi in Mailand aber schon das Recht zu dessen Komposition. Die persönliche Begegnung dort mit Boito war aber nur kurz und die Distanz zwischen beiden Männern immer noch beträchtlich.

In den Gesprächen, die Verdi mit Giulio Ricordi führte, ging es auch um die Veröffentlichung der »autobiografischen Skizze«, die der Verleger angeregt hatte; ein paar Wochen zuvor hatte es in Sant' Agata auch in seiner Anwesenheit einen »Fototermin« gegeben. Der Enkel des Firmengründers machte die »Casa Ricordi« zu einem immer moderneren Unternehmen, das auch Öffentlichkeitsarbeit und Werbung nicht vernachlässigte. Nach Niederlassungen in Rom und Neapel hatte man auch eine Filiale in London eröffnet.

Nur für wenige Tage kehrten Verdi und Giuseppina dann in die Villa zurück, eigentlich nur, um die Koffer für Genua zu packen, wo man diesmal kürzer zu bleiben gedachte als sonst, weil Anfang Februar schon die *Aida*-Proben in Paris beginnen sollten. Die ersten fünf Vorstellungen wollte Verdi selbst dirigieren. Das prächtige neue Haus der Opéra war mit seiner neuen Bühnen- und Beleuchtungstechnik das modernste auf dem Kontinent, Verdi war neugierig. Die Premiere am 22. März 1880 war ein neuerlicher Triumph der Oper und ihres Komponisten, der natürlich keine neuen Tänze mehr geschrieben hatte, weil sie die Architektur des Ganzen zerstört hätten. Auch die Sänger waren besser als früher, vor allem der 31jährige aus Marseille stammende Victor Maurel als Amonasro. Die ›Grande Nation‹ ehrte den italienischen Musiker mit der nächsthöheren Stufe der Ehrenlegion, dem Rang des Großoffiziers. Nach seiner Rückkehr verlieh König Umberto Verdi das Großkreuz der »Krone Italiens«.

Erst am Tage Mariae Himmelfahrt 1880 schrieb Verdi von Sant' Agata einen Brief an Arrigo Boito und begann, sich mit Details des Librettos, das noch den Titel »Jago« trug, auseinanderzusetzen. In einem postscriptum gratulierte er sogar zum Erfolg des *Mefistofele* in London! Dies ist das älteste erhaltene Dokument einer künstlerischen Korrespondenz, die in den folgenden zwanzig Jahren eine in der Operngeschichte singuläre Zusammenarbeit dokumentiert. Verdi respektiert die literarische Professionalität Boitos und dessen Einfühlungsvermögen, und Boito behauptet sich, wo er es für nötig hält, beugt sich vor der Autorität des großen Alten, wo es geboten scheint, und kann ihn dann oft umstimmen.

Boito schrieb am 18. Oktober: »Jetzt erkennen Sie an meiner Hände Werk den Gedanken, den Sie mir diktierten und den ich umsetze, ohne mich von einem Zweifel beirren zu lassen, nicht einmal von den Zweifeln, die Sie selber vorbrachten. Mit diesem Verfahren habe ich Ihnen bewiesen, daß ich dem Gefühl, das Sie sprechen ließ, wesentlich größeren Wert beimaß als den von diesem Gefühl eingegebenen Argumenten... unsere Kunst lebt von Elementen, die der gesprochenen Tragödie unbekannt sind. Eine zerstörte Stimmung kann man wieder von neuem schaffen; acht Takte genügen, um ein Gefühl wieder aufleben zu lassen; ein Rhythmus kann eine Figur wieder herstellen. Die Musik ist die allermächtigste der Künste, sie hat ihre eigene Logik, eine schnellere und freiere Logik als die des gesprochenen Gedankens, und eine sehr viel beredtere. Sie, Maestro, können die schärfsten Argumente der Kritik mit einem Federstrich zum Schweigen bringen... als ein Zeichen, das mir verrät, wie Sie im Geiste Ihre ganze Idee sich schon klar und stark entwickeln sehen.«[116]

Boito gelang die Verdichtung des Shakespeare-Textes auf genau den Extrakt, den Verdi für sein Theater benötigte. Dabei machte er es aber auch noch möglich, Worte Shakespeares zu bewahren wie diejenigen Othellos gegenüber dem Dogen vor Desdemonas Auftreten im Venedig-Akt: »She loved me for the dangers I had pass'd; And I loved her that she did pity them.« Direkt an Desdemona gerichtet finden sie sich nun im Liebesduett des ersten Opernakts: »*E tu m'amavi per le mie sventure / Ed io t'amavo per la tua pietà*«.

Vielleicht arbeitete Verdi in diesen Monaten tatsächlich nur am Text der neuen Oper, und die Musik dazu war wirklich nicht mehr als Idee, denn im September schrieb er an Hiller: »Otello schläft ruhig und hat weder Desdemona noch ein Publikum umgebracht... Ich habe das Libretto gekauft...und nicht eine Note dazu geschrieben.«

Giulio Ricordi konnte ihn nun aber dazu bewegen, sich die *Simon*-Partitur vorzunehmen, weil die Scala eine Aufführung plante. Dass Verdi die Oper nicht so wie vor dreiundzwanzig Jahren wiedersehen wollte, war sonnenklar. Piave war gestorben, und es war nicht mehr taktlos, an den Text eines gelähmten und sprachlosen Autors Hand anzulegen, um ihn den neuen Anforderungen Verdis anzupassen. Zehn Jahre waren seit der letzten Opernarbeit vergangen, und in Boito war jemand zur Stelle, von dem sich Verdi helfen ließ. Piave, der in

Venedig noch den Traditionen des 18. Jahrhunderts begegnet war, hatte – bei *Rigoletto* und *La traviata* zweifellos mit kongenialem Resultat – Verdis Intentionen mehr instinktiv als sich eigener dichterischer Mittel bewusst befolgt. Boito ging mit Piaves Text nun aber nicht wie ein konkurrierender Zeitgenosse um, sondern wie der Dramaturg mit einem historischen Werk, das der Adaption bedarf.

Mit Victor Maurel in der Titelpartie und Francesco Tamagno als Gabriele Adorno fand am 24. März 1881 die erste Aufführung der zweiten Fassung des *Simon Boccanegra* an der Scala statt. Verdi selbst hatte inszeniert, am Pult stand Faccio. Boito ließ seine Mitwirkung verschweigen. Verdi hatte »cambiamenti radicali«, grundlegende Änderungen, vorgenommen, nicht nur bei Übergängen, der Instrumentation und in der Binnenstruktur. Vor allem gab es eine ganz neue zentrale Szene, das Finale des ersten Akts, für das er vorgeschlagen hatte, zwei Briefe Petrarcas im Text zu verarbeiten, in denen der Dichter um 1350 die Dogen Genuas und Venedigs ermahnt hatte, von Bruderkriegen in Italien abzulassen. Boito hatte sich dabei als der komplementäre Geist erwiesen, dessen Verdi bedurfte. – Erst in dieser Fassung kamen übrigens die Worte »*Adria e Liguria hanno patria comune*«[117] in den *Simon Boccanegra* und trugen zur Verklärung des Verdischen Patriotismus der späten 1850er Jahre bei.

Der Vergleich beider *Simon*-Fassungen war dann später einer der ersten Gegenstände intensiver musikwissenschaftlicher Auseinandersetzung mit dem Werk Giuseppe Verdis. Wolfgang Osthoff bezeichnete die zweite Version als den Beginn von Verdis Spätwerk, wenngleich dies die deutlichen Beziehungen von *Aida* und vor allem der *Messa da Requiem* zum *Otello* etwas unterbewertet: »Ist das 19. Jahrhundert oder trägt es moderne Züge, ist es fortschrittlich oder retrospektiv... Es ist beides und keins von beiden... Verdi... berührt sich mit der Moderne in der Negation romantischer Allvermischung und Funktionalisierung, aber er ist weder Formalist noch Konstruktivist. Er weiß, dass Illusion oder Stilisierung eine oberflächliche Alternative ist… Wahrheit erfinden – das paradoxe Geheimnis der Kunst.«[118]

Durch Aufführungen der *Simon-Boccanegra*-Fassung Franz Werfels gelangte das Werk in den 1930er Jahren von Deutschland aus dann auch endlich wenigstens an den Rand des Opernrepertoires, denn der große Beifall im Frühjahr 1881 an der Scala hatte keinen nennenswerten Nachhall andernorts. Eine Produktion in Paris wollte Verdi nicht zulassen, diesmal nicht künstlerischer Bedenken wegen, sondern als Patriot: Frankreich hatte sich durch seine Okkupation Tunesiens auf italienisches Interessengebiet gewagt. Die Stimmung zwischen den Regierungen in Paris und Rom war zum Äußersten gereizt. Die neue Allianz, den Dreibund, den Italiens König mit den Kaisern in Wien und Berlin im Begriffe war einzugehen, begrüßte Giuseppe Verdi allerdings auch nicht.

Die wirtschaftliche Lage im Lande war nach wie vor prekär. Italiener aus dem Süden kamen in den Norden, und auch von dort wanderten viele aus, weil es nicht genug Arbeit gab. Verdi konnte stolz darauf sein, in Sant' Agata zweihundert Menschen in Lohn und Brot zu haben.

Nach mehreren Wochen im Mailänder Hotel, wo Verdi mit Interesse die Bauarbeiten an der imposanten Galleria Vittorio Emanuele verfolgte, fuhren er und seine Frau in den letzten Märztagen wieder nach Genua, wo sie nun schon den siebenten Winter im neuen Domizil, dem am Meer – und neuerdings auch am Bahnhof – gelegenen Palazzo Doria Pamphili verbrachten. Es war der von Andrea Doria erbaute Palazzo del Principe, der dort ehedem auch einmal »Carlo Quinto« beherbergt hatte.

Nachdem er schon einige Male allein, unter anderem

wegen Problemen mit dem Saatgut, aufs Land gereist war, kehrten beide dann im Mai für den ganzen Sommer in die Villa zurück. Bis zum Herbst ging in kleinen Schritten die Konzeption des *Otello*-Texts weiter. Als man Ende November

Der Palazzo Doria in Genua

dann wieder in den Palazzo Doria übersiedelte, ruhte die Arbeit aber, und eine Fortsetzung schien ungewiss. Weihnachten feierte man mit Freunden, Teresa Stolz war auch am Neujahrstag dabei. Giulio Ricordi hatte einen Panettone, den traditionellen Weihnachtskuchen, geschickt. Den zierte ein Mohr aus Schokolade, aber auch dieser liebenswürdige Wink nutzte erst einmal überhaupt nichts.

Nicht nur Emanuele Muzio hatte Verdi nahegelegt, *Don Carlos* noch einmal zu überarbeiten, vor allem zu straffen. Für die deutschsprachigen Länder, die mit ihren vielen ständig spielenden Opernhäusern ein wichtiges Terrain waren, war die Oper einfach zu lang, was Verdi sehr wohl einsah. Das Problem war allerdings Camille Du Locle, mit dem er sich wegen des Geldes verkracht hatte. Er konnte ihn bei einer derartigen Revision nicht umgehen. Durch den seinerzeitigen Mitarbeiter am französischen *Macbeth*, Charles Nuitter, der inzwischen als Archivar der Opéra fungierte, gelang es aber, eine indirekte und umständliche Kommunikation mit Du Locle herzustellen, unter anderem wegen des Texts für ein neues Duett zwischen Philipp und Posa. Nach fast zwei Jahren lag dann eine Neufassung vor, ohne den Fontainebleau-Akt und anstelle des Balletts mit einem Vorspiel zum früheren dritten Akt, der nun der zweite war.

Verdi mußte nun oft hinüber nach Villanova sull'Arda fahren, wo er einen schon Jahre zuvor gefaßten Plan verwirklichte und den Bau eines Krankenhauses finanzierte. Dies war eine selbstverständliche Konsequenz seines Selbstverständnisses als Arbeitgeber: Sein Agrarbetrieb hatte quasi-industrielle Züge angenommen, der Staat kümmerte sich nicht ausreichend um die Gesundheitsfürsorge, also mußte er sie in die Hand nehmen. Samstags fuhr er meistens selbst zum Lohnauszahlen auf die Baustelle. – Giuseppina und er – und die Stolz – kurten dieses Jahr nicht im schlichten Tabiano, sondern erstmals im vornehmeren Montecatini in der Toskana.

Weihnachten 1882 sah man Muzio im Palazzo Doria wieder. Über Ricordis vorjährigen Wink mit dem Zaunpfahl war viel geredet worden, und alle warteten auf einen neuen Panettone. Tatsächlich kam auch, als alle schon bei Tische saßen, das erwartete Dessert-Paket: der unfertige, halbe Schokoladenmohr bedurfte keiner weiteren Erläuterung, trübte aber nicht die Tafellaune; Verdi dachte trotzdem nicht daran, mit dem Komponieren anzufangen.

Am 14. Februar 1883 erfuhr er, dass Richard Wagner am Vortag in Venedig, ein Vierteljahr vor seinem siebzigsten Geburtstag, gestorben war, und bald sicherlich auch davon, wie dessen Witwe die Überführung des Leichnams mit Gondel und Sonderzug nach Deutschland inszenierte.

Im vergangenen Jahr hatte Verdi dem deutschen Journalisten Adolf von Winterfeld erlaubt, ihn in Sant' Agata zu besuchen. Man war sich auf einer Gesellschaft in Genua begegnet, wo der von der stillen, zurückhaltenden Art des Komponisten überraschte Deutsche selbstverständlich nach Verdis Meinung zu Wagner gefragt hatte. Es kam aber keine Revanche für Wagners herablassende Meinung zur italienischen Musik im Allgemeinen und der Verdis im Besonderen. Wagners Musik sei Verdi als eine »philosophische Musik«, die über ihre eigentlichen Grenzen hinausgehe, unverständlich, wiewohl er an *Tannhäuser* und *Lohengrin* manches schätze. Winterfeld beschrieb dann, wie er in Sant' Agata ankommend Verdi erst ganz aus der Nähe wiedererkannt hatte, weil der wie ein Bauer gekleidet war und sich tatsächlich als ein »passionierter und kenntnisreicher Landwirt« erwies, »den der Ertrag eines Maisfelds kaum weniger zu interessieren schien als der Erfolg einer von ihm komponierten Oper.« Die von Verdi geschaffene Parklandschaft um die Villa herum schien dem Besucher so, »wie sie dem Fürsten Pückler nicht hätte besser gelingen können.«[119]

Bei bester Gesundheit feierte Verdi im Oktober auf Sant' Agata in kleinem Kreise seinen siebzigsten Geburtstag. Auch die Stolz war da, die wieder mit in Montecatini gewesen war und anschließend zum Sightseeing in Florenz. Dass Giuseppina ihren Mann im April im Mailänder Hotelbett eines Morgens, vermutlich nach einem leichten Infarkt, bewusstlos gefunden hatte, hatte man nur im engsten Freundeskreis erfahren und inzwischen auch vergessen können.

Im Palazzo Doria kam natürlich auch Weihnachten 1883 wieder ein schokoladenes Memento an, das in geselliger Runde verzehrt wurde; Arbeit an *Otello* kam ohnehin nicht in-

Giuseppe Verdi im Park von Sant'Agata

frage, denn gleich nach den Festtagen fuhren die Verdis nach Mailand, wo die Proben – Verdi inszenierte, Faccio dirigierte – zum vieraktigen *Don Carlo* begannen. Boito hatte zwar im März vergangenen Jahres einen kurzen Besuch in Genua gemacht, aber das weithin ausgearbeitete Libretto lag noch immer bei Verdi in der Schublade.

Im Teatro alla Scala, wo im Foyer mittlerweile auch eine Verdi-Statue stand, sang am 10. Januar 1884 Francesco Tamagno die Titelpartie in *Don Carlo*, deren erste und einzige Arie nun in den ersten Akt im Kloster von St. Just verlegt worden war, wodurch sie ein wenig die Attitüde einer Auftrittsarie alten Stils bekam. Wenn auch diese Fassung sich dann für Jahrzehnte auf allen Bühnen der Welt behaupten konnte, besann man sich aber schon 1886 in Modena noch einmal auf alle fünf Akte.

Dass Verdi mit Boito einen *Otello* vorhatte, war freilich alles andere als ein Geheimnis geblieben. Ein französischer Kritiker hatte schon vor über einem Jahr bei Boito vorgefühlt, ob er nicht die französische Übersetzung machen dürfe. Als Boito im März 1884 wegen einer Aufführung des *Mefistofele* am Teatro San Carlo in Neapel war, wurde er bei einem Bankett zum Stand der Dinge befragt. Kolportiert wurde dann, ausgerechnet in einem Zeitungsartikel, der Verdi unter die Augen kam, dass Boito über dessen Zögern verärgert den *Otello* lieber selbst komponieren wolle. Verdi ließ über Faccio ausrichten, dass Boito das gern tun könne, er würde ihm das Recht am eigenen Libretto gewiss nicht streitig machen.

An Boito selbst schrieb er am 26. April, *Otello* betreffend: »Man hat schon zuviel von ihm gesprochen! Zuviel Zeit ist vergangen. Zuviel der Jahre meines Alters! Und zuviel meiner JAHRE IM DIENST!!! Dass das Publikum mir nun nicht allzu deutlich sage: *Genug*!«[120] Boito tat das Einzige, was ihm jetzt noch übrig blieb, um nicht auch noch Ricordis Unwillen wegen des endgültigen Scheiterns des Projekts auf sich zu ziehen: Er schrieb die Verse zur geplanten Mittelpunktsszene des Jago, des handlungserzeugenden Baritons, für den man schon Maurel als Idealbesetzung im Auge hatte, und schickte sie als Zeichen der Versöhnung – und als Köder – nach Sant' Agata. Am 3. Mai hatte er die Antwort Verdis: »Da Ihr's nicht wollt, werde ich nicht danke sagen, aber bravo. Wunderbar, dieses Credo; höchst machtvoll und in jeder Hinsicht im Geist Shakespeares.«[121]

Es sollte also doch weitergehen, aber erst im Dezember. Bei einem Besuch Boitos im September war von Komponieren nämlich noch überhaupt keine Rede. Mit ihm zusammen war der erfolgreiche Bühnenautor Giuseppe Giacosa gekommen, der da vielleicht von Boito zum ersten Mal den Namen Giacomo Puccini hörte, für den er später Libretti schreiben sollte. Verdi kannte den Namen des Komponisten, der im Frühjahr in Mailand debütiert hatte, dessen Musik jedoch nicht; nach allem was ihm bisher berichtet worden sei, meinte er, dass der junge Kollege aber wohl keinen rechten Sinn für den Gesang habe und zu sinfonisch komponiere. Ob Verdi diese Fehleinschätzung je korrigierte, ist nicht bekannt.

SANT' AGATA UND OTELLOPOLIS

Der padrone komponiert eine neue Oper

Im Winter in Genua, in Frühjahr und Herbst 1885 in der Villa komponierte Giuseppe Verdi wieder ein neues großes Werk; seit dem *Requiem* waren mehr als zehn Jahre vergangen. Im Sommer war er aber mehr der *padrone*. Verdi kaufte in diesem Jahr zwei weitere Höfe auf und plante mit seinen Verwaltern und Beratern den Ausbau der Schweinezucht, denn der Wirtschaftsliberalismus der Regierung Depretis hatte die Getreidepreise weiter verfallen lassen, billiger Wein kam aus dem Ausland. Einen Teil seiner Neuerwerbungen bewirtschaftete er inzwischen nicht mehr selbst, sondern verpachtete er, weswegen er stets versuchte, am Martinstag anwesend zu sein, wenn traditionell der Pachtzins fällig war. Dieses Jahr kurten Giuseppina und er zweimal in Montecatini und Tabiano, und zweimal suchten sie ihren amerikanischen Zahnarzt in Mailand auf.

Auch wenn sich Verdi kaum noch für Einzelheiten des kulturellen Lebens zu Hause oder im Ausland interessierte, ließ er sich doch die Partitur von Wagners *Parsifal*, die jetzt mit italienischem Text bei Lucca zu bekommen war, von Muzio

Arrigo Boito und Giuseppe Verdi

besorgen, ebenso die *Meistersinger*. Am 5. September wurde Giuseppina Verdi-Strepponi siebzig Jahre alt. Edmondo De Amicis, ein Genueser Freund, hielt fest: »In ihrem Antlitz waren die Züge früherer Schönheit... fast unverändert sichtbar geblieben; das in ihrem schönen graumelierten noch immer erhaltene blonde Haar und die rosige Farbe der Haut verliehen ihr auf den ersten Blick eine jugendliche Erscheinung; die klaren Augen jedoch hatten einen von Natur ernsten Ausdruck, der im Gegensatz zur Heiterkeit ihres Geistes stand.«[122]

An seinem eigenen 72. Geburtstag vertraute Verdi der um ein Jahr jüngeren Clarina Maffei an: »In unserem Alter hat man das Gefühl, anlehnungsbedürftig zu sein. Noch vor wenigen Jahren schien ich mir selber genügen zu können und gar nichts zu brauchen. Eingebildet!«[123] Clarina hatte schon vor zwei Jahren ihren Lebensgefährten Carlo Tenca nach langem Leiden verloren, und im November starb dann im gesegneten Alter von 87 Jahren auch ihr geschiedener Mann Andrea Maffei.

Mit großer Gelassenheit nahm Verdi zur Kenntnis, dass in französischen Zeitungen schon gemeldet wurde, sein »Jago« sei vollendet. Aber dass Victor Maurel sich in Theaterkreisen brüstete, die Titelpartie sei exklusiv für ihn geschrieben, stellte er in einem Brief an den seiner baritonalen Qualitäten wegen unverzichtbaren, aber ebenso lästig eitlen Sänger unmissverständlich richtig. Im Januar – Verdi und Boito konzipierten in intensivem Dialog den dritten Akt – stand dann auch definitiv fest, dass die Oper doch *Otello* heißen werde; den möglicherweise ungünstigen Ausgang eines Vergleichs mit Rossini wollte Verdi in Kauf nehmen.

Auch Tamagno meldete sich bald wegen der nunmehrigen Titelpartie, aber Verdi hielt ihn hin. Muzio hatte zudem bei einem Besuch im Palazzo Doria berichtet, Maurel sei nicht mehr in bester stimmlicher Verfassung, was Anlass einer kurzen gemeinsamen Reise nach Paris wurde. Man fand den Sänger aber bei den besuchten Vorstellungen in guter Form, und Muzio wurde instruiert, alles in Mailand für Maurels Engagement als erstem Jago sicherzustellen. Mit der Opéra wurde eine französische Version verabredet. Der dritte Akt mit seinem *Grand-Opéra*-gerechten Tableau, das den Einzelnen und die Masse, eine persönliche Tragödie und die Öffentlichkeit zeigte, würde im Palais Garnier sicherlich das richtige szenische Format bekommen. Boito, der selbst sehr gut französisch sprach, wollte den Text mit Du Locle zusammen übersetzen. Das unvermeidliche Ballett sagte Verdi auch zu. Vom vierten Akt war schon das »Lied von der Weide« Desdemonas komponiert, das Muzio zu Tränen gerührt haben soll, als Verdi es ihm vorspielte.

Den Rückweg nahmen sie nicht über Lyon und Nizza, sondern über die Schweiz und auf der neuen Gotthard-Bahn über Mailand nach Genua. Auf dem Weg von dort nach Montecatini schaute Verdi dann in Sant' Agata nach dem Rechten. Inzwischen waren über das ganze Jahr eine Hand voll Leute allein mit der Pflege des Parks der Villa beschäftigt.

Während der Kur erreichte Verdi die Nachricht, dass Clarina im Sterben lag. Vierundvierzig Jahre – wenn auch lange Zeit nur im Briefwechsel – hatte diese Freundschaft bestanden. Als Verdi bald darauf in Mailand ankam, hatte sie ihre Augen schon für immer geschlossen. »Und so gehen sie alle einer nach dem anderen dahin!« schrieb er an Maria Waldmann[124]. Auch Arrivabene klagte über Alter und Beschwerden, und Verdi ermunterte ihn, dass er gerade vom Tode einer Mutter gehört habe, die zwei Söhne im Alter von 85 und 94 Jahren hinterließ; es sei »jetzt Mode, 90, 115, 130 Jahre zu leben«[125]. Der Freund in Rom erlebte aber seinen achtzigsten Geburtstag nicht mehr.

Anfang November 1886 war *Otello* vollendet. Muzio studierte in Paris mit Maurel dessen Part. Fast hätte man sich aber einen neuen Jago suchen müssen, denn nur mit Muzios Hilfe gelang es dem Sänger, sich der Verhaftung zu entziehen: Er hatte hohe Schulden, und die geschiedene Frau, die er in der Schweiz geheiratet hatte, galt nach französischem Recht als »Konkubine«, er als strafbarer Ehebrecher. In Mailand probte Faccio mit Rosmilda Pantaleoni die Desdemona, und um die Jahreswende gab es auch schon ein Plakat, das jedoch noch kein Premierendatum annoncierte.

Verdi hatte sich ausbedungen, dass alle Proben unter strengstem Ausschluss Außenstehender stattzufinden hatten und ihm bis zur Generalprobe das Recht blieb, das Werk wieder ganz zurückzuziehen. Tatsächlich sah es auch etliche Male so aus, als sollte es so kommen. Das hatte sich natürlich nur ein Giuseppe Verdi erlauben können; aber seitdem in Bern in diesem Jahr eine internationale Urheberrechtskonvention zustande gekommen war, hatten auch weniger prominente Komponisten endlich umfassende Rechtssicherheit. In Italien gab es seit drei Jahren die heute noch bestehende SIAE, die Società italiana autori ed editori, der Verdi und Ricordi sich sofort angeschlossen hatten.

Schon in den Tagen vor der Uraufführung waren die Straßen um das Teatro alla Scala abgesperrt, ganz Mailand in einem Ausnahmezustand. Alle, nicht nur die knapp zweitausend Auserwählten, die eine Premierenkarte hatten, nahmen an dem Ereignis teil: Fünfzehn Jahre nach der ersten europäischen *Aida* kam eine neue Oper des – nach dem Tod Wagners erst recht unbestritten – größten Opernkomponisten heraus. Das ging an keinem Droschkenkutscher und keiner Modistin vorüber. Auf den Straßen und Balkons wurde am 5. Februar 1887 den ganzen Tag über Ausschau nach eintreffender Prominenz gehalten.

Von »Otellopolis« berichtete die Sängerin Blanche Roosevelt, als sie noch im gleichen Jahr in London ihre Eindrücke von »Verdi, Milan and Otello« publizierte, die sie als Brief an Wilkie Collins formuliert hatte: »Königin Margheritas Hofdamen glichen einem seltsamen Strauß exotischer Treibhaus-

Szenenfoto von der Otello-Uraufführung mit Francesco Tamagno

pflanzen. Die Logen… waren dicht besetzt von den vornehmen Damen Mailands… zugedeckt von funkelnden Juwelen und hauchdünner Spitze«[126], beobachtete sie fasziniert und befremdet als Amerikanerin, in deren Land jedes Jahr immer mehr arme italienische Auswanderer kamen. An dem »blökenden« Tamagno und der Desdemona der Pantaleoni ließ sie kein gutes Haar. Die Sopranistin hatte auch Verdi keinesfalls zufrieden gestellt, aber eine Umbesetzung kam nicht infrage, weil sie die Geliebte Faccios war, der das Scala-Orchester auf die ungewohnt anspruchsvolle Aufgabe der *Otello*-Partitur ausgezeichnet vorbereitet hatte.

Während der Proben hatte ein Cellist im Orchestergraben, immer wenn die Pantaleoni sang, Grimassen geschnitten. Der junge Mann machte sich dann bei der Theaterleitung noch unbeliebter, als er mit Kollegen dagegen protestierte, dass man – es war ja Karnevalsspielzeit – nach dem anstrengenden Werk Verdis noch ein Ballett[127] zu spielen hatte. Der Protest nutzte nichts, das Orchester machte darauf »Dienst nach Vorschrift« und spielte lustlos zum Tanz, so dass der 19-jährige Orchestermusiker Arturo Toscanini eine Geldbuße auferlegt bekam.

Begeistert war nicht nur Blanche Roosevelt von Maurels Jago: »Der einzige wirkliche Künstler in dieser Aufführung, und der ist Franzose.« Verdi und Boito hatten dem Titelhelden Othello keine Arie zugestanden, wiewohl einen glanzvollen ersten Auftritt, zwei bewegende Monologe und ein eindrucksvolles Arioso, wenn der gebrochene Held schon seinem Untergang ins Auge sieht. »Jago dagegen gewann sofort die Sympathie des Publikums... Seine Gemeinheit, Verschlagen- und Gerissenheit werden für Geschicklichkeit und nicht Natur gehalten; seine klugen Schliche erwecken herzlichen Applaus... Jago ist im innersten Wesen italienisch, nicht im Sinne des Lasters, sondern der künstlerischen Gerissenheit: ...seine Motivation findet allgemeines Echo in einem Land, das einen... Macchiavelli geboren hat.« Jago steht im Mittelpunkt der beiden ersten Akte, von seinen vehementen Einwürfen in der Gewitterszene im zyprischen Hafen an, mit der die Oper beginnt. – Dass der einleitende Venedig-Akt Shakespeares entfallen würde, war nicht erst seit der neuerlichen Auseinandersetzung mit dem *Simon-Boccanegra*-Prolog klar gewesen.

Jago ist es dann, der mit einem eingängigen Trinklied das Volk und die ersten Opfer seiner Intrige auf der Bühne in den Bann zieht – und das Publikum, denn dies ist die einzige in sich geschlossene liedhafte Nummer in dieser Oper, die spontan und nachhaltig im Ohr bleibt. Alles andere ist nicht min-

Victor Maurel, der erste Jago und Falstaff

der effektvoll, aber hochdifferenziert wie der Anfang des zweiten Aktes, wo sich aus einer harmlosen Triolenfloskel die Credo-Szene Jagos entwickelt, der dann am Aktende Othello in einem Schwurduett in die Knie gezwungen hat; die Triolen haben sich tief im Orchestersatz festgesetzt.

Am Ende gab es standing ovations für Giuseppe Verdi – und für Arrigo Boito. Hier war nun ein Librettist aus dem Schatten des Komponisten herausgetreten. Jubelnde Menschen, bürgerliche Premierenbesucher ohne Spitzen und Juwelen zusammen mit Leuten, die draußen geblieben waren, zogen die Kutsche des Komponisten von Hand vor dessen Hotel. »Veni, vidi, vici, Verdi«, könne der Vierundsiebzigjährige ausrufen, schloss Blanche Roosevelt ihren Bericht.

Natürlich hatte es auch wieder Stimmen gegeben, die in *Otello* Spuren Wagners gehört haben wollten, sogar im Kontrabass-Solo des vierten Akts, das in seiner konventionell-diatonischen Melodiebildung dem *Parsifal*-Vorspiel allerdings genauso verwandt ist wie der Einleitung von Johann Strauß' *Donauwalzer*. Viele harmonische Wendungen waren tatsächlich ungewohnt, und Julian Budden meint, dass »manche der Fortschreitungen im Otello wesentlich schwerer zu analysieren sind als irgendeine Stelle bei Wagner.«[128]

Maurel und auch Tamagno waren bald an vielen italienischen und ausländischen Opernhäusern bei applaudierten Erstaufführungen des *Otello* dabei, auch im April in Rom, wo ein Privatmann 1880 das repräsentative hauptstädtische Opernhaus errichtet hatte, das sich der Staat nicht leisten konnte. Domenico Costanzi hatte es nach sich selbst benannt und mußte schon vor der Eröffnung Aufführungen geben, um es überhaupt zu Ende bauen zu können. Weder die offizielle noch die inoffizielle Eröffnungsoper waren von Verdi gewesen, man gab Rossinis *Semiramide* und Meyerbeers *L'Africaine*. Das Teatro Apollo hatte man beim Bau der Tiberpromenade abgerissen.

Im Sommer 1887 wurde Francesco Crispi, der schon lange eine wichtige Figur der »Linken« und auch Minister gewesen war, italienischer Ministerpräsident. Wie viele aus seiner Umgebung hatte er zu den legendären »Tausend« Garibaldis gehört. Er begann durch kolonialistische Expansion in Äthiopien, wo Italiener 1882 den Hafen Assab am Roten Meer erworben hatten, von den innenpolitischen Problemen abzulenken. Durch den Dreibund war die Triest/Trient-Frage gegenüber Österreich derzeit entschärft; das demokratische Frankreich stand allerdings den Irredentisten bei. Rechts und links der üblichen Machtelite des Landes begannen sich aber nun Kräfte zu formieren, die später zu Volksparteien wurden.

Die Sozialisten bekamen nicht zuletzt auch von ihren deutschen Genossen Rückhalt. Den italienischen Katholiken war parlamentarisches Engagement allerdings noch nicht vom Vatikan getattet. Crispi behauptete sich mit einer neuen Form des Nationalismus, der sich nicht mehr aus dem Risorgimento begründen ließ.

»MACHEN WIR ALSO DEN FALSTAFF«

»Leidenschaft im Abendrot« –
Geistliche Musik und Geschäfte

Zwischen Weihnachten und Neujahr 1888 tat Verdi dann etwas, von dem Richard Wagner sein ganzes Leben nur hatte träumen können: er lieh Giulio Ricordi die enorme Summe von zweihunderttausend Lire, damit dieser das Verlagshaus Lucca übernehmen konnte. Der Betrag entsprach am Ende des 20. Jahrhunderts einer Kaufkraft von mehr als einer halben Million Dollar.[129] Wagners und Verdis Opern waren für Italien damit unter einem Dach, und die des Deutschen hatten dank Ricordis Marktmacht eine gesicherte Zukunft an den italienischen Opernhäusern. Ricordi mußte seine Position auch ausbauen, weil aus dem kleinen Verlag Sonzogno, der unter anderem *La gioconda*, die italienischen Rechte an Bizets *Carmen* und anderen französischen Werken hatte, ein ernst zu nehmender Konkurrent geworden war. Seine Mailänder Druckerei verkaufte Ricordi bald, weil es günstiger war, Aufträge an Betriebe im Umland zu erteilen.

Im Frühjahr 1888 eroberte *Otello* die Bühnen von Hamburg, München, Köln und Wien; die deutsche Übersetzung von Max Kalbeck hatte Verdi selbst durchgesehen. Wenn er auch die Sprache nicht richtig beherrschte, monierte er zu

Recht Kalbecks allzufreien Zugriff, etwa die Wiederholungen des Wortes »salce« (Weide) in Desdemonas Lied, die lautmalerisch wesentlich sind, durch Adjektive zu vermeiden.

Der weitere Lauf des Jahres führte zu den üblichen Zeiten nach Genua und Montecatini und in den Wochen von Aussaat und Ernte auf Sant' Agata. Einen Monat nach Verdis 75. Geburtstag wurde mit einer kleinen Zeremonie das Krankenhaus von Villanova in Gegenwart seines Stifters eingeweiht. Es war keine anonyme Wohltat Verdis, wie später oft zu lesen war. Selbst wenn man versucht hätte, zu verbergen, woher das Geld gekommen war, wäre es ein Leichtes gewesen, auf den Komponisten zu kommen. Niemand anderes hatte in der Gegend so viel Geld wie Verdi und seine sozialen und persönlichen Motive. Außerdem war das Hospital auch ein sichtbares Zeichen gegen das überkandidelte »Giuseppe-Verdi-Theater« von Busseto. Not, Unruhen und Streiks waren nämlich nicht nur in den Städten, sondern auch hier auf dem Land an der Tagesordnung. Verdis Engagement war vor diesem Hintergrund vielleicht »politischer« als sein unentschiedenes Mittun in den revolutionären Zeiten vierzig Jahre zuvor.

In diesem Spätjahr komponierte er auf einen Text aus Dantes *Paradiso* die *Laudi alla virgine*. Alle Welt dachte, *Otello* sei ein opus summum et ultimum, ein Schluss-Stein. Das Werk war auf der Höhe seiner Zeit, die jungen Italiener hatten eher noch von Verdi zu lernen, als dass sie auf Anhieb eigene neue Wege fanden; und die beiden Protagonistentypen des Verdischen Theaters hatten in Jago und Othello, dem tragischsten Nachfolger Ernanis, Stiffelios und Alvaros eine Ausdrucksgestalt gefunden, die nicht mehr zu steigern war.

Alter, Krankheit und Tod waren gegenwärtig. Im September war auch Tito Ricordi, zwei Jahre älter als Verdi selbst, gestorben. Dass die Firma eine Niederlassung in Paris gründete, hatte er noch miterleben dürfen. Aus Dankbarkeit für ihre gesunde Rüstigkeit entschlossen sich Verdi und Giuseppina, in Mailand eine »Casa di Riposo«, ein Altenheim für Künstler, zu stiften. Oft genug hatten sie gehört, dass Sängerinnen und Sänger, die Verdis Opern zum Erfolg verholfen hatten, in bitterer Not ihren Lebensabend verbrachten. Auf dem Weg ins Genueser Winterquartier wurde die Suche nach einem geeigneten Standort in Mailand begonnen.

Giuseppina blieb dann allein im Palazzo Doria, als Verdi Tage später noch einmal zu Giulio Ricordi fuhr, weil die Scala im Herbst 1889 den *Oberto* aus Anlass des 50. Jahrestags der ersten Mailänder Verdi-Premiere hervorholen wollte. Seit Menschengedenken hatte ihn kein Theater mehr gespielt, und Verdi gefiel diese in seinen Augen museale Idee gar nicht. Andererseits konnte er, da er nun Geld im Verlag investiert hatte, sich dessen Geschäften nicht widersetzen. Er stellte aber klar, dass er sich bei der Premiere mit Sicherheit nicht sehen lassen würde. – Der 46-jährige Arrigo Boito hatte unterdessen begonnen, sein *Nerone*-Libretto zu vertonen.

Am 2. Juni 1888 wurde Wagners *Tristan* in Boitos italienischer Textfassung in Bologna erstaufgeführt. Seit einiger Zeit war Boito schon mit der berühmten jungen Schauspielerin Eleonora Duse liiert. Sie war gerade in Mailand in Shakespeares *Antonius und Kleopatra* aufgetreten – in der Übersetzung Boitos. Auf dem Weg zur Duse, die in Neapel gastierte, besuchte er Verdi im Frühjahr 1889 zweimal in Genua. Der inzwischen ganz weißhaarige und -bärtige Komponist und der vielseitige und umtriebige jüngere Kollege waren über der Arbeit an *Otello* Freunde geworden. Boito kannte nicht nur Verdis professionelle Wertmaßstäbe wie seine eigenen, sondern wusste auch, wie man dieser sensiblen wie kantigen Persönlichkeit am besten begegnete. Er war Musiker und zugleich *homme de lettres*, im Gegensatz zu Verdi, der nie auf den Gedanken gekommen war, sich wie Wagner einen Operntext selbst zu schreiben. Seine Beziehung zum Wort begann, wenn es gesprochen und gesungen wurde, als *parola scenica* auflebte. So sind auch Verdis Briefe immer pragmatische Kommunikation und nie um grammatikalische oder gar literarische Kohärenz bemüht; Namen, auch die von Shakespeare oder Wagner, schrieb er immer so, wie er sie hörte oder dachte. Anders als bei den Noten war ihm der einzelne Buchstabe wenig Mühe wert.

Boito traf Verdi eines Tages in gelöster und für einen Melancholiker wie ihn ungewohnt heiterer, verspielter Stimmung an. In einer Mailänder Musikzeitschrift hatte er eine »Scala enigmatica«, eine verzwickte Tonleiter gefunden, die mit Halbtönen begann, aufwärts einen und abwärts sogar zwei übermäßige Tonschritte hatte, auf die man einen harmonischen Zusammenhang konstruieren sollte. Was als Spielerei für musikalische Tüftler gedacht war, wurde zum *Ave Maria sulla scala enigmatica* für Chor, das nach dem Gebet der Desdemona erstaunlicherweise schon sein viertes Ave Maria war, wie Verdi feststellte. So viele Ave Marias, um für Jagos gottloses Credo Vergebung zu erlangen, meinte Boito ironisch, könne Verdi aber gar nicht schreiben.

Es war nur eine Spielerei gewesen, wenn auch eine bezeichnende. Der intellektuell konstruierende Aspekt des Komponierens, wie er etwa bei Bach wesentlich ist, hatte Verdi schon immer interessiert, sich aber in seinem eigenen Werk kaum niedergeschlagen, außer ein wenig im *Maskenball* und in den Fugen des *Macbeth* und des Streichquartetts.

Boito, der vom jugendlichen Bewunderer über den besserwisserischen Revoluzzer zum vertrauenswürdigen Partner geworden war, gelang es nun, den 75jährigen Komponisten für etwas zu gewinnen, das ganz aus der Welt der bisherigen Opernstoffe fort führte und Verdi deshalb besonders reizen mußte. Dass Verdi immer wieder über ein heiteres Opernsujet nachgedacht, auch schon Molières *Tartuffe* in Betracht gezogen hatte, wusste Boito und war sich Verdis Interesse für seine Skizze eines Librettos nach Motiven aus Shakespeares beiden Werken, in denen Sir John Falstaff vorkam, ziemlich sicher. Mit einer *opera buffa* war ja noch ein Teil des Erbes von Rossini und Donizetti anzutreten.

Am 10. Juli 1889 schrieb Verdi Boito von Montecatini und räumte ein, dass Giuseppina es wieder einmal schon vorher gewusst hatte: »Amen; und so sei es! Machen wir also den *Falstaff*!« Dass das Ganze ein Geheimnis bleiben solle, unterstrich er dreimal.

In dieser zweiten Zusammenarbeit entstand der bis zum heutigen Tage wahrscheinlich ausgefeilteste Operntext: In einem organischen System von Versmaßen gereimt, kunstvoll und dennoch bildhaft leicht: Eine Bühnensprache, die einerseits zu ihrem deklamatorischen Recht kommt, sich aber auch zum lautmalerischen und klangpoetischen Material zurücknimmt. Am Ende des ersten Aktes singen neun verschiedene Menschen gleichzeitig neun verschiedene Texte. Das hatte es in der italienischen Oper noch nicht gegeben. Mit Verdis Musik würde man zwar nicht Wort für Wort, aber immer deren Sinn verstehen können, dennoch verfolgte Boito gerade in diesem planvollen Durcheinander konsequent seinen literarischen Anspruch.

In einem Brief Verdis vom 18. August ist sogar schon von der »komischen Fuge« die Rede. – Giulio Ricordi erfuhr von alledem nichts. Er hatte gerade Muzio nach Paris geschickt, der nicht nur mit dem Nachfolger des verstorbenen Escudier in Angelegenheiten Verdis verhandeln, sondern auch für seinen neuen Schützling Puccini die Rechte an der Veroperung von Victorien Sardous *Tosca* erwerben sollte.

Giuseppina, die wegen ihrer Arthrose Probleme mit dem Gehen hatte, kam von Montecatini nur kurz mit nach Sant'

Agata zurück und fuhr dann zu weiterer Kur nach Tabiano. Verdi reiste nach Mailand und kaufte das Grundstück für die Casa di Riposo westlich der Porta Magenta[130]. Im November bekam er das Libretto zum ersten Akt des *Falstaff*, das er – ohne Änderungen! – vertonte.

Den Genueser Winter überschatteten dann traurige Nachrichten: Franco Faccios sich schon lang hinschleppende Krankheit hatte sich als syphilitische Demenz erwiesen und nach der nur noch mit Mühe bewältigten ersten Mailänder *Meistersinger*-Einstudierung verschlechtert. Verdi hatte wahrscheinlich auch eine Vorstellung besucht, die Partitur kannte er ja schon; und so finden sich am Ende des ersten Akts von *Falstaff* ein paar Ähnlichkeiten zu diesem Werk, das Verdi von allen Wagners vielleicht am zugänglichsten war, denn in dieser großen Musik-Komödie war am ehesten »erfundene Wahrheit« und nicht mythische Verklärung zu finden. Bald konnte Faccio nicht mehr dirigieren, noch keine fünfzig Jahre alt; sein Ende war abzusehen. – Emanuele Muzio hatte sich – vermutlich durch langjähriges Haare- und Bartfärben mit schädlichen Chemikalien – einen schweren Leberschaden zugezogen; auch ihm gaben die Ärzte nur noch wenige Monate.

Giuseppe Verdis Gesundheit und Allgemeinbefinden müssen, wie aus Giuseppinas Aufzeichnungen zu schließen ist, für einen Sechsundsiebzigjährigen bewundernswert gewesen sein. Die Arbeit an *Falstaff* schützte vor Depression. Außerdem hielten Verdi die Geschäfte auf Trab, und er reiste mehrmals von Genua nach Sant' Agata. Im Krankenhaus von Villanova gab es immer wieder Verwaltungsprobleme, und Verdi sah sich überdies veranlasst anzuordnen, dass der Ortspfarrer nur ins Haus zu lassen sei, wenn es dafür religiöse Gründe gab. Die Nonnen schätzte Verdi als Krankenschwestern allerdings sehr wegen ihrer christlichen Tatkraft.

Für die Vermarktung der Schweinefleischprodukte von Sant'Agata wurde nun das eingetragene Markenzeichen »GV« eingeführt, und neuerdings investierte Verdi auch einen Teil seiner Einkünfte in Eisenbahnaktien. Außerdem kaufte er die Farm von Tancredi Menta, das letzte Anwesen im Dörfchen Sant' Agata, das seine Latifundien noch abrunden konnte. Teresa Stolz, die auch im Sommer 1890 mit den Verdis wieder in Montecatini Terme gewesen war, bekam eine gepökelte und trocken-konservierte »GV«-Schweineschulter nach Mailand geschickt, der Verdi persönlich genaue Zubereitungshinweise beifügte. Auch Ricordi wurde bedacht.

Im November brachte Boito bei einem Abendessen mit dem Verleger, den Verdis und Ricordis Frau, Tochter und Schwiegersohn in Mailand zum anschließenden Champagner einen Toast auf den »Dickwanst« aus, was erst niemand begriff. Womöglich war die Laune der Tischgesellschaft in Verdis Salon im Grand Hôtel et de Milan so ausgelassen, dass dann jemand vom Servicepersonal etwas aufschnappte. Jedenfalls stand es am nächsten Tag in der Zeitung, dass *Falstaff* in Arbeit war. Verdi betonte aber, dass er die Oper nur zu seinem eigenen Vergnügen, vielleicht für eine Privataufführung im Park von Sant'Agata komponiere, der in der Tat das ideale Bühnenbild für das letzte Bild der Oper abgab, auf keinen Fall für die Scala, für die Ricordi sofort die Uraufführung akquirieren wollte.

Im folgenden Jahr, das wie gewohnt mit Kuraufenthalten und Reisen zwischen Genua und Sant' Agata verging, vollendete Verdi den musikalischen Entwurf der ganzen Oper und begann im Herbst 1891 mit der Instrumentation, die wie bei keiner anderen seiner bisherigen Opern mit dem Bühnentext korrespondiert. Es sind Anspielungen zu hören, die jeder Opernbesucher erkennt, der den *Falstaff* zum allerersten Mal hört, wie die Hörner, die Falstaffs Phrasen vom »Hör-

Szenenfoto der Falstaff-Uraufführung mit Victor Maurel

neraufsetzen« oder Fords »sich gehörnt fühlen« kommentieren oder den am Schluss als Jäger Herne verkleideten Titelhelden. Anderes verlangt nach genauerem Hinhören, etwa wenn Falstaff vom Dünnwerden singt und plötzlich auch das Orchester keinen Körper mehr hat.

1892 war des hundertsten Geburtstags Gioacchino Rossinis zu gedenken, und alle waren erstaunt, dass am 8. April beim Festakt in der Scala Giuseppe Verdi das Gebet aus dessen *Mosè* dirigierte. Erst Anfang Mai ging er dann mit Giuseppina wieder ganz zurück aufs Land. Der erste Akt der neuen Oper war noch in Genua fertig geworden, wo Verdi ein Brief Hans von Bülows erreicht hatte. Der auch in Italien hochangesehene Dirigent tat Abbitte wegen seiner wagnerianischen Verblendung, denn er habe nun Verdis jüngste Werke studiert und dirigiert und sei begeistert: »Und getreu dem preußischen Motto: *Suum cuique*, rufe ich aus vollem Herzen: es lebe Verdi, der Wagner unserer teuren Verbündeten!«[131] Wenn er auch die Veröffentlichung des Briefs und seiner freundlichen Antwort zuließ, fand Verdi Bülows Avancen doch absonderlich: Er wollte kein italienischer Wagner sein, genauso wenig wie es einen deutschen Verdi gab. »Beide entziehen sich jeder landläufigen nationalen Typologie: Wagner, der redselige, gebärdenreiche Sachse, steht dem gewöhnlichen Bild des Italieners viel näher als der schroffe und in sich gekehrte, ebenso herrschbewußte wie mitteilungsscheue Verdi.«[132] (Friedrich Dieckmann)

Im sommerlichen Montecatini bekamen Verdis – und die Stolz – Besuch von Giuseppina Pasqua, einer Protegée der Duchessa Massari, so hieß Maria Waldmann nun, die sich nach ihrer Heirat mit einem Herzog von der Bühne zurückgezogen hatte. Verdi kannte die spielbegabte Pasqua bereits als Eboli und Amneris und sah in ihr die ideale Mistress Quickly des *Falstaff*. Er dachte mit Boito nämlich doch schon über eine Besetzung nach und natürlich doch an eine Aufführung an der Scala. Adolf Hohenstein, Bühnenbildner und Chefgrafiker des Hauses Ricordi, hatte sich auch schon Illustrationen aus England für ein möglichst authentisches Bühnenbild und die Kostüme beschafft.

Durch seinen enormen Erfolg als erster Tonio in Leoncavallos *Pagliacci* im Mai des Jahres war der Geltungsdrang Victor Maurels noch bestärkt worden und hätte Verdi beinahe den Spaß am *Falstaff* verdorben und die Uraufführung verhindert. Der Sänger hatte sich nicht nur wieder als Exklusivinterpret der größeren der beiden Baritonpartien, der des Titelhelden, ins Gespräch gebracht. Obwohl die Oper noch nicht einmal komponiert war, hatte er auch schon eine exorbitante Gage zuzüglich einer Probenpauschale von mehr als zwei Auftrittshonoraren verlangt. Das hatte Verdi nun davon, dass in seinen Opern auch der Bariton ein »Star« war. Bisher konnten sich das nur Primadonnen vom Schlage der Lind oder der Patti leisten, auch manche Tenöre. Adelina Patti war für Dezember 1892 als Traviata an der Scala annonciert, die Karten wurden auf dem Schwarzmarkt gehandelt. Die Marktwirtschaft hatte den Opernbetrieb in diesen Jahren endgültig erreicht. Wie in alten Zeiten war Verdi aber sehr oft ungehalten über das Management der Scala, mit dem sich auseinanderzusetzen er auch allein Giulio Ricordi und dessen inzwischen 27-jährigem Sohn Tito junior überließ.

Kurz vor des Meisters 79. Geburtstag stand das Bühnenbildmodell Hohensteins auf dem Billardtisch der Villa Verdi und wurde von allen Anwesenden für gut befunden. Im Hinblick auf die musikalische Wirkung der Ensembleszenen hatte Verdi mit eigenen Skizzen dessen Grundzüge mitbestimmt. Aus gesundheitlichen Gründen wollte er anschließend möglichst rasch nach Genua aufbrechen, wo das Leben für ältere Herrschaften komfortabler war. Außerdem war es auch für Boito leichter, von Mailand dorthin zu gelangen als nach Sant' Agata. Zwar hatte Busseto inzwischen einen Bahnhof, aber das Eisenbahnfahren war lange nicht mehr so verlässlich wie früher. Es gab zwar mehr Strecken, dafür war aber ein Vielfaches an Menschen und Waren unterwegs, es gab Verspätungen und erste Streiks. Im Mai hatte der ungeduldige Verdi einmal drei Stunden in der Bahnhofskneipe von Voghera auf seinen Anschlusszug warten müssen.

Das Königspaar hatte sich diesmal entschuldigen lassen, und auch der nun amtierende Ministerpräsident Giovanni Giolitti schickte nur ein signiertes Bild und gute Wünsche zur Premiere am 9. Februar 1893. Eine »commedia lirica«, von deren anspruchsvoll subtiler Musik man schon reden hörte, taugte auch weniger als Rahmen gesellschaftlicher Selbstdarstellung wie ehedem *Otello*. Freilich waren Kritiker aus aller Welt gekommen und natürlich die musikalische Prominenz Italiens, darunter Puccini und der junge Pietro Mascagni, über den sich Verdi ausnahmsweise vorsichtig positiv geäußert hatte.

In Edoardo Mascheroni war ein ausgezeichneter Nachfolger Faccios gefunden worden, der die ungewohnt feingliedrige, oft polyphone und in ihrer Transparenz jeden unrechten Ton sofort entlarvende Partitur zu Verdis voller Zufriedenheit einstudiert hatte. Das Quartett der vier »lustigen Weiber« im ersten Akt und das »*Quand'ero paggio del Duca di Norfolk*« Falstaffs mussten da capo gegeben werden. So groß aber auch die Ovationen für Verdi und alle anderen am Schluss waren, hatte das Publikum den dritten Akt doch mit spürbarer Zurückhaltung aufgenommen.

Jede Verdi-Oper, auch das personenreiche Schlussbild des *Don Carlos*, hatte bislang das teilnahmeheischende Schicksal eines oder zweier Protagonisten gezeigt. Und nun entließ der fast achtzigjährige Komponist mit einer Weisheit: Wir irren uns, machen uns alle zum Narren, und wer zuletzt lacht, lacht am besten! Gleichberechtigt von allen zehn Solisten und dem Chor wurde das in einer Fuge ausgedrückt, in deren Mitte sozusagen mit dem Finger auf das Publikum gezeigt wurde: »*Tutti gabbati*« – »Alles Gefoppte«. Das war so überraschend wie auch, dass nach den tragischen Opfern der Männerwelt Desdemona und Aida hier eine Frau die Handlungserzeugerin war, wenn auch die beiden Bariton-Männer Falstaff und Ford sich mit großen Szenen in den Vordergrund spielen durften. Alice Ford war es nämlich, die – wie Verdi sagte – die »Polenta rührte«; dabei hatte sie nicht einmal eine Arie, allerdings gehört ihr die »typischste« Verdi-Kantilene der ganzen Oper, wenn sie ironisch aus dem Brief Falstaffs zitiert: »*e il viso tuo su me risplenderà«*, und Verdi und Boito sich dabei auch ein wenig über die große Opernemotion vergangener Jahrzehnte lustig machen.

Auch ihr Gatte Ford hat wie damals Ezio oder der *Ernani*-Carlo seine »lange« Bariton-Kantilene »*Laudata sempre sia nel fondo del mio cor la gelosia*«, aber in der betreffenden Szene würde schon niemand mehr im Publikum auf ihn setzen. – Nach der Uraufführung des *Falstaff* gab es für die, die noch aufnahmefähig waren, tatsächlich noch Joseph Bayers *Puppenfee*-Ballett!

Für Paris, dessen konnte Verdi sich allerdings sicher sein, brauchte er diesmal keine Tänze nachzukomponieren; *Falstaff* sollte noch vor dem Opéra-*Otello* zu Beginn des nächsten Jahres an der Opéra Comique herauskommen, die jetzt Léon Carvalho leitete. Irgendein Einschub, wie er bei seiner vorletzten Oper immerhin noch formal möglich schien, war im hermetisch durchkomponierten *Falstaff* ausgeschlossen.

Ricordi hatte in seiner mittlerweile weit über das Verlegerische hinausgehenden Aktivität Gesamtgastspiele des *Falstaff*-Ensembles in Genua und dann in Rom organisiert. Dort wurden auch erstmals die Änderungen berücksichtigt, die Verdi noch nachträglich vorgenommen hatte.

Einer Zeitungsmeldung hatte Verdi entnommen, dass er mit dem Titel eines Marchese geadelt werden solle; den Kulturminister ersuchte er umgehend, »alles zu tun, um das zu verhindern«. Am 15. April empfing König Umberto den Komponisten im Palazzo Quirinale und lud ihn und Giuseppina Verdi in seine Loge zur abendlichen römischen Erstaufführung im Teatro Costanzi. Verdi verließ Rom denn auch als der Maestro, der er war.

Falstaff ging nicht so rasch um die Welt und bedurfte mehr als andere Werke Verdis des Einsatzes vor allem bedeutender Dirigenten, die diese anspruchsvollste italienische Opernpartitur natürlich besonders schätzten. »Falstaff wird nur noch vom Abendrot der grellen Mittagssonne des Ernani beleuchtet und erwärmt; doch der Gewinn an Schönheit verdeckt den Verlust an Leidenschaft – falls es tatsächlich ein Verlust sein sollte, die Intensität der Leidenschaft und die Spontaneität des Gesangs durch die Fülle von Einsicht und die perfekte Meisterung der Kunstfertigkeit zu ersetzen«, meinte George Bernard Shaw[133].

Der renitente Cellist aus dem Scala-Orchester von 1887 war inzwischen selbst Dirigent geworden und dirigierte schon 1894 in verschiedenen italienischen Städten Verdis letzte Oper. Als Arturo Toscanini eine glanzvolle Karriere erst in Europa und dann in den USA machte, verhalf er auch dem *Falstaff* zu endgültig weltweiter Anerkennung. Auch in Deutschland dauerte es nicht lange, bis des Kritikers Eduard Hanslicks Befürchtung widerlegt wurde, dass Verdis Oper sich gegenüber Nicolais *Lustigen Weibern von Windsor* schwer tun werde. Das lag aber am allerwenigsten an der originellen Musik des unglücklichen Nicolai; sein Libretto, das fast alle handelnden Personen beibehält und die Handlung des Schauspiels kaum verkürzt, verfehlt Shakespeares Ziel. Für Boito war auf den ersten Blick klar gewesen, dass in der verdichteten Dramaturgie der Oper zum Beispiel nur für ein Elternpaar Platz war und zwei ehebrecherische Besuche Falstaffs nur im Schauspiel den Effekt verstärken konnten.

Arturo Toscanini

Nach zweimaligem Erfolg mit Shakespeare war Boito selbstverständlich davon überzeugt, auch das nach Sommas Tod vor 28 Jahren endgültig Aufgegebene zu schaffen und einen »Rè Lear« mit Verdi zu schreiben. Er soll auch mit ihm darüber gesprochen haben. Giuseppina hätte ihn aber beiseite genommen und nachdrücklich gebeten, Verdis Alter jetzt zu respektieren. Zum 80. Geburtstag des Komponisten gingen Telegramme, Briefe und Geschenke aus aller Welt ein, die Zeitungsspalten waren voll von Würdigungen des Jubilars, in der Villa gab es eine Feier in kleinstem Kreise.

Obwohl er immer abgelehnt hatte, zum ersten französischen *Falstaff* zu reisen, auch weil man nicht mehr im gewohnten Hotel wohnen könne, und überhaupt alles in Paris ihm zuwider sei, brachen Giuseppina und Verdi dann doch Anfang April 1894 von Genua dorthin auf. Mit Boito zusammen hatte er ja auch zu intensiv die französische Textfassung durchgesehen, am Part der Nanetta sogar noch etwas geändert, als dass er ruhig zu Hause hätte bleiben mögen.

»IN TE SPERAVI«
Zum letzten Mal nach Paris – Der Tod Giuseppinas

Obwohl ihm, wie er Giulio Ricordi im März beteuerte, schon die Reise nach Rom im vergangenen Jahr zu anstrengend gewesen sei, fuhr Verdi bald noch ein weiteres Mal und für einen ganzen Monat nach Paris. Am Morgen des 26. September 1894 mit dem Nachtzug in der Gare de Lyon eingetroffen, fing er mittags schon an, mit den Sängern an der Opéra zu probieren. Verdi wurde vom Staatspräsidenten empfangen und erhielt an seinem 81. Geburtstag nun die allerhöchste Stufe der Ehrenlegion, das Großkreuz.

Am 12. Oktober hob sich der Vorhang zu *Otello* in französischer Sprache. Auch Maurel war wieder dabei. Der Erfolg war riesengroß. Verdi erfüllte Maurel sogar den Wunsch, sich mit ihm fotografieren zu lassen, gab sich aber keine Mühe,

dabei eine gefällige Miene für seinen eingebildeten Jago zu machen.

Die Ballettmusik, die er nach der Rückkehr aus Montecatini im August in Sant' Agata geschrieben hatte, sollte seine letzte Komposition für das Theater gewesen sein. Sie dauert nur sechs Minuten und ist eine geschickt dem eigenen Stil treu bleibende Reverenz an den orientalistischen Pariser Geschmack.

In den 47 Jahren seit seinem ersten Aufenthalt war Paris zu einer der Bühnen geworden, auf der wichtige Szenen seines Lebens gespielt hatten. Zählt man Verdis Aufenthalte in der Stadt zusammen, kommt man auf fast sechs Jahre! Er hatte sie immer reizvoll und befremdend, anregend und erstickend zugleich empfunden. Von seinem letzten Besuch nahm er auf jeden Fall die guten Gefühle zweier gelungener Produktionen

Paris, Place de l'Opéra, Ende des 19. Jahrhunderts

seiner anspruchsvollsten Werke mit, denn auch an der Opéra Comique hatte er bei einer *Falstaff*-Vorstellung noch einmal nach dem Rechten gesehen.

Über Turin fuhren sie direkt nach Genua zurück, Giuseppina blieb im Palazzo Doria, Verdi hielt es allerdings für notwendig, dass der *padrone* von Sant' Agata um den Martinstag vor Ort war, und machte sich bald wieder auf den Weg. Nach Mailand fuhr er auch in den ersten Wochen des Jahres 1895 mehrere Male, um das Altenheim-Projekt voranzubringen, das ihm noch viel lieber und wichtiger sei als alle seine Opern, hatte er versichert. Boitos älterer Bruder Camillo, ein renommierter Architekt, kümmerte sich um Entwurf und Ausführung der Arbeiten, und es stellte sich schon jetzt heraus, dass die ersten Kostenvoranschläge erheblich überschritten würden. Zum Teil lag dies an Preissteigerungen aufgrund einer vollkommen verfahrenen Politik, die Staatsgelder in koloniale Pseudo-Großmacht-Abenteuer investierte und im Lande selbst kaum die Schäden der Erdbeben in Kalabrien und Sizilien zu beheben vermochte. Verdi schrieb für die Betroffenen dieser Katastrophe das kleine Lied *Pietà, Signor!*, das in der Benefizausgabe einer Zeitschrift faksimiliert erschien.

»Ein *Dankgebet*, nicht für mich, sondern das Publikum – dafür, dass es nach so viel Jahren keine neuen Opern mehr von mir zu hören braucht!!« sei das *Te Deum*, das er nun komponieren wolle, schrieb er im April 1895 an Mascheroni. In aller Ruhe arbeitete er bis ins folgende Jahr hinein daran. Es ist mit der ernsten Emotion der *opere d'intenzioni* geschrieben, vor allem beim A-cappella-Beginn hört man den Verdi der *Aida*. Es endet mit dem dreimaligen Ausruf einer einzelnen Sopranstimme: »*In te speravi*«. Und danach schrieb er ein *Stabat mater*.

Seine Haltung gegenüber dem frommen Personal hiernieden blieb aber streng wie eh und je, was man im Krankenhaus von Villanova bald wieder zu spüren hatte: Dort würden derzeit nur zwölf Patienten von fünf Nonnen gepflegt, die deshalb viel zu viel Zeit hätten, unter der Woche in die Kirche zu gehen; drei Ordensfrauen würden reichen, meinte er, ebenso ein Kirchgang sonn- und feiertags. Es gab Widerstand, und Verdi ließ die Krankenpflege einem anderen Schwesternorden anvertrauen.[134]

Zwei junge vom *Falstaff* begeisterte Komponisten hatten Verdi 1895 ihre Werke zugesandt. Der eine war Richard Strauss, mit dessen Oper *Guntram* Verdi wohl kaum etwas anfangen konnte; er erkundigte sich aber bei Ricordi, ob dieser Strauss etwa der gleiche sei, der die berühmten Walzer geschrieben habe. Verdis »commedia lirica« und die Erkenntnis, wie wichtig die enge Zusammenarbeit zwischen Komponist und Librettist war, hatten bei Strauss tiefe Eindrücke hinterlassen, und es gelang ihm später mit einer »Komödie für Musik« das wohl bedeutendste heitere große Opernwerk des 20. Jahrhunderts. Anders als der *Rosenkavalier* des Deutschen war der Erfolg der Buffa-Opern des noch nicht zwanzigjährigen Deutsch-Italieners Ermanno Wolf-Ferrari, der Klavier-Variationen über ein Thema aus *Falstaff* geschickt hatte, nicht von Dauer.

Über den behandelnden Arzt bei der sommerlichen Kur, bei der die Verdis wieder in Gesellschaft der Stolz und der Pasqua waren, kam der Kontakt zu dem jungen Mediziner Emilio Cesaroni zustande, der von Verdi als Arzt nach Villanova geholt wurde und von nun an auch seine und Giuseppinas Betreuung übernahm, wenn sie auf Sant' Agata waren. Wenige Wochen nach Giuseppinas achtzigstem Geburtstag trat er seine Stelle an. Sie konnte nur noch mit fremder Hilfe und sehr gebeugt gehen, Verdis Haltung war immer noch kerzengerade; bei ihm zeigte sich das Alter in Herz- und Kreislaufschwäche. Dennoch: der vertraute Rhythmus Genua – Sant' Agata – Montecatini wurde eingehalten und auch die alljährliche Fahrt für einige Tage zu Giuseppinas Schwester nach Cremona unternommen, wohin Verdi meist mitkam, da er seit Jahren schon das dortige Kinderkrankenhaus großzügig unterstützte.

Neben Maria Filomena, deren Mann, Tochter Giuseppina und dem inzwischen vierzehnjährigen Angiolo junior waren Teresa Stolz, das Ehepaar Ricordi und Arrigo Boito immer in der Nähe der beiden alten Herrschaften. Boito war fast mehr mit der Sorge um Giuseppe Verdis Interessen im In- und Ausland beschäftigt als mit seinen eigenen. Ein leichter Schlaganfall Verdis im Januar 1897 konnte wieder geheim gehalten werden. Im März und April sah man ihn, manchmal Giuseppina an seiner Seite, auf der Baustelle der Casa di Riposo. Auch Giuseppina hatte in Genua zu Jahresbeginn längere Zeit das Bett hüten müssen und war im Spätsommer dann nicht mehr in der Lage, nach Cremona zu fahren. Barberina Strepponi kam stattdessen nach Sant' Agata. Verdi vollendete das *Stabat mater*.

Die schwere Bronchitis, an der Giuseppina litt, wurde zu einer Lungenentzündung, der sie am 14. November 1897 erlag. Nach einem Trauergottesdienst in der Kirche des Weilers Sant' Agata wurde der Sarg mit einer Kutsche zum Bahnhof von Fiorenzuola, nicht nach Busseto, und von dort nach Mailand überführt. Auf dem 1866 neu angelegten Cimitero Monumentale hatte Verdi zwei Grabstätten erworben. Beider letzte Ruhestätte sollte aber eines Tages in der Casa di Riposo in der Krypta der Kapelle sein. Verdi blieb den Trauerfeierlichkeiten in Mailand fern, wo viele Menschen schon am Bahnhof begannen, seiner Giuseppina das letzte Geleit zu geben. Giuditta Ricordi und Teresa Stolz kamen zu ihm in die Villa. Man machte sich große Sorgen um den schweigend Trauernden. Auch Rechtsanwalt Martinelli, ein Freund aus Cremona, der sich um die notwendigen Formalitäten kümmerte, hatte versucht, Verdi zu trösten, der dies bitter und mürrisch abwehrte. Verdi wollte auch nicht nach Genua, in der Villa war es einsamer.

Erst Boito, der sofort aus Frankreich gekommen war und sich zunächst um die Dinge in Mailand kümmerte, vermochte durch seinen Besuch zu Weihnachten ihn ein wenig aufzurichten. Er hatte in Paris Aufführungen der drei geistlichen Stücke[135] – *Laudi*, *Te Deum* und *Stabat mater* – vorbereitet und konnte Verdi davon überzeugen, dass er selbst im Verlag die letzten Korrekturen am Aufführungsmaterial vornehmen müsse. An Epiphanias fuhr er also mit Maria Filomena nach Mailand, und bald wollte er sogar mit Boito weiter nach Paris, um die Stücke selbst zu hören, die ihm ja angeblich gar nicht so wichtig gewesen waren. Der Arzt in

Giuseppe Verdi 1899

Genua riet erfolgreich davon ab. Auch 1898 kehrte er, als der Winter zu Ende war, nach Sant' Agata zurück und fuhr dann nach Montecatini und mehrere Male nach Mailand zur Baustelle, oft von Teresa Stolz begleitet. Ihr hatte Giuseppina ihre liebsten Schmuckstücke hinterlassen.

Im Mai wurde in Turin die Weltausstellung eröffnet. Man sollte sehen, dass Italien, das sich neben Frankreich, Deutschland, Russland und Österreich-Ungarn nun als kontinentaleuropäische Großmacht fühlte, auf dem Weg zu einer modernen Industrienation war. Die koloniale Ambition war durch die Niederlage in der Schlacht beim nordäthiopischen Adua empfindlich gedämpft worden; Eritrea und Somalia waren aber weiterhin in italienischer Hand.

In der ehemaligen Hauptstadt war die Fabbrica Italiana Automobili Torino (FIAT) in Gründung, die bald auch Rüstungsgüter herstellte. Turin war weit genug entfernt von den Orten, wo zur gleichen Zeit Aufstände gewaltsam niedergehalten wurden: In Mailand oder Sizilien, wie schon ein halbes Jahrhundert zuvor und wie sie aus noch weiter zurückliegender Zeit in Verdis Opern geschildert worden waren. Nur waren es jetzt keine fremden Besatzer, sondern eine italienische Regierung in Rom, die der sozialen Probleme nicht Herr wurde. In Mailand herrschte nach einem Generalstreik Ausnahmezustand; nach einem Militäreinsatz gab es hundert Tote.

In einem Turiner Ausstellungspalast sollten die drei *Pezzi sacri* nun für Italien erstaufgeführt werden. Verdi empfing den Dirigenten Arturo Toscanini und seinen Chordirektor im Palazzo Doria.

IM GRAND HÔTEL ET DE MILAN

Die letzten Jahre

Ende September gab es große Aufregung in Sant' Agata, und Verdi mußte alle seine Verbindungen nutzen, damit »Enkel« Angiolo nicht ins Gefängnis kam. Was genau passiert war, blieb auch nach einer Gerichtsverhandlung in Busseto unklar. Wie in der *Macht des Schicksals* sollte sich aus dem Gewehr des 17-Jährigen ungewollt ein Schuss gelöst und eine Magd tödlich getroffen haben. Der König begnadigte den schuldig gesprochenen jungen Mann später.

Den 85. und auch seinen 86. Geburtstag feierte Giuseppe Verdi in der Villa, und in beiden Jahre kam Boito auf längeren Besuch. Auch 1899 kurte Verdi wieder mit der Stolz in Montecatini, sie war mittlerweile 65 und bedurfte der Anwendungen mit Wasser und Massagen kaum weniger als er. Die Aufenthalte Verdis in Genua wurden aber immer kürzer, weil er den Service im Grand Hôtel et de Milan und die ständige Nähe Boitos, Ricordis und der anderen in Mailand schätzte; es war auch immer jemand zum Plaudern und Kartenspielen da, bis er – selten vor Mitternacht – zu Bett ging; Besucher empfing er schon vor neun Uhr morgens. Die Wohnung der Stolz war nur ein paar Straßen weiter.

Im Dezember 1899 versammelte Verdi, der kränkelte und wegen einer Grippeepidemie nicht aus dem Hotel gehen sollte, den Verwaltungsrat der Casa di Riposo im Salon seiner Suite, damit der Antrag auf Anerkennung von deren Gemeinnützigkeit auf den Weg kam. Noch vor Jahresende lag die Bewilligung der Behörden vor. Weihnachten feierte Verdi in Genua, begrüßte das Jahr 1900 aber in Boitos Gesellschaft wieder im Mailänder Hotel. Im Frühjahr genoss er noch einmal die milde Meeresluft auf der Terrasse des Palazzo Doria;

besorgt sah er die Schiffe mit Auswanderern ablegen. Am 14. Mai diktierte er dann in Mailand sein Testament. Er wollte geordnete Verhältnisse hinterlassen.

Der Umfang seines Vermögens und die Vielzahl derer, die er bedacht wissen wollte, verlangten nach ausführlichen und genauen Festlegungen; allein sein Geld- und Wertpapierver-

Die Casa di Riposo in Mailand

mögen schätzte man auf sechs Millionen Lire. Der Kern des Gutes von Sant' Agata, die Villa Verdi und der Park mit den unmittelbar angrenzenden Gemarkungen sollten im Familienbesitz der Carrara-Verdis bleiben. Die peripheren Liegenschaften wurden an einzelne Verwandte oder Institutionen, vor allem das Krankenhaus von Villanova sull'Arda vermacht. Mitarbeiter und Angestellte bekamen Geldbeträge. Einen großen Teil der Wertpapiere und vor allem die Einnahmen aus den Aufführungsrechten seiner Opern – derzeit rechnete man mit etwa 200.000 Lire jährlich – bekam die Casa di Riposo.

Für den Fall, dass eine Beisetzung in der dortigen Krypta nicht erlaubt werden sollte, wollte Verdi auf dem Cimitero

Monumentale beerdigt bleiben, wo dann ein Grabdenkmal für ihn errichtet werden solle, das aber nicht mehr als zwanzigtausend Lire kosten dürfe. – Eine Woche später war er in Sant' Agata und kam in der zweiten Juliwoche zum letzten Mal in Montecatini an. Im Herbst sah er noch einmal die Ernte auf Sant' Agata, fuhr für ein paar Tage nach Genua und ließ dort seine Konten und Wertpapierdepots nach Mailand transferieren. Zum letzten Mal reiste er dann ab vom Palazzo Doria, dessen Treppen er nun nicht mehr aus eigenen Kräften bewältigen konnte. Aber Weihnachten verbrachte er in guter Verfassung in Mailand, und gleich nach dem Fest schaute er mit Camillo Boito nach den Arbeiten an der Casa di Riposo.

Am Morgen des 21. Januar 1901 hatte ihn der Arzt noch gesehen, beim Ankleiden auf der Bettkante sitzend erlitt Giuseppe Verdi dann einen Schlaganfall. Er war sofort ohne Bewusstsein. Die Ärzte konnten nur noch auf das Ende der immer schwächer werdenden Lebenszeichen warten. Der Verkehr wurde weiträumig um das Hotel geleitet, den Straßenbahnen das Läuten verboten. Im Foyer wurde ein Pressezentrum eingerichtet. Die meisten Zeitungen gaben in den nächsten Tagen nicht nur die ärztlichen Bulletins im Wortlaut weiter, sondern auch die genaue Puls- und Atemfrequenz des Sterbenden. »Das Ende steht bevor… Die Katastrophe kann von einem Moment zum anderen geschehen«, stand in der Sonntagsausgabe der sozialistischen Tageszeitung *Avanti* vom 27. Januar.

Um zehn Minuten vor drei Uhr am Morgen dieses Tages starb Giuseppe Verdi. Teresa Stolz war zusammengebrochen, als die Ärzte ihr und den anderen Anwesenden, Maria Filomena, Peppina und Alberto Carrara-Verdi, Arrigo Boito sowie Giuditta und Giulio Ricordi schon vor Mitternacht gesagt hatten, dass es nur noch um wenige Stunden ginge. Fast alle Geschäfte in Mailand schlossen »wegen nationaler

Trauer« für drei Tage, alle Fahnen, auch die an den kirchlichen Gebäuden, trugen einen schwarzen Flor.

Italien trauerte, und die ganze Welt trauerte um den bekanntesten Italiener. Giuseppe Verdis Name und sein Werk standen für dieses Land. Dass der gerade amtierende achtzig-

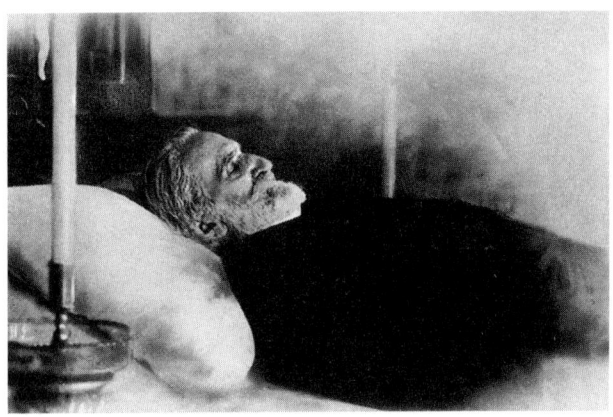

Giuseppe Verdi auf dem Totenbett

jährige Ministerpräsident Giuseppe Saracco hieß, wusste dagegen im Ausland kaum einer, ebenso wenig, wohin der junge König Vittorio Emanuele III. das Land nun führen würde. Umberto war vor einem halben Jahr in Monza von einem Anarchisten erschossen worden.

Am Donnerstag, dem 30. Januar 1901, wurde Verdi beigesetzt. Die Zeitungen in aller Welt waren voll der Würdigungen und Nachrichten von Gedenkveranstaltungen. *Avanti* berichtete außer vom Begräbnis Queen Victorias, deren Zeitalter auch zu Ende gegangen war, am 1. Februar auf der ersten Seite von einer »Commemorazione di Verdi« im Theater der zwischen Bologna und Rimini gelegenen Stadt Forlimpopoli: Der »Genosse Student Mussolini« hatte dort eine vielbeachtete Rede auf den Komponisten gehalten. In der österreichischen Stadt Triest bekam das Teatro Grande den Beinamen »Giuseppe Verdi«.

Als die Särge Giuseppe Verdis und Giuseppina Verdi-Strepponis einen Monat später in die Krypta der Casa di

Der Trauerzug am 30. Januar 1901

Riposo überführt wurden, sangen mehr als achthundert Sängerinnen und Sänger unter Toscaninis Leitung »*Va, pensiero sull' ali dorate*«, und von den Tausenden, die den Weg säumten, sollen viele mitgesungen haben. Gut möglich, dass bei dieser fast sechzig Jahre alten Melodie wieder Sorge um das Land mitklang.

Zwei Jahre darauf war die Krypta dann so gestaltet, wie sie sich heute noch dem Besucher präsentiert. Königin Margherita hatte dafür gesorgt, dass neben den Grabstätten Giuseppe Verdis und seiner Frau Giuseppina Verdi-Strepponi auch eine Gedenktafel an die jung verstorbene erste Frau des Komponisten Margherita Verdi-Barezzi erinnerte; die Mosaiken des Gewölbes hatte die Stolz bezahlt.

VERDIS OPERN AUF SCHALLPLATTEN
Diskografische Nachbemerkungen

Als Giuseppe Verdi starb, hatte das Zeitalter der aufgezeichneten Musik gerade begonnen, die nach dem Ersten Weltkrieg zusammen mit dem Rundfunk auch seine Werke einem breiteren Publikum unabhängig von Opernhaus und Konzertsaal erschloss. Sogar die Stimmen von Tamagno und Maurel konnten noch aufgenommen werden, als beide Sänger sich aber schon von der Bühne zurückgezogen hatten. Doch sind dies kaum Dokumente authentischer Verdi-Interpretation, denn in kurzen Ausschnitten aus *Otello* und *Falstaff* wurden sie nur von einem Klavier begleitet und erlauben sich Lässigkeiten, die kein Dirigent hätte durchgehen lassen.

Schon 1906 versuchte man eine erste Aufnahme der *Aida* auf 23 Schellackplatten, bei der kein Dirigentenname dokumentiert ist, und das neue Medium mit seinen Minuten Spieldauer pro Plattenseite sich noch schwer tat mit dem Großkunstwerk Oper. Die Technik entwickelte sich aber rasch weiter, und schon 1912 wurden – was im kultur- und zeitgeschichtlichen Kontext kaum überrascht – unter besseren Bedingungen in Frankreich und auf Französisch die drei Werke der »trilogia popolare« eingespielt. Daneben entstanden in aller Herren Länder Aufzeichnungen einzelner Verdi-Arien mit den prominentesten Sängerinnen und Sängern der Zeit.

Als die Schellack-Epoche zu Ende gegangen war, man problemlos längere Zusammenhänge präsentieren konnte, lag dann bald ein umfassendes und schließlich kaum übersehbares Angebot an Verdi-Gesamtaufnahmen vor. So wurde in der zweiten Hälfte des 20. Jahrhunderts Verdis Musik gewiss schon mehr von Langspielplatten und dann Compactdiscs gehört als im Theater. Das steigerte ihre Popularität, brachte sie aber dabei um die Wirkung ihres inneren Zusammenhangs, weil der dramatische Kontext bei den selektiven »highlights«, Arien-Recitals und Bearbeitungen fehlte. Das Medium, das Verdis Kunst auf das bloß Hörbare reduziert, hat aber bewirkt, dass auch die weniger beliebten seiner Opern im Gedächtnis blieben und somit auch dann und wann wieder auf die Bühne kamen.

Die folgenden Hinweise gelten Verdi-Gesamtaufnahmen, die sich dadurch auszeichnen, dass sie die jeweilige Oper nicht nur in unangetasteter Werkgestalt, insgesamt adäquater Besetzung und verantwortungsvoller Interpretation, sondern auch in einem Klangbild wiedergeben, das einen plastischen Eindruck vom musikalischen Bühnenwerk ermöglicht. Sie alle entstanden mit wenigen Ausnahmen dezidiert für die Schallplatte oder sind von den Mitwirkenden autorisierte Live-Mitschnitte und werden wohl für absehbare Zeit stets im Handel sein.

Viele historische und »legendäre« Aufnahmen und vor allem unautorisierte Live-Mitschnitte, die von der unwidersprochen großen Kunst einzelner Interpreten wie etwa der Maria Callas leben, taugen leider kaum zu einer Begegnung mit dem Werk an sich. Meistens sind die übrige Besetzung mangelhaft, Chor und Orchester unbefriedigend, das Werk gekürzt, oder die Tonqualität fordert äußerste Toleranz bei Nebengeräuschen oder musikalischen Pannen, deren Konservierung kaum ein Mitwirkender zugelassen hätte. Eine Ausnahme ist allenfalls der *Trovatore* mit der Callas unter Herbert von Karajan, von EMI 1956 aufgenommen. Auch mögen sich Verehrer von Luciano Pavarotti, Giacomo Aragall oder Mario del Monaco, die manche Verdi-Partie glänzend verkörperten, für Aufnahmen mit diesen entscheiden; keine ist allerdings als Ganzes empfehlenswert.

Oberto und *Un giorno di regno* liegen bei ORFEO (1983) bzw. PHILIPS (1973) in kompetenten Aufnahmen unter dem

Dirigenten Lamberto Gardelli vor, der sich auch um den übrigen »Verdi minore« hochverdient gemacht hat. Neville Marriners Aufnahme der ersten Verdi-Oper (PHILIPS 1996) ist idiomatisch weniger überzeugend, enthält aber noch gut zwanzig Minuten von Verdi für spätere Aufführungen nachkomponierte Musik.

Gardelli dirigiert auch die nach wie vor interessanteste (erste Stereo-)Aufnahme des *Nabucco* mit Tito Gobbi in der Titelpartie und der für nur wenige Jahre grandiosen Elena Souliotis als Abigaile (DECCA 1965). Riccardo Mutis Interpretation (EMI 1977) ist zwar hinsichtlich Chor und Orchester geschliffener, jedoch ist das Sängerensemble mit Ausnahme Nicolai Ghiaurovs als Zaccaria weniger attraktiv. Gardelli spielte für PHILIPS 1971 auch erstmals *I Lombardi* mit den sämtlich jungen und glänzenden Solisten Cristina Deutekom, Ruggero Raimondi und Plácido Domingo ein; seine spätere Budapester zweite Aufnahme der gleichen Oper (HUNGAROTON) erreicht nicht dieses Niveau.

Von *Jérusalem* soll Ende 2000 bei PHILIPS eine erste französisch gesungene Gesamtaufnahme - mit vollständiger Ballettmusik - unter dem Dirigenten Fabio Luisi erscheinen.

Trotz neuerer Aufnahmen mit Pavarotti und Domingo ist der beste *Ernani* der mit Carlo Bergonzi unter dem Dirigenten Thomas Schippers, 1967 in Rom für RCA/BMG aufgenommen. Bergonzi, geboren 1924 in Vidalenzo als wahrer Landsmann Verdis, ist überhaupt Idealinterpret vor allem der Guasco- und Fraschini-Partien. Er ist auch als Jacopo Foscari in einer auf Platten (FONIT-CETRA) zugänglichen Rundfunkproduktion der Mailänder RAI von 1951 unter Carlo Maria Giulini zu hören, die ein wichtiges Dokument aus den frühen Jahren dieser beiden Künstler ist. Die einzige auch klanglich adäquate Produktion der *Foscari* ist dennoch die unter Gardelli (PHILIPS) von 1977 mit José Carreras.

Auch von *Giovanna d'Arco* gibt es bisher nur eine einzige Studioproduktion (EMI 1972), die allerdings keinen Wunsch offen lässt. James Levine rechtfertigt hier seinen frühen Ruhm als temperamentvoller Operndirigent, und Domingo, Montserrat Caballé und Sherill Milnes sind seine brillanten und jugendfrischen Solisten. Bei *Alzira* und *Attila* muß man sich wieder an Gardelli-Aufnahmen halten: Bei der Voltaire-Oper ist seine ohnehin die einzige Einspielung, bei der Zacharias-Werner-Vertonung übertrifft diejenige von 1972 (PHILIPS) mit Raimondi, Deutekom, Bergonzi und Milnes wiederum Gardellis zweite Version, die vierzehn Jahre später in Ungarn entstand.

Anlässlich einer Verdi-Festwoche, mit der man im Sommer 1943 das nationalsozialistische Bündnis mit Mussolinis Italien zelebrieren wollte, dirigierte Karl Böhm mit dem Ensemble der Wiener Staatsoper die erste *Macbeth*-Produktion für die Schallplatte; Opernglanz sollte vom unausweichlichen Untergang des Hitlerreichs ablenken, und US-Truppen standen schon in Italien. Ein ebenso makabres wie – trotz deutscher Sprache – vor allem wegen der Lady der Elisabeth Höngen eindrucksvolles Klangdokument (veröffentlicht u.a. von PREISER). Erst sechzehn Jahre danach entstand in New York – dann schon stereophon – eine Aufnahme in italienischer Sprache, die sogleich Maßstäbe setzte: unter dem sich an Toscanini orientierenden Erich Leinsdorf singen Leonie Rysanek, Leonard Warren und Bergonzi (RCA/BMG). Später kamen noch mehrere ebenso empfehlenswerte *Macbeth*-Aufnahmen zustande: mit Shirley Verrett und Piero Cappuccilli (DEUTSCHE GRAMMOPHON, 1976) unter Claudio Abbado, der in kühler Präzision scharfe Akzente setzte, wie sie Riccardo Muti im gleichen Jahr mit Fiorenza Cossotto und Milnes (EMI) mit emotionalerem Zugriff und angemessenem Pathos ebenso wirkungsvoll gelangen. Auch der wichtige Macbeth-Interpret Dietrich Fischer-Dieskau ist in einer Aufnahme unter Gardelli (DECCA 1970) zu hören, wo die Schwächen der Lady (Elena Souliotis) jedoch durch Ghiaurovs Banquo und den Macduff des jungen Pavarotti ausgeglichen werden. – Alle diese beruhen auf der letzten Werkfassung. Erst seit 1998 ist eine Live-Aufnahme (DYNAMIC) vom Festival della Valle d'Itria in Martina Franca in der ersten Fassung von 1847 erhältlich, die aber nicht nur akustische Mängel hat.

Bei *I Masnadieri*, *Il Corsaro* und *La battaglia di Legnano* sind wiederum Gardellis PHILIPS-Aufnahmen konkurrenzlos, da es von letzterem Werk nur noch eine gesanglich zwar befriedigende, aber aufnahmetechnisch unzulängliche Rundfunkproduktion der römischen RAI aus dem Verdi-Jahr 1951 (FONIT-CETRA) unter Fernando Previtali gibt; von *Il Corsaro* existiert gar keine weitere, und von den *Masnadieri* nur eine DECCA-Einspielung von 1982, als Joan Sutherland schon mehr Legende ihrer selbst war; auch ihre Partner reichen nicht an Bergonzi und Cappuccilli bei Gardelli heran.

Auch die erste *Luisa Miller* wurde gegen Ende des Zweiten Weltkriegs in deutscher Übersetzung mit der bemerkenswerten Maria Cebotari in Dresden aufgenommen. 1951 folgte dann eine italienische Produktion, die wegen Giacomo Lauri-Volpi als Rodolfo historischen Wert hat. Erst 1965 dirigierte Fausto Cleva die nächste, nun stereophone, Studioproduktion (RCA/BMG), deren Besetzung (Anna Moffo, Cornell Mac Neil und Bergonzi) bisher nicht übertroffen werden konnte.

Rechnet man die Live-Mitschnitte hinzu, kommt man mit den gut vierzig im Studio produzierten *Rigoletto*-Versionen auf insgesamt über hundert. Die von Carlo-Maria Giulini 1979 für die DEUTSCHE GRAMMOPHON mit Cappuccilli in der Titelpartie dirigierte ist die erste, die nicht nur den Notentext ungekürzt bietet, sondern auch auf die in allen vorherigen Aufnahmen zu hörenden Spitzentöne und sängerischen Zutaten verzichtet, die nicht von Verdi stammen. In dieser Hinsicht weniger pedantisch, aber gleichermaßen vollständig und sängerisch reizvoll sind noch die erste Aufnahme mit Sutherland als Gilda und MacNeil als Rigoletto (DECCA 1961), der sechs Jahre später unter Francesco Molinari-Pradelli (EMI) nicht mehr ganz so überzeugte. Hier sind aber der elegante Duca di Mantova des Nicolai Gedda und die schwerelose Gilda der Reri Grist außerordentliche Rollenporträts. Gedda markiert einen Gegenpol bei der Gestaltung der wohl populärsten Verdi-Tenorpartie zu dem robusteren Domingo bei Giulini. Eine vorbildliche Balance zwischen Gewandtheit und Attacke findet jedoch Alfredo Kraus, der in drei Aufnahmen zu hören ist, von denen die unter dem temperamentvollen Georg Solti (RCA/BMG 1963 mit Moffo und Robert Merrill) mit Abstand die beste ist.

Auch bei *Il trovatore* sind es zwei Aufnahmen der sechziger Jahre, die sich nach wie vor gegen alle späteren zu behaupten vermögen: die 1961 an der Scala entstandene unter Tullio Serafin (DEUTSCHE GRAMMOPHON) mit Bergonzi, dem leider so früh verstorbenen prächtigen Ettore Bastianini, Antonietta Stella und Fiorenza Cossotto, die die Azucena 1967 noch einmal unter Zubin Mehta (RCA/BMG) aufnahm, nun mit den Partnern Leontyne Price, Domingo und Milnes in deren allerbesten Jahren.

Erst spät besann man sich darauf, bei *La traviata* wenigstens auf Schallplatten den zweiten Akt ungekürzt zu präsentieren. Georges Prêtre dirigierte 1967 mit Caballé, Bergonzi und Milnes (RCA/BMG) eine sehr gelungene Aufnahme, die freilich zehn Jahre später durch die vor allem orchestral und bei den Chorszenen fulminante Interpretation Carlos Kleibers (DEUTSCHE GRAMMOPHON) übertroffen wurde, bei der geringfügige Kürzungen deshalb nicht ins Gewicht fallen.

Trotz oft sehr breiter Tempi überzeugt auch die EMI-Produktion unter Aldo Ceccato (1971) durch ihren dramatischen Gestus und die profilstarken Protagonisten Beverly Sills, Gedda und Rolando Panerai.

Verdis erste *Grand Opéra* gibt es nur als italienische *Vespri siciliani* in einer vitalen und mit Martina Arroyo, Domingo, Milnes und Raimondi optimal besetzten Produktion (RCA/BMG 1973) unter Levine. Die originalen *Vêpres siciliennes* gibt es noch in keiner zulänglichen Aufnahme, denn der auf verschiedenen Klein-Labels veröffentlichte Mitschnitt eines britischen Rundfunk-Konzerts ist nicht mehr als ein ehrenwerter Versuch, sich dem authentischen Idiom dieser Oper anzunähern.

Im August 1999 wurde aber immerhin – wiederum beim Festival della Valle d'Itria für DYNAMIC – die 1857er Fassung des *Simon Boccanegra* aufgezeichnet; dies ermöglicht die Begegnung mit dem äußerst hörenswerten »Original«, wenn man bereit ist, die Imponderabilien einer Open-air-live-Dokumentation in Kauf zu nehmen.

Unter den Einspielungen der Zweitfassung ragt die unter Abbado (mit Mirella Freni, Cappuccilli, Carreras und Ghiaurov) bei der DEUTSCHEN GRAMMOPHON von 1977 weit heraus.

Von *Stiffelio* existiert wie von der *Aroldo*-Variante nur jeweils eine Produktion, wobei sich das Erstwerk in einer Interpretation des bewährten Lamberto Gardelli (PHILIPS 1979) homogener präsentiert als die reizvollere Überarbeitung in einer von CBS/SONY mitgeschnittenen New Yorker Konzertaufführung unter Eve Queler aus dem gleichen Jahr.

Die beiden farbigen US-Amerikanerinnen Arroyo und Price sind die überzeugendsten »donne di forza« in *Un ballo in maschera* und *La forza del destino*. Price ist Partnerin Bergonzis in Erich Leinsdorfs *Maskenball*-Einspielung von 1966 und hat die *Forza*-Leonora zweimal aufgenommen (alle RCA/BMG), wobei die ältere Aufnahme von 1964 an der Seite von Richard Tucker und Merrill unter Thomas Schippers der jüngeren mit Domingo und Milnes unter Levine wegen eines ausgewogeneren Rest-Ensembles vorzuziehen ist. Bergonzi hatte 1961 den *Maskenball*-Riccardo schon unter Solti gesungen, wobei ihm Birgit Nilsson als eine sehr nordische Amelia neben dem ausgezeichneten Cornell MacNeil und Giulietta Simionato gegenüberstand. Von den jüngeren *Ballo*-Aufnahmen vermag allein noch diejenige Mutis von 1975 (EMI) mit Domingo, Cappuccilli und Arroyo zu interessieren.

Arroyo und Cappuccilli sind auch mit Bergonzi und Raimondi die Protagonisten der eindeutig empfehlenswertesten *Forza*-Produktion, die Lamberto Gardelli 1969 für EMI dirigierte. Nur wegen der mit Bastianini, Cesare Siepi und Fernando Corena hervorragend besetzten tiefen Männerpartien verdient auch noch die 1955 schon stereophon aufgenommene *Macht des Schicksals* unter Molinari-Pradelli (DECCA) Beachtung. Riccardo Muti ging dann zwar 1986 (EMI) bei weitem sorgfältiger mit Verdis Notentext der 1869er Version der Oper um als alle seine Kollegen, kann aber leider kein annähernd attraktives Sängerensemble aufbieten. Von der Urfassung des Werks gibt es mittlerweile neben der trotz Arroyo unbefriedigend besetzten Plattenedition einer konzertanten BBC-Aufführung auch eine Studioeinspielung aus Sankt Petersburg (PHILIPS 1995), die es leider bei einem ärgerlich undifferenzierten Al-fresco-Musizieren mit insgesamt nur mittelmäßigen Sängern belässt.

Den originalen französischen *Don Carlos* lernt man am ehesten auf der bei Pariser Bühnenaufführungen des Jahres 1996 entstandenen EMI-Aufnahme unter Antonio Pappano kennen. Vor allem José van Dam und Thomas Hampson vermitteln den authentischen Reiz der ursprünglichen Anlage ihrer Partien Philippe II. und Rodrigue. Die philologisch genauere und umfangreichere Aufnahme Abbados (DEUTSCHE GRAMMOPHON) von 1984 war zwar eine schallplattengeschichtliche Großtat, jedoch löst sich kaum ein Sänger vom gewohnten italienischen Tonfall. Von den italienischen Versionen ist diejenige Soltis von 1965 (DECCA) sängerisch nach wie vor unübertroffen. Grace Bumbry (Eboli) und die Bässe Ghiaurov (Filippo) und Martti Talvela (Grande Inquisitore) hatten hier Sternstunden, wie auch Bergonzi beim Tod Posas mit den »ergreifendsten drei Silben bzw. zwei Tönen, die je ein Mensch auf Schallplatte sang« (Eckhard Henscheid)[136].

Bergonzi war auch ein hervorragender Radamès, der aber bei der ersten stereophonen *Aida* (DECCA 1959) unter Herbert von Karajan von der Klangregie etwas in den Hintergrund gerückt wurde. Dennoch ist diese auch wegen Renata Tebaldi, Simionato, MacNeil und den Wiener Philharmonikern trotz der beiden mäßigen Bässe sehr hörenswert, wie auch die zwei Jahre später für die gleiche Firma unter Solti in Rom produzierte Einspielung mit der jungen Leontyne Price in der Titelpartie und dem heldischen Jon Vickers als Radamès. Plácido Domingo ist in seiner ersten *Aida*-Aufnahme (mit Price, Bumbry und Milnes) am eindrucksvollsten, die Erich Leinsdorf 1970 in London für RCA/BMG einspielte.

Merkwürdigerweise werden die Klangdimensionen des *Otello* auf den technisch avancierten jüngeren Aufnahmen kaum so lebendig wie bei Arturo Toscaninis monauraler von 1947, die auch mit Ramon Vinay in der Titelpartie einen geltenden Maßstab setzt. Bei Tullio Serafin (ebenfalls RCA/BMG) sind 1960 zwar drei großartige Sänger (Rysanek, Vickers und Gobbi) zu erleben, aber ein ärgerlich unpräzises Orchester und ein undisziplinierter Chor. John Barbirolli verwirklichte für EMI 1968 eine in dieser Hinsicht zwar sehr gelungene Produktion, jedoch sind der ebenso kraftvolle wie larmoyante James McCracken als Otello und Fischer-Dieskau als über-artikulierender Jago nicht jedermanns Sache.

Toscaninis *Falstaff* von 1950 (RCA/BMG) bekam allerdings mit den Interpretationen Karajans (EMI 1956, mit Gobbi, Panerai und Elisabeth Schwarzkopf) und Soltis (DECCA 1963, mit Geraint Evans, Merrill und Ilva Ligabue) ernst zu nehmende und klanglich überlegene Konkurrenz. Solti legt die Partitur in bisweilen schroffer Vitalität aus, während bei Karajan mehr die lyrisch-leichten Aspekte betont sind. Beide Dirigenten nahmen Verdis letzte Oper in ihren eigenen Spätjahren jeweils noch einmal auf, vermochten aber auch nicht annähernd, sich selbst zu übertreffen. Der bemerkenswerteste *Falstaff*-Dirigent der Schallplatte ist Leonard Bernstein, der mit den Wiener Philharmonikern Nuancen und Tempi erreicht, die freilich in keiner Bühnenaufführung zu erzielen wären (CBS/SONY). Leider ragt außer Fischer-Dieskau in der Titelpartie und Panerai als Ford nur Gerhard Stolze als skurriler Dr. Cajus aus einem ungenügenden Gesangsensemble heraus.

ZEITTAFEL

1813 9. (10.) Oktober: Giuseppe Verdi wird in Le Roncole geboren.

1814/15 Nachdem Verdis Heimat sieben Jahre zu Frankreich gehört hatte, kommt das Großherzogtum Parma nach dem Wiener Kongress wieder unter österreichische Hoheit. (In Deutschland erblicken in diesem Jahr Georg Büchner, Friedrich Hebbel und Richard Wagner das Licht der Welt.)

1819/20 Es zeigt sich, dass der junge Giuseppe großes Interesse an Musik hat; er singt im Kirchenchor, bekommt Orgelunterricht, und sein Vater kauft ein altes Spinett.

1822 Der Neunjährige übernimmt von seinem Lehrer Organistendienste in der Dorfkirche.

1823 Eintritt in das Gymnasium von Busseto. (In Venedig wird *Semiramide*, Rossinis letzte italienische Oper, uraufgeführt.)

1825 Erster professioneller Musikunterricht bei Ferdinando Provesi, einem Organisten, der auch Leiter der Philharmonischen Gesellschaft von Busseto ist.

1826 Antonio Barezzi, deren Präsident und wohlhabender Kaufmann, wird Verdis Förderer.

1828/29 Erste Kompositionen, die auch in Busseto aufgeführt werden. (Am 3. August 1829 wird Rossinis letzte französische Oper, *Guillaume Tell*, in Paris uraufgeführt.)

1831 Verdi zieht zu Barezzi, dessen Tochter Margherita er Klavierunterricht gibt.

1832 Giuseppe Verdi erhält ein Stipendium, bemüht sich vergeblich um Aufnahme an das Konservatorium in Mailand und studiert dort stattdessen privat.

1834 Verdi wirkt bei einer Aufführung von Haydns *Schöpfung* mit. Er bekommt den Auftrag zur Komposition einer Oper und kehrt nach Busseto zurück. Seine Bewerbung um die Nachfolge des verstorbenen Provesi ist zunächst vergeblich.

1835 (In Paris wird Bellinis letzte Oper *I Puritani* uraufgeführt.)

1836 Die Oper *Rocester* bleibt unaufgeführt. Am 4. Mai heiratet Verdi Margherita Barezzi; seit März ist er städtischer Musikdirektor von Busseto.

1837 Die Tochter Virginia wird geboren.

1838 Der Sohn Icilio wird geboren; Virginia stirbt.

1839 Die Verdis verlassen Busseto; am 22. Oktober stirbt auch Icilio. *Oberto* kommt an der Scala heraus. Der Erfolg führt zu neuen Aufträgen, der Verleger Giovanni Ricordi wird auf den jungen Komponisten aufmerksam.

1840 Während der Arbeit an der komischen Oper *Un giorno di regno* stirbt Margherita Verdi. Die Oper wird ein Misserfolg.

1841/42 Bartolomeo Merelli, der nicht nur die Scala, sondern auch das Wiener Kärntnertor-Theater leitet, überredet Verdi, nicht mit dem Komponieren aufzuhören; er gibt ihm das Libretto zu *Nabucco*, die Oper wird ein großer Erfolg. Verdi arbeitet schon an *I Lombardi*. Er lernt Giuseppina Strepponi kennen.

1843 (Donizettis letzte Oper *Dom Sébastien* wird im November in Paris uraufgeführt.) *Nabucco* wird in Wien gespielt, und bis

1846 entstehen fünf weitere Opern, u.a. *Ernani* auf einen Text von Francesco Maria Piave nach Victor Hugo.

1847 Die erste Shakespeare-Oper *Macbeth* wird in Florenz uraufgeführt; als Auftragswerk für London und die berühmte Primadonna Jenny Lind komponiert Verdi *I masnadieri* und für Paris werden *I Lombardi* als *Jérusalem* neu gefasst. Zusammentreffen mit Giuseppe Mazzini, einem der Protagonisten der italienischen Freiheits- und Einigungsbewegung.

1848 Zwei neue Opern. Verdi lebt nun mit Giuseppina Strepponi zusammen und kauft das Gut Sant' Agata. Die Revolutionen in Europa führen auch zu Aufständen in Mailand, piemontesische Truppen marschieren in die Stadt, unterliegen aber den Österreichern.

1849 Kurz nach der Uraufführung von *La battaglia di Legnano* in Rom wird im Februar dort eine Republik ausgerufen, aber bald kehrt der Papst unter französischem Schutz zurück, und in ganz Italien sind bald die alten Verhältnisse wiederhergestellt. *Luisa Miller* wird im Dezember in Neapel uraufgeführt.

1850/51 Nach dem erfolglosen *Stiffelio* entsteht eine weitere Oper auf ein Libretto von F.M. Piave: *Rigoletto*, ein enormer Erfolg. Verdi und Giuseppina Strepponi ziehen nach Sant' Agata.

1852 Vertragsabschluß mit der Opéra in Paris; Louis Napoleon, ab Dezember Napoleon III., schlägt Verdi zum Ritter der Ehrenlegion. Im November wird in Turin Camillo Benso Graf Cavour Ministerpräsident.

1853 Erfolg mit *Il trovatore*, aber *La traviata* fällt beim Publikum durch. Mazzini versucht einen Aufstand in Mailand.
1854/55 Arbeit an *Les Vêpres siciliennes* für die Opéra zum Teil vor Ort in Paris.
1856 Cavour und König Vittorio Emanuele II. gewinnen u.a. Garibaldi für ihre Sache.
1857 Arbeit an *Simon Boccanegra*, Umarbeitung des *Stiffelio*.
1859 In Rom wird *Un ballo in maschera* uraufgeführt, der in Neapel an der Zensur scheiterte. »V.E.R.D.I.« wird zur politischen Parole. Am 29. August Hochzeit mit Giuseppina Strepponi. Verdi wird Abgeordneter bei der Versammlung der Provinzen Parmas, die sich dem Königreich Piemont anschließen wollen.
1860 Garibaldi stürzt die bourbonische Herrschaft Neapel-Siziliens.
1861 Im Januar wird Verdi zum Deputierten von Borgo San Donnino (Fidenza) gewählt. Vittorio Emanuele II. wird König Italiens, Hauptstadt ist Turin (ab 1865 Florenz).
1862 Verdi schreibt den *Inno delle nazioni* für die Londoner Weltausstellung, komponiert *La forza del destino* für die Oper in St. Petersburg und reist im November zur Uraufführung.
1865 Die im Vorjahr entstandene Neufassung des *Macbeth* wird in Paris am Théâtre Lyrique aufgeführt, vier Wochen später Meyerbeers letzte Oper *L'Africaine* postum an der Opéra.
1866 Nach dem Sieg der Preußen über Österreich wird auch Venetien italienisch.
1867 Eine Verdi-Büste wird im Foyer der Pariser Oper aufgestellt, im März wohnen Napoleon und Eugénie der *Don-Carlos*-Premiere bei; im Oktober kommt in Bologna eine erste italienische Version des Werks (*Don Carlo*) heraus.
1868 Verdi revidiert *La forza del destino*.
1869 In Kairo wird mit *Rigoletto* ein neues Opernhaus eröffnet.
1870 Arbeit an einer Auftragsoper für Kairo: *Aida*; nach Beginn des Deutsch-Französischen Kriegs können italienische Truppen im September in Rom einmarschieren.
1871 Rom wird im Februar Hauptstadt Italiens. Am 14. Dezember wird in Kairo *Aida* – in Abwesenheit Verdis – uraufgeführt.
1873 Giuseppe Verdi komponiert seine bedeutendsten nicht für die Bühne bestimmten Werke: ein Streichquartett und im Gedenken an Alessandro Manzoni die *Messa da Requiem*.

1874-78 Verdi wird als Komponist und Dirigent eigener Werke in ganz Europa gefeiert, er wird in seiner Heimat Senator, in Frankreich erhält er das Kreuz der Ehrenlegion. Er kümmert sich um die Landwirtschaft auf Sant' Agata und stellt einen Teil seiner Einkünfte für soziale Zwecke zur Verfügung.

1877 Verdis einziger Auftritt in Deutschland: Er dirigiert im Mai im Kölner Gürzenich sein Requiem.

1879 Giulio Ricordi und der junge Komponist und Schriftsteller Arrigo Boito bewegen Verdi zu einer neuen Shakespeare-Oper: *Otello*.

1880 Mit Boito überarbeitet er aber zunächst *Simon Boccanegra*.

1882 Neuerliche Überarbeitung des *Don Carlo*.

1885/86 Arbeit an *Otello*,

1887 dessen Uraufführung an der Scala am 5. Februar alle bisherigen Erfolge in den Schatten stellt.

1889 Nachdem zwischenzeitlich zwei der *Pezzi sacri* entstanden sind, entschließt sich Verdi zur Komposition des *Falstaff*. In Mailand kauft er ein Grundstück, auf dem ein Altersheim für Musiker gebaut werden soll.

1890-92 Verdi arbeitet in Sant' Agata und Genua an *Falstaff*,

1893 der am 9. Februar an der Scala uraufgeführt wird. (Eine Woche zuvor macht in Turin der junge Giacomo Puccini mit seiner *Manon Lescaut* auf sich aufmerksam.)

1894 Erfolge für *Falstaff* und *Otello* in Paris, hohe französische Ehrungen für den Komponisten.

1895-97 Zurückgezogen gelegentliche Arbeiten an weiteren *Pezzi sacri*. Am 14. November 1897 stirbt Giuseppina Verdi.

1898 Bei der Weltausstellung in Turin dirigiert Arturo Toscanini drei der *Pezzi sacri*.

1899 Die Casa di Riposo wird gegründet.

1900 Nach der Ermordung des seit 1878 regierenden Königs Umberto I. wird dessen Sohn Vittorio Emanuele III. König; Italien ist in politischer Unruhe.

1901 Nach einem Schlaganfall stirbt Giuseppe Verdi am 27. Januar in seinem Mailänder Hotelzimmer. Ganz Italien trauert, Tausende erweisen ihm die letzte Ehre. Er wird an der Seite Giuseppinas in der Krypta der Casa di Riposo beigesetzt.

WERKVERZEICHNIS

OPERN

Uraufführungen und Textdichter

Oberto, Conte di San Bonifacio (Temistocle Solera),
    Mailand, 17. November 1839
Un giorno di regno/Il finto Stanislao (Felice Romani),
    Mailand, 5. September 1840
Nabucodonosor/Nabucco (Temistocle Solera),
    Mailand, 9. März 1842
I Lombardi alla prima crociata (Temistocle Solera),
    Mailand, 2. November 1843;
Ernani (Francesco Maria Piave),
    Venedig, 9. März 1844
I due Foscari (Francesco Maria Piave),
    Rom, 3. November 1844
Giovanna d'Arco (Temistocle Solera),
    Mailand, 15. Februar 1845
Alzira (Salvatore Cammarano),
    Neapel, 12. August 1845
Attila (Temistocle Solera und Francesco Maria Piave),
    Venedig, 17. März 1846
Macbeth (Francesco Maria Piave),
    Florenz, 14. März 1847; Neufassung: Paris 1865
Jérusalem (Alphonse Royer und Gustave Vaëz),
    Paris, 26. November 1847 – Umarbeitung von I Lombardi
I masnadieri (Andrea Maffei)
    London, 22. Juli 1847
Il corsaro (Francesco Maria Piave),
    Triest, 25. Oktober 1848
La battaglia di Legnano (Salvatore Cammarano),
    Rom, 27. Januar 1849
Luisa Miller (Salvatore Cammarano),
    Neapel, 8. Dezember 1849
Stiffelio (Francesco Maria Piave),
    Triest, 16. November 1850

Rigoletto (Francesco Maria Piave),
    Venedig, 11. März 1851
Il trovatore (Salvatore Cammarano und Leone Emanuele Bardare),
    Rom, 19. Januar 1853
La traviata (Francesco Maria Piave),
    Venedig, 6. März 1853
Les vêpres siciliennes (Eugène Scribe und Charles Duveyrier),
    Paris 13. Juni 1855
Aroldo (Francesco Maria Piave),
    Rimini 16. August 1857 – Umarbeitung von Stiffelio
Simon Boccanegra (Francesco Maria Piave),
    Venedig, 12. März 1857; Neufassung: Mailand 1881
Un ballo in maschera (Antonio Somma),
    Rom, 17. Februar 1859
La forza del destino (Francesco Maria Piave),
    St. Petersburg, 10. November 1862; Neufassung: Mailand 1869
Don Carlos (Joseph Méry und Camille du Locle),
    Paris, 11. März 1867; Neufassung: u.a. Mailand 1884
Aida (Antonio Ghislanzoni),
    Kairo, 24. Dezember 1871
Otello (Arrigo Boito),
    Mailand, 5. Februar 1887
Falstaff (Arrigo Boito),
    Mailand, 9. Februar 1893

GEISTLICHE WERKE

Messa da Requiem, für vier Solostimmen, Chor und Orchester, 1874
Ave Maria für Sopran und Streichorchester, 1879
Pater Noster für fünfstimmigen Chor a cappella, 1879
Quattro pezzi sacri, veröffentlicht 1898
- Ave Maria sulla scala enigmatica für Chor a cappella, 1889
- Stabat Mater für Chor und Orchester, 1897
- Laudi alla Vergine Maria für Frauenchor, 1888
- Te Deum für Doppelchor und Orchester, 1896

WELTLICHE CHORWERKE

Suona la tromba (G. Mameli) für Männerchor und Orchester, 1849
Inno delle nazioni (A. Boito), für Tenor, Chor und Orchester, 1862

VOKALE KAMMERMUSIK

Für eine Singstimme und Klavier:
Sei romanze (nach Gedichten von Jacopo Vittorelli, Tommaso Bianchi, Carlo Angiolini und Johann Wolfgang von Goethe), 1838
L'esule (Temistocle Solera), ca. 1839
La seduzione (Luigi Balestra), ca. 1839
Chi i bei di m'adduce ancora (nach Goethe), 1842
Sei romanze (nach Gedichten von Andrea Maffei, Manfredo Maggioni und Felice Romani), 1845
Il poveretto (Manfredo Maggioni), 1847
L'abandonée (Marie und Léon Escudier), 1849
Fiorellin che sorgi appena (Francesco Maria Piave), 1850
La preghiera del poeta (Nicola Sole), 1858
Il brigidino (Francesco dall'Ongaro), 1863
Stornello (anonym), 1869
Pietà Signor!, 1894

Für drei Singstimmen, Flöte und Klavier:
Guarda, che bianca luna (Jacopo Vittorelli), 1839

INSTRUMENTALMUSIK

Streichquartett e-Moll, 1873

(Nicht berücksichtigt sind nachträgliche Zusatzkompositionen zu den Opern sowie unpublizierte Jugendwerke.)

LITERATUR

I copialettere di Giuseppe Verdi, hg. von G. Cesari und A. Luzio, Mailand 1913, Reprint 1979.
Giuseppe Verdi – Briefe, hg. von Werner Otto, Berlin/DDR 1983.
Giuseppe Verdi – Briefe, hg. von Hans Busch, Frankfurt 1979.
Giuseppe Verdi/Arrigo Boito – Briefe, hg. und übers. von Hans Busch, Frankfurt 1986.

Bekker, Paul, *Wandlungen der Oper*, Zürich 1934.
Bermbach, Udo (Hg.), *Verdi-Theater*, Stuttgart/Weimar 1997.
Bourgeois, Jacques, *Giuseppe Verdi*, Paris 1978 (dt. Hamburg 1980).
Budden, Julian, *Verdi*, London 1985 (dt.: Stuttgart 1987).
Casini, Claudio, *Verdi*, Mailand 1981 (dt.: Königstein 1985).
Dieckmann, Friedrich, *Wagner, Verdi – Geschichte einer Unbeziehung*, Berlin 1989.
Gal, Hans, *Drei Meister – drei Welten. Brahms, Wagner, Verdi*, Frankfurt 1975.
Gerhard, Anselm, *Die Verstädterung der Oper – Paris und das Musiktheater des 19. Jahrhunderts*, Stuttgart/Weimar 1992.
Hopkinson, Cecil, *A Bibliography of the Works of Giuseppe Verdi*, New York 1973.
Hussey, Dyneley, *Verdi*, London 1940/1973.
Kühner, Hans, *Giuseppe Verdi in Selbstzeugnissen und Bilddokumenten*, Reinbek 1961.
Lill, Rudolf, *Geschichte Italiens in der Neuzeit*, Darmstadt 1994.
Marggraf, Wolfgang, *Giuseppe Verdi, Leben und Werk*, Leipzig 1982.
Mula, Orazio, *Giuseppe Verdi* (L'identità italiana 13.), Bologna 1999.
Musik-Konzepte 10 – Giuseppe Verdi, hg. von Heinz-Klaus Metzger und Rainer Riehn, München 1979.
Pauls, Birgit, *Giuseppe Verdi und das Risorgimento*, Berlin 1996.
Phillips-Matz, Mary Jane, *Verdi – A Biography*, New York 1993.
Rowohlt-Opernbücher, hg. von Attila Csampai und Dietmar Holland, Reinbek 1980-86 – Einzelbände zu *Rigoletto, Il trovatore, La traviata, Aida, Otello* und *Falstaff.*
Weaver, William, *Verdi – Eine Dokumentation*, London 1977 und Berlin/DDR 1980.

ANMERKUNGEN

1 *Melos* 2/1951, S. 36
2 Donnino (Domninus), christlicher Märtyrer aus dem 3. Jh.
3 Corcio, L., *Ricerche storiche sul R. Conservatorio di Milano*, Mailand 1908, zit. nach Budden, Julian, *Verdi*, Stuttgart 1987, S. 15
4 im 12. Gesang
5 sofern nicht anders angegeben, sind alle Übersetzungen von Operntext-Zitaten vom Autor
6 wahrscheinlich war Federico, der jüngere der beiden Ricci-Brüder gemeint, dessen *Un duello sotto Richelieu* im August 1839 an der Scala herausgekommen war. Luigi Ricci hatte, auf ein Libretto von Gaetano Rossi, im Jahr zuvor dort *Le nozze di Figaro* neuerlich zur Oper gemacht.
7 zitiert nach Weaver, William, *Verdi – eine Dokumentation*, Berlin/DDR 1980, S. 149
8 vom 19. Oktober 1879, in Weaver, S. 9f
9 *Otto Nicolais Tagebücher*, hg. von Wilhelm Altmann, Regensburg 1937
10 vgl. Seite 219
11 Pierluigi Petrobelli im Beiheft der Schallplattenaufnahme »Nabucco« DG 2741021
12 Bekker, Paul, *Wandlungen der Oper*, Zürich 1934, S. 114
13 pagano = heidnisch
14 Müller, Hartmut, *Byron*, Reinbek 1981, S. 112
15 Weaver, S. 156
16 ein Leihhaus, dessen Pfandversteigerungen sozialen Zwecken dienten
17 a.a.O., 13. September 1844
18 Brief an Camille Bellaigue vom 2. Mai 1898 in: Abbiati, Franco, *Verdi*, Bd. 4, Mailand 1959, S. 629
19 ein statisches großes Ensemblestück an einem Handlungsbrennpunkt
20 Schreiber, Ulrich, *Opernführer für Fortgeschrittene – Das Neunzehnte Jahrhundert*, Kassel 1991, S. 579
21 von Giuseppe Mosca, 1824, und Giuseppe Persiani, 1827
22 zitiert nach Budden, S. 35

23 Weaver, S. 163
24 Madame de Staël, *Über Deutschland* (dt. v. Buchholz u.a.), Frankfurt 1985, S. 386
25 in: Monaldi, Gino, *Verdi 1839-1898*, Mailand 1943
26 Brief vom 25. März 1847, in: Busch, Hans, *Verdi-Briefe*, Frankfurt 1979, S. 22
27 Weaver, S.168
28 ebenda, S. 52
29 ebenda, S. 169
30 Saison, Spielzeit
31 vgl. Budden, S. 55
32 Rezension in *La Presse* vom 19. November 1847
33 grundlegende Überarbeitung
34 vgl. Hopkinson, Cecil, *A Bibliography of the Works of Giuseppe Verdi*, New York 1973
35 Brief vom 21. April 1848 in Otto, Werner, *Verdi-Briefe*, Berlin/DDR 1983, S. 60
36 ebenda, S. 57
37 Budden, S. 213
38 *Der Schlüssel, Bremer Beiträge zur Deutschen Kultur und Wirtschaft*, 2. Jg./3. Heft, 1937
39 zitiert nach Budden, S. 60
40 Boniforti *Giovanna di Fiandra*, Mercadante *La schiava saracena* – beide Mailand (Scala) 1848/1849
41 Weaver, S. 176
42 »Frauen sind unbeständig! Töricht ist es, sich ihnen anzuvertrauen!«
43 zitiert nach Abbiati, Franco, »Das Meisterwerk der Rache«, in *Rowohlt-Opernbuch »Rigoletto«*, S. 149
44 Leibowitz, René, »Die Orchestrierung von *Rigoletto*«, ebenda
45 Banda: vorwiegend mit Bläsern besetztes Bühnenorchester
46 *Melos* 2/1951, S. 36
47 im Duett Gilda/Duca, 1. Akt, Nr. 5
48 Weaver, S. 179
49 Otto, S. 87
50 Otto, S. 86
51 Brief an C.A. Borsi, den Mann einer Sängerin, Otto, S. 93
52 ebenda, S. 95

53 ebenda, S. 117
54 es wurde nach dessen Tod in »Teatro Rossini« umbenannt, im 20. Jh. dann als Kino genutzt.
55 zitiert nach *Pipers Enzyklopädie des Musiktheaters*, Bd. 6, München 1997, S. 448
56 vermutlich *Un duello sotto Richelieu* für F. Ricci, 1839 und *Maria degli Abizzi* für P. Mandanici, 1843
57 Otto, S. 103
58 claque (frz.): bezahlte Beifallklatscher
59 Weaver, S. 190
60 Otto, S. 112
61 nach dem Sänger Jean-Blaize Martin (1768-1837)
62 Otto, S. 121
63 die oft bei Verdis Oper verwendete italienische Schreibweise des Vornamens »Simone« ist nicht authentisch
64 Rache im Domino (d.i. der Maskenmantel des venezianischen Karnevals)
65 Budden, S. 86
66 Weaver, S. 168
67 vgl. S. 49
68 Otto, S. 138
69 Gerhard, Anselm, *Die Verstädterung der Oper*, Stuttgart 1992, S. 409
70 vgl. Phillips-Matz, Mary Jane, *Verdi*, New York 1993, S. 388
71 Otto, S. 144
72 An C. Maffei am 14. Juli, dem französischen Nationalfeiertag, Otto, S. 146
73 Weaver, S. 203
74 Budden, S. 94
75 *Kindlers Neues Literatur Lexikon*, München 1988, Bd. 14, S. 185
76 Weaver, S. 204
77 ebenda, S. 207
78 dokumentiert auf Schallplatten, u.a. CD BMG GD60299
79 Weaver, S. 209
80 ebenda
81 ebenda
82 ebenda, S. 210
83 Brief an Tito Ricordi vom 3. Oktober 1863, in: Otto, S. 168

84 Hunger, Herbert, *Lexikon der griechischen und römischen Mythologie*, Reinbek 1959, S. 151
85 Otto, S. 77
86 Weaver, S. 211
87 an Escudier, zitiert nach Busch, S. 76
88 Otto, S. 175
89 Busch, S. 81
90 Otto, S. 179
91 Andrew Porter im Beiheft zur Schallplatte »Don Carlos« DGG 415316-2, S. 262
92 *Philippe II. roi d'Espagne* von Eugène Cormon; *Elisabeth de France* von Alexandre Soumet
93 Brief an Camille Du Locle vom 8. Dezember 1869 in: Busch, S. 89
94 Brief an Opprandino Arrivabene in: Otto, S. 189
95 heute Via S. Giacomo 13
96 Weaver, S. 217
97 1988 beim Europäischen Musikfest in Stuttgart
98 *Gli artisti alla fiera*
99 Ghislanzoni, Antonio, *Libro serio*, Mailand 1879
100 Weaver, S. 220f
101 Weaver, S. 222
102 Busch, S. 97f
103 Otto, S. 234
104 ebenda
105 Otto, S. 239
106 *Das Prinzip Hoffnung*, Bd. 3, Frankfurt 1979, S. 1239
107 Wagner, Cosima *Tagebücher*, Band I 1869-1877, München 1976, S. 356 – 13. Februar 1871
108 Busch, S. 138
109 ebenda, S. 136
110 ebenda, S. 138f
111 ebenda, S. 139
112 Otto, S. 264
113 zitiert nach Budden, S. 132
114 Der italienischen Schreibweise folgend wird im Weiteren der Operntitel, nicht aber der Name der Partie oder des Shakespearestücks ohne »th« geschrieben

115 Vaucorbeil an Verdi, Brief vom 18. November 1879, in: Busch, Hans, *Verdi's Aida – The History of an Opera in Letters and Documents*, Minneapolis 1978, S. 417
116 Giuseppe Verdi/Arrigo Boito – Briefe, hg. von Hans Busch, Frankfurt 1986, S. 75
117 1. Akt, 10. Szene
118 Osthoff, Wolfgang, »Die beiden Boccanegra-Fassungen und der Beginn von Verdis Spätwerk«, in: *Analecta Musicologica* 1 (1963) S. 70
119 »Besuch in Verdis Tusculum«, in: *Deutsche Revue*, 12/1887
120 Briefwechsel, S. 242
121 ebenda, S. 245
122 zitiert in: Briefwechsel, S. 597
123 zitiert in: Briefwechsel, S. 147
124 Otto, S. 267
125 Busch, S. 167
126 dt. in: *Rowohlt-Opernbuch »Othello«*, S. 186f
127 laut dem Scala-Plakat von 1887 handelte es sich um das Ballett »Rolla«, was auf einen Musset-Stoff schließen lässt, während Toscanini sich an den Titel »Michele Strogoff« erinnerte. (Vgl. Sachs, Harvey, *Toscanini*, München 1980, S. 47.) In der Tat hatte es auch ein solches »Kurier des Zaren«-Ballett nach Jules Verne von dem italienischen Komponisten Quaranta gegeben
128 Budden, S. 165
129 vgl. Phillips-Matz, S. 731. Verdi nannte 1895 in einem Brief an Carrara dreitausend Lire als Jahreseinkommen eines einfachen Grundbesitzers
130 heute Piazza Michelangelo Buonarroti, in dessen Mitte ein Verdi-Denkmal steht
131 zitiert nach Budden, S. 145
132 Dieckmann, Friedrich, *Wagner-Verdi – Geschichte einer Nichtbegegnung*, Berlin 1989, S. 28
133 zitiert nach Weaver, S. 248
134 vgl. Phillips-Matz, S. 738
135 erst später mit dem *Ave Maria* zu den *Quattro pezzi sacri* zusammengefasst
136 Sudelblätter, Zürich 1987, S. 282

PERSONENREGISTER

Albert, Prince 79
Alfieri, Vittorio 100
Alinovi, Giuseppe 22
Anicet-Bourgeois, Auguste 34, 243
Arrivabene, Opprandino 169, 171, 176, 242
Auber, Daniel-François-Esprit 126f., 141, 169, 195

Bach, Johann Sebastian 228, 251
Bagasset 17
Baistrocchi, Pietro 17
Balestra, Luigi 24
Barbieri-Nini, Marianna 73f., 87, *72*
Bardare, Leone Emanuele 116, 134
Barezzi, Antonio 18, 21, 30f., 42, 51, 60, 74, 81, 84, 96, 98f., 112, 156, 193
Barezzi, Giovanni 47
Barezzi (Verdi-Barezzi), Margherita 18, 29f., 33, 273, *30*
Bassini, Achille de 87, 167
Battista, Vincenzo 53
Bayer, Joseph 259
Beethoven, Ludwig van 51, 63
Bekker, Paul 37
Bellini, Vincenzo 11, 28, 40f., 55, 63, 75, 206
Bennett, William Sterndale 169
Berlioz, Hector 126, 175, 206
Bertolucci, Bernardo 13
Bismarck, Otto von 201f.

Bizet, Georges 175, 248
Boito, Arrigo 170, 178f., 195ff., 204f., 213, 216, 219f., 227-232, 237f., 242, 245f., 250ff., 257, 259ff., 263, 265f., 269, 271, *170, 242*
Boito, Camillo 263, 271
Bonaparte, Napoleon Joseph 146
Boniforti, Carlo 100
Bottesini, Giovanni 197, 206
Bolognese, Domenico 142
Bourgeois, Eugène 101
Brenna, Guglielmo 105
Bruno, Giordano 33f.
Broglio, Emilio 195f.
Budden, Julian 88, 101, 150, 247
Bülow, Hans von 64, 216, 255f.
Busch, Hans 212
Byron, George Gordon Noel Lord 43, 51, 67, 89

Cammarano, Salvatore 50, 57, 86, 89ff., 96f., 100, 104, 112, 114ff., 118f., 123, 131, 137, 142, *57*
Carcano, Giulio 69
Carlo Alberto, König von Sardinien-Piemont 24, 86, 95, 171
Carlo Ferdinando III., Herzog von Parma 131
Carlos, Thronprätendent (1848-1909) 185
Carlos, Infant von Spanien 189

Carrara, Alberto 222, 226, 271
Carrara, Angiolo 222
Carrara, Angiolo jun. 265, 269
Carrara, Giuseppina 228
Carvalho, Léon 175, 179, 257
Cavour, Camillo Benso Graf 118, 134, 146, 148, 152f., 158f., 160, 165, 179, 186, *134*
Cesaroni, Emilio 265
Clotilda (von Savoyen, 1843 - 1911) 159
Coletti, Filippo 142
Colini, Filippo 103
Collins, Wilkie 244
Corticelli, Mauro 161ff., 168, 194
Costanzi, Domenico 247
Crispi, Francesco 247f.
Crosnier, Louis 128f., 136
Cruvelli, Jeanne Sophie Charlotte (Johanna Crüwell) 128

Dallapiccola, Luigi 11
Da Ponte, Lorenzo 44
Dantan, Jean-Pierre 185
Dante Alighieri 26, 228, 249
De Amicis, Edmondo 241
Delibes, Leo 188
Demaldè, Giuseppe 222
De Sanctis, Caterina 156
De Sanctis, Cesare 115, 118, 120, 125, 130, 147, 155, 156, 159
De Sanctis, Giuseppe 156, 212
Depretis, Antonio 218f., 239
Dieckmann, Friedrich 256
Dietsch, Louis 176
Donizetti, Gaetano 11, 24, 27ff., 31, 36, 39, 43ff., 50, 52, 66, 70, 75, 81, 98, 116, 127, 217, 252
Doria, Andrea 233
Douvry Barbot, Caroline 172
Draneth, Paul 205
Du Locle, Camille 183, 186, 188f., 193, 200f., 203, 207, 216, 221, 234, 242
Dumas, Alexandre d. Ä. 34, 43, 50
Dumas, Alexandre d. J. 113f., 121
Duplessis, Marie 114
Duprez, Gilbert-Louis 81
Durante, Francesco 204
Duse, Eleonora 250
Duveyrier, Charles 127, 131

Escudier, Léon 61, 116, 146, 168, 176, 180f., 183, 187, 220f., 252
Eugénie, Kaiserin von Frankreich 190, 200
Ezzelino da Romano 26f.

Faccio, Franco 178f., 210, 213, 226f., 232, 237f., 243, 244, 253, 258, *211*
Faure, Jean-Baptiste 187, 191, 220
Fellini, Federico 199
Ferdinand I., österr. Kaiser 24
Ferdinando II., König von Neapel 57, 85, 142, 160
Ferrari, Giovanni 21
Filippi, Filippo 183
Flaubert, Gustave 207
Flauto, Vincenzo 56, 96, 99

Florimo, Francesco 204
Fortner, Wolfgang 109
Francesco II., König von Neapel 160
Franz I., König von Frankreich
Franz Joseph I., österr. Kaiser 105, 153, 219
Fraschini, Gaetano 58, 69, 87, 92, 103, 110, 142, 151, 175, *59*
Frezzolini, Erminia 52f., 55
Fricci-Beraldi, Antonietta 194
Friedrich II., röm. Kaiser 6

Gabussi, Vincenzo 45, 142
Gaisruck, Cajetan Kardinal 42
García Gutiérrez, Antonio 99, 100, 114, 136f., 163, *114*
Garibaldi, Giuseppe 91f., 95, 154, 159f., 172, 186, 202, 247
Gautier, Théophile 83
Giacosa, Giuseppe 238
Gioberti, Vincenzo 64
Giolitti, Giovanni 257
Giusti, Giuseppe 71
Ghislanzoni, Antonio 197ff., 203, 208f., 220, *198*
Goethe, Johann Wolfgang von 25, 69, 217
Goldmark, Karl 226
Gorzkowsky, Ritter von 104
Gounod, Charles 175, 181, 191, 194, 201, 206
Graziani, Ludovico 122
Grillparzer, Franz 69
Grossi, Tommaso 39
Guasco, Carlo 41, 46f., 63
Guerazzi, Francesco Domenico 86, 95

Gyrowetz, Adalbert 29

Halanzier, Olivier 211, 220
Halévy, Jacques Fromental 116
Hanslick, Eduard 260
Haydn, Joseph 20, 213
Hiller, Ferdinand 223f., 231
Hohenstein, Adolf 256
Honolka, Kurt 51
Hugo, Victor 44, 48, 53, 101, 104f., 107, 110, 114, 137, 141, 163, 166, 197, 219, *106*

Isabella II., Königin von Spanien 185

Jacovacci, Vincenzo 115, 143, 146, 174
Julienne-Dejean, Eugenia 150f.

Kalbeck, Max 148
Kapp, Julius 93
Karl V. 46f., 233
Karl von Anjou 131
Klopstock, Friedrich Gottlob 103
Kotzebue, August von 63

Lablache, Luigi 79
La Grua, Emma 169
Lanari, Alessandro 49f., 67, 70
Lavigna, Vincenzo 19
Lehmann, Lili 224
Leo XIII. 225
Leo, Leonardo 204
Leoncavallo, Ruggero 225
Leopold II. 68
Lind, Jenny 75, 78f., 81, 257

Liszt, Franz 51
Louis Napoleon
  (s. Napoleon III.)
Louis-Philippe 81
Loewe, Sofia 47, 73
Lucca, Francesco 48, 239, 248
Lumley, Benjamin 61, 67, 76

Macchiavelli, Niccolò 245
MacMahon, Maurice de 219
Maffei, Andrea 38, 49, 52, 56f.,
  61f., 66, 69, 71, 76ff., 167, 241
Maffei, Clara (Clarina) 38, 49,
  144, 155, 170, 178f., 193, 197,
  211, 213f., 219, 224, 241 f.,
  39
Malipiero, Francesco 63
Mameli, Goffredo 84, 95
Manfroce, Niccolò 50
Manin, Daniele 82
Mann, Thomas 209
Manzoni, Alessandro 39, 193,
  214f., *214*
Margherita, Königin von Italien
  244, 273
Maria-Adelaide (Adelheid),
  Königin von Italien 38, 42, 95
Maria-Carolina, Königin von
  Neapel 58
Mariani, Angelo 140, 147, 161,
  172, 183, 185, 194f., 199f., 205,
  210, 215
Marie-Louise (Maria-Luigia,
  Erzh. von Parma) 15, 42, 82
Marie-Louise de Bourbon-Berry
  154
Mariette, Auguste 203, 206
La Marmora, Alfonso 186

Marschner, Heinrich August
  206
Martinelli, Amilcare 266
Mascagni, Pietro 257
Mascheroni, Edoardo 258, 264
Massé, Victor 188
Massenet, Jules 226
Massini, Pietro 20, 22
Maurel, Victor 230, 232, 238,
  241 ff., 245, 247, 256, 261,
  246, 255
Mayr, Simon 24, 50
Mazzini, Giuseppe 79, 84, 86,
  92, 95, 153f., *79*
Mazzucato, Alberto 45, 47, 204
Menabrèa, Luigi Federico Graf
  195
Mendelssohn-Bartholdy, Felix
  223
Mercadante, Saverio 56f., 76,
  79, 100, 142, 173, 195, 204
Merelli, Bartolomeo 24, 28, 30-
  33, 39f., 49, 52ff., 61
Mermillod, Gaspard 157
Méry, Joseph 90, 183, 186, 188f.,
  193
Metternich, Klemens Fürst von
  24
Meyerbeer, Giacomo 68, 75,
  126ff., 131, 169, 173, 181,
  184f., 206, 247
Mickiewicz, Adam 220
Mila, Massimo 137
Mirate, Raffaele 110
Molière, Jean Baptiste 252
Moncenigo, Alvise 43
Montanelli, Giuseppe 136
Morère, Jean 187

Moriani, Napoleone 54
Mosenthal, Salomon Hermann 226
Mozart, Wolfgang Amadeus 44, 64, 107
Mula, Orazio 68
Mussolini, Benito 93, 172, 272
Mussorgsky, Modest 174
Muzio, Emanuele 49, 62, 74f., 79, 81, 112, 124, 133, 139, 157, 200f., 217, 221, 223, 228, 234, 236, 239, 241 ff., 252f.

Napoleon I. 15, 79
Napoleon III. (Louis Napoleon) 79, 95, 116, 127, 146, 148, 153f., 158f., 186, 188f., 190, 201, 208, *147*
Napoleon Joseph Charles Bonaparte (Prinz Jérôme) 146, 159
Nicolai, Otto 28, 32f., 38, 52, 100, 227, 260, *32*
Novaro, Michele 95
Nuitter, Charles 235

Offenbach, Jacques 55, 108, 152
Orsini, Felice 148
Osthoff, Wolfgang 232

Pacini, Emilien 126
Pacini, Giovanni 44, 50
Paisiello, Giovanni 19
Panizza, Giacomo 28
Pantaleoni, Rosmilda 243f.
Pasqua, Giuseppina 256, 265
Patti, Adelina 201, 257
Penco, Rosina 118
Perrin, Émile 183, 187, 211

Peruzzini, Giovanni 44
Petipa, Lucien 188
Philipp II. 100, 189
Phillips-Matz, Mary-Jane 218
Piave, Francesco Maria 43, 44ff., 50f., 54, 56, 61f., 67, 69, 72, 78, 83, 86, 88, 100f., 104f., 109, 114, 118, 120f., 128, 135-138, 162, 164-168, 173f., 180, 182f., 195, 197, 199, 203, 216, 219, 231f., *45*
Piazza, Antonio 23
Pius VII. 15
Pius IX. 66, 91, 202, *92*
Platania, Pietro 196
Poggi, Antonio 52
Ponchielli, Amilcare 219
Proch, Heinrich 224
Provesi, Ferdinando 17, 21
Puccini, Giacomo 239, 252, 258
Pückler, Hermann von 237

Radetzky von Radetz, Joseph 82, 86, 95, *86*
Reyer, Ernest 205ff.
Ricci, Federico und Luigi 8
Richter, Hans 217
Ricordi, Giovanni (und Verlagshaus G. Ricordi) 27, 48, 58f., 83, 89, 99, 100, 112, 115, 124, 128, 154, 160, 164, 172, 176, 195f., 201, 243, 256, 257, 259
Ricordi, Giuditta 271
Ricordi, Giulio 204, 215, 227ff., 231, 234f., 238, 248, 250, 252, 254, 257, 259, 261, 264f., 269, 272

Ricordi, Tito sen. 100, 249
Ricordi, Tito jun. 257
Rivas, A. Saavedra y Ramírez de Baquedano, Hz. von 162f.
Romani, Carlo 72
Romani, Felice 28f., 44
Ronconi, Giorgio 25, 27, 37, 76, *37*
Roosevelt, Blanche 244f., 246
Roqueplan, Nestor 81, 128
Rossi, Gaetano 28, 32, 50
Rossi, Lauro 197
Rossi, Pellegrino Graf 91
Rossini, Gioacchino 11, 21, 27f., 37, 39, 41, 50, 66, 129, 169, 173, 195ff., 200, 227, 241, 247, 252, 255, *130*
Royer, Alphonse 81

Salvini-Donatelli, Fanny 122
Salvis, Matteo 53
Samoyloff, Giulia Gräfin Pahlen 62
Saracco, Giuseppe 272
Sardou, Victorien 252
Scarlatti, Alessandro 204
Scheuren, Caspar 224
Schiller, Friedrich 52, 54, 69ff., 75, 77, 97f., 166, 188f., 190
Schumann, Robert 223
Scott, Walter 23, 26, 44
Scribe, Eugène 28, 81, 83, 113, 116, 127, 129ff., 141f., 147f., 181, *129*
Shakespeare, William 43, 67, 69f., 100f., 162, 180, 194, 219, 227, 229, 231, 238, 245, 250ff., 260

Shaw, George Bernard 260
Solera, Temistocle 26, 32, 34, 39ff., 52, 54f., 56, 61, 63f., 77, 166
Somma, Antonio 123, 141f., 146, 260
Sonzogno; Verlagshaus 248
Souvestre, Émile 101
Spezia-Aldighieri, Maria 123
Staël, Madame de 69
Stolz, Teresa (Stolzovà, Terezie) 194f., 199, 210, 212, 216, 220ff., 227, 235f., 254, 256, 265f., 268, 269, 271, 273, *199*
Strauß, Johann (Vater) 95
Strauß, Johann (Sohn) 190, 247
Strauss, Richard 207, 264
Strepponi, Barberina 172, 266
Strepponi, Camillo 111, 157
Strepponi (Verdi-Strepponi), Giuseppina 25, 27, 36, 38, 40, 42, 48f., 53, 74, 81, 85f., 96, 98, 111-114, 118, 123f., 127, 133, 136, 147f., 151, 154, 156f., 161ff., 169, 172, 175, 180, 185, 189, 192f., 195, 200, 203, 210, 212, 214f., 221ff., 226, 229, 235, 237, 239f., 250, 252f., 255, 259, 261, 263, 265f., 268, 272f., *80, 164*

Tamagno, Francesco 232, 237, 241, 244, 247, *232*
Tamberlik, Achille 163
Tamberlik, Enrico 161, 170f.
Tasso, Torquato 39
Taylor, Elizabeth 188
Tenca, Carlo 67, 241

Tiberini, Mario 199
Tietjens, Therese 171
Thomas, Ambroise 187, 195
Torelli, Vincenzo 138, 141, 212
Toscanini, Arturo 172, 245, 260, 268, 273, *260*

Umberto I. 11, 215, 225, 230, 259, 272

Vaccai, Nicola 39
Vaëz, Gustave 81
Varesi, Felice 70, 107, 121f., *71*
Vaucorbeil, Auguste Emmanuel 228
Verdi, Carlo 13, 17, 84, 111, 157, 192
Verdi, Filomena (Maria) 192, 197, 222, 226, 228, 265f., 271
Verdi, Giuseppa Francesca 17, 192
Verdi, Giuseppe (Vetter des Komponisten) 192
Verdi, Icilio 23, 25
Verdi-Uttini, Luigia 17, 112
Verdi, Virginia 22
Véron, Louis-Désiré 83
Vesque von Püttlingen, Johann (»J. Hoven«) 52
Victoria, Queen 79, 272

Vittorelli, Jacopo 23
Vittorio Emanuele I. 15, 24
Vittorio Emanuele II. 42, 95, 134, 144, 146, 153, 155, 158f., 160, 164, 171, 202, 214, 225, 234, 219, *155*
Vittorio Emanuele III. 272
Voltaire 50, 59, 88

Wagner, Cosima 217
Wagner, Richard 43, 108, 150, 152, 176, 178, 185, 190, 199, 201, 205f., 216ff., 235f., 239, 244, 247f., 250f., 253, 255f.
Waldmann (Duchessa Massari), Maria 210, 212, 216, 220, 225, 227, 242, 256
Weber, Carl Maria von 68, 78, 126
Wellington, Arthur Wellesley Herzog von 79
Werfel, Franz 233
Werner, Zacharias 50, 62f., 64, 69
Wilhelm I. 201, 219
Winterfeld, Adolf von 236
Wolf-Ferrari, Ermanno 265

Zingarelli, Niccolò 28, 50

Bildnachweis: Archivico storico, Ricordi, Milano: S. 199, 237; Bibliothèque de L'Opéra, Paris: 206/207; Covo verdiano, Parma: 273; Gesellschaft der Musikfreunde, Wien: 32; Istituto di studi verdiana, Parma: 164; Sammlung Robert Lebeck: 77; Museo teatrale alla Scala, Milano: 30,32, 65, 80, 109, 120/121, 198, 244, 246; Phototèque Chevejon, Paris: 187, 263; Roger-Violett, Paris: 129, 194; Villa Sant' Agata, Bussete: 156. Alle weiteren Abbildungen: Archiv des Autors.

Der Schöpfer von ›Il Trovatore‹, ›Aida‹,
von ›**Nabucco**‹ **und** ›Rigoletto‹ war schon zu
Lebzeiten der berühmteste Komponist seiner
Zeit. Christoph Schwandt zeichnet das Leben
des Künstlers und eigensinnigen Patrioten vor
dem Hintergrund der Entstehung des italie-
   nischen Nationalstaats.

Originalausgabe

ISBN 3-458-34396-2

DM 21,90
ab 01.01.2002
€ 11,00